WHY ONLY US
LANGUAGE AND EVOLUTION

왜 우리만이 언어를 사용하는가
언어와 진화

WHY ONLY US : Language and Evolution by Robert C. Berwick and Noam Chomsky
Copyright © 2016 Robert C. Berwick and Noam Chomsky
All rights reserved.

This Korean edition was published by HanulMPlus Inc. in 2018 by arrangement with The MIT Press,
Cambridge MA through KCC(Korea Copyright Center Inc.), Seoul.

이 도서의 국립중앙도서관 출판예정도서목록(CIP)은 서지정보유통지원시스템 홈페이지(http://seoji.nl.go.kr)
와 국가자료공동목록시스템(http://www.nl.go.kr/kolisnet)에서 이용하실 수 있습니다.
CIP제어번호: CIP2018025400(양장), CIP2018025363(반양장)

WHY ONLY US
LANGUAGE AND EVOLUTION

왜 우리만이
언어를 사용하는가

언어와 진화

로버트 C. 버윅·노엄 촘스키 지음 김형엽 옮김

한울
아카데미

처음에는 단순하면서도 존재 자체가 미미하지만,

가장 찬란하면서도 가장 경이로운 수많은 생명체가

현재까지 그래 왔고 지금 이 순간에도 여전히 진화하고 있다.

•찰스 다윈(Charles Darwin)

• 일러두기

본문 하단의 각주는 모두 옮긴이의 설명입니다.

차례

서문

알고 있다시피 변화, 변이, 선택, 유전을 염두에 두지 않고서 진화를 논의하기는 어렵다. 이 책 역시 이런 면에서 예외가 될 수 없을 것이다. 우리 저자들은 많은 사람이 변화를 제언하고, 변이를 고무하고, 아울러 해롭고 무익한 돌연변이들을 제거하도록 유도할 수 있을 만큼 정말로 운이 좋았다고 믿고 있다. 그렇지만 생물학에 포함된 나머지 요인들과 마찬가지로 진화, 인위적 선택 등은 여전히 불완전한 상태로 남아 있다. 하지만 이 책에서 발생한 불완전한 상황이 그대로 지속되고 있다는 사실은 유전자는 물론이고 우리를 도와준 어떤 이들과도 전혀 상관이 없으며, 전적으로 우리 저자들에게 책임이 있음을 분명하게 밝혀두고 싶다. 이 책에 포함된 모든 장이 앞으로 '최상의 완벽함을 지닌 조직체'로서 위상을 갖추기 위해서는 수차례에 걸친 수정과 경미해 보일 수 있어도 결코 가볍지만은 않은 연속적인 수정들이 반드시 함께 뒤따라야 한다. 결국 시간이 모든 문제를 해결할 것이다. 다만 우리는 이 책을 통해, 언어 진화에 관한 수수께끼를 확실히 해결할지도 모르는 다음 세대에게 귀중한 무언가를 전해줄 수 있기를 바랄 뿐이다.

이전에 보지 못한 독창적인 진화 과정에서의 변화는 모든 분야를 통틀어 가장 까다로운 부분이다. 그렇기에 우리 저자들은 이 책을 쓸 수 있도록 탁월한 영감을 제공해준 마릴린 메츠*Marilyn Matz*에게 큰 빚을 졌다고 생각한다. 그리고 이 책의 3장과 4장이 탄생할 수 있도록 학회를 개최하는 데 기꺼이 동의해준 네덜란드왕립 예술과학아카데미*Royal Netherlands Academy of Arts and Science*와 학회의 핵심 운영자 가운데 요한 볼하위스*Johan Bolhuis*, 마르틴 에버라르트*Martin Everaert*, 리니 하위브레흐츠*Riny Huybrechts* 등 여러분께 감사의 뜻을 전하고 싶다. 또한 이 책 2장에는 안나 마리아*Anna Maria Di Sicullo*, 세드릭 보크*Cedric Boeckx* 등이 편집하고 옥스퍼드대학교 출판사에서 출간된 『생물언어학의 탐구*Biolinguistic Investigations*』와 서술 면에서 다소 차이점을 보이는 논저가 수록되어 있다.

옮긴이의 글

인문학 분야의 학자로서 벌써 25년 이상의 세월을 보냈다. 오랜 기간 언어학 분야에서 활동을 지속하면서 유독 한 가지 질문을 정확하게 이해 하기가 쉽지 않았다. 수많은 논문과 서적을 읽은 다음에도 이에 관한 의 문은 항상 나의 주변을 맴돌았다. 그토록 심혈을 기울여서 완성했던 나의 저역서들 가운데 『인간과 언어』, 『언어의 역사』 같은 결과물 속에서도 동일한 의혹이 꼬리에 꼬리를 물고 머릿속을 가득 채웠다. 언어학의 설계 자로서 학문적 틀을 형성하는 데 절대적인 공헌을 보여주었던 페르디낭 드 소쉬르Ferdinand de Saussure의 설명은 물론 근대 언어학 건축가라고 불리 는 노엄 촘스키Noam Chomsky의 언어학 이론서들을 보아도 언어의 근원에 대한 확실한 답을 제시하고 있지 못했다.

그렇지만 최근 이 책 『왜 우리만이 언어를 사용하는가: 언어와 진화』 원서의 첫 장을 읽으면서 십수 년 이상 품었던 의문점에 서서히 서광이 비치는 느낌을 받았고, 이제 번역 작업의 결과를 제시하는 순간에 다다르 면서 언어의 원천에 관한 해답에 성큼 다가섰다는 확신이 마음속에서 자 리 잡았음을 느낀다. 언어 이론을 완성한 절대적 학자인 촘스키마저도 원 서를 완성한 시점에 이르러서야 드디어 언어의 시작에 대한 견해의 윤곽을 분명하게 제시하게 되었다고 생각한다. 물론 공동 저자인 로버트 C. 버윅Robert C. Berwick의 생물학적 지식이 큰 몫을 차지했을 것이다. 버윅과 촘스키는 다윈이 주장했던 점진적 진화 발달 형태를 기반으로 인류 발전 사에서 가장 최근이라고 판단되는 6만~7만 년 전의 도약 단계를 설정함으로써 인류 조상들이 지구상에 자리 잡는 시점부터 현대 인간의 모습으로 발달하는 단계들을 거치면서 두뇌에 발생했던 놀랄 만한 변화를 제시했다. 이런 상황이 전제되지 않고서는 지금처럼 사용되고 있는 언어의 외형적·내재적 특성들의 출현을 정확하게 설명하기가 거의 불가능하다고 보았기 때문이다. 즉, 언어의 엄청난 잠재력과 실현되어가는 무궁한 파괴력은 단순히 신체적 구조물들의 점차적인 변화에 의하고서는 설명 자체를 시도하기조차 어려울 것이다. 그만큼 언어와 인류는 일심동체로서 분리할 수 없는 대상들임을 확실하게 인정하고 있다고 볼 수 있다.

이런 관점을 다시 정리하면, 언어는 지구상의 생명체들 가운데서도 인간이 다른 존재임을 어떤 요인들보다 분명하게 밝히는 분기점이라고 할 수 있다. 인류 역사를 보면 그리스, 로마 시대를 거친 후 중세 그리고 현재에 이르면서 철학 및 과학 분야에서 혁혁한 업적을 남겼던 수많은 학자가 이구동성으로 언어와 인간의 밀접한 관계를 언급했다. 이에 관한 주장과 학술적 연구물이 여러 곳에서 발견되고 있다. 특히 20세기 지성을 대표하는 촘스키 교수가 절대적인 위상을 갖고 있는 현상도 인류 역사에서 언어가 무엇보다도 중요한 요인이라는 사실을 여과 없이 보여주는 결과다. 이러한 상황에서 이 책의 출판은 당연한 결실이라고 할 수 있다. 우리가 직면하게 될 미래의 4차 산업과 관련해서 인간의 두뇌 능력이 매우 중 중요한 대상으로 부각되고 있는 오늘날 두뇌 활동을 가장 선명하게 반영하는 언어는 당연히 핵심적인 연구 대상으로 떠오를 수밖에 없다. 따라서 언어를 문화에 국한해서 이해하려고 했던 과거의 연구 방향은 인간의 두뇌라는 부분을 감안해 방향의 재설정을 고려해야 할 것이다. 이런 측면에서 언어의 원천과 함께 발달 과정을 논의하려는 시도는 지금의 학문적 흐름에 부응하고 있다고 볼 수 있다.

지금까지의 언어학에서 이루어진 주장들은 언어의 존재 자체를 당연한 사실로 가정하면서 진행되었다. 그리고 언어의 활용에 초점을 맞추고 이를 설명하려는 논리적 접근방식을 확립하기 위해 외형적 모델을 정형화하는 데 노력해왔다. 따라서 이 책처럼 진화적 관점, 그리고 인간의 두뇌를 지금처럼 형성하는 데 중대한 역할을 담당했으리라고 여겨지는 유전자를 관찰하는 생물학에 기초해 언어의 기원을 정확하게 밝히고, 이에 더해 언어가 어떤 이유에서 오직 인간에게만 존재하고 있는지에 대해 설명하려는 것은 더없이 시의적절한 시도라고 할 수 있다.

진화는 지구에 서식하는 모든 생명체의 발생과 발달을 설명할 수 있는 핵심적인 조건이며, 현존하는 생태계 모습이 진화에 근거를 두면서 진행되었다는 사실은 널리 알려져 있는 사안이기도 하다. 이런 환경은 인간 두뇌가 겪었던 단계들을 잘 보여주는 요인이며, 21세기에 들어서면서 진화와 언어의 관계를 규명하기 위해 별도의 학문 분야로서 언어학과 생물학을 동시에 바라보려는 기획으로 생물언어학*Biolinguistics*이 태동한 현상은 지금의 현실을 잘 반영한 것이다. 이런 흐름 속에서 언어 발생에 관련된 특이 유전자의 출현과 함께 형태 및 기능을 변모시키는 발달 단계를 살펴보고, 이를 통해 인간의 뇌가 지금처럼 완성되어온 과정을 밝히려는 시도들은 무엇보다도 중요한 요건이다. 또한 이 같은 시도는 생물학적 관점에서 이루어져야 하며, 지금 같은 상태로 언어가 발전하고 구축되어온 과정은 인간 뇌의 발현이 비교적 단기간에 완성되었다는 사실과 밀접하게 관련되어 있다는 점도 확실하게 인지해야 한다. 이처럼 기간이 아주 짧다는 사실에도 불구하고 언어가 현재의 형태로 이르렀다는 결과에는 경이로운 느낌을 감추기 어렵다.

이 책에서는 지금까지 언급했던 언어와 진화 그리고 생물학적 발달 등에 연관된 다양한 내용이 상세하게 서술되고 있고, 언어가 제 모습을 갖추어가는 과정을 '결합 장치의 응용' 그리고 '상하계층 구조 구축'이라는 두 가지 기준에 의거해 일목요연하고도 논리적으로 기술하고 있다.

여기서 '결합 장치의 응용'이란 언어에서 음성 단위를 토대로 어휘들을 구성하고 이후 구절 등을 만들면서 문장을 완성시키는 단계를 말한다. 영어 어휘 'cat'은 'k', 'a', 't' 세 가지 음성의 결합체이고, 'the cat'은 'the' 그리고 'cat'의 합동체다. 네 가지 어휘를 결합한 문장으로서 'the cat is black'에서는 'the', 'cat', 'is', 'black' 등을 확인할 수 있다. 이처럼 하위 단위에서 상위 구성체를 형성하는 과정을 가리켜 '결합 장치의 응용'을 통한 문장의 완성이라고 할 수 있다. 또한 '상하계층 구조 구축'이란 결합 과정에서 완성된 단위들을 살펴볼 때 내부 구조에서 아래쪽부터 위쪽이라는 방향성을 기반으로 소규모 구성체로부터 대규모 구성체를 확인할 수 있음을 말한다. 예를 들어, 하나의 문장을 놓고 볼 때 내부적으로 문장 안쪽에 또다른 문장을 포함하는 형태를 의미한다. 예를 들어 'Aby thinks that

Putin believed that Kory ate the cookies'라는 문장 내부가 세 가지 주어인 'Aby', 'Putin', 'Kory' 같은 세 개의 별도 주어를 동반하고 있는 절들로 구성되고 있음을 발견할 수 있다. 이처럼 별개의 주어를 동반하는 절이 내부에 세 개 이상 포함되는 문장을 가리켜서 '상하계층 구조'라고 부를 수 있다. 버윅과 촘스키의 주장을 따르면, 이처럼 두 가지 기준을 통해 문장을 구성하는 과정은 동물들의 의사소통 체계를 아무리 뒤져보아도 쉽게 찾을 수 없다. 이처럼 인간의 언어 활용은 앞서 제시했던 기준들을 기반으로 독특하다는 측면을 여실히 보여주고 있다. 물론 이 같은 주장은 다른 학자들에 의해 반론의 여지가 전혀 없지는 않다. 그럼에도 아직까지는 이 같은 설명방식이 많은 연구자의 지지를 받고 있다.

앞서 제시된 기준들 가운데 '결합merge'이라는 용어는 최근 언어학 이론의 대부분 논지들 속에서는 '병합'으로 언급되고 있다. 그렇지만 필자가 'merge'를 번역할 때 적합한 용어로서 굳이 '결합'을 선택한 이유는 버윅과 촘스키의 설명이 생물언어학적 관점에서 유전학적 현상 및 연산작용 과정에 상당한 주안점을 두고 있기 때문이다. 그리고 생물학의 기초라고 할 수 있는 유전학 내부에서 유전자의 형성 과정이 DNA 구성 과정에 기반을 두고 있고, 하나의 생물적 완전체가 구축되는 과정에서 유전자들의 결합을 가장 중요한 요인으로 설명을 진행하고 있기 때문이다. 그래서 'merge'의 번역어로서 '결합'을 선택한 것은 매우 적절한 시도라고 할 수 있다. 또한 '결합'의 결정체들은 또 다른 상위 결정체를 완성하는 데 중요한 단위가 되고 있다는 사실도 간과하지 말아야 한다. 생명체 완성이 결국 DNA의 결합에서 그 원인을 찾을 수 있다는 점을 인정하면, 그리고 생명체의 내부가 결합으로 완성된 하위 단어들을 기반으로 연산작용 과정을 거쳐 차곡차곡 단계별로 발달한 결과들을 반영하고 있다고 보면 '결합' 및 '상위계층 구조'라는 번역어들을 선택하고 전체 설명에 적용하는 시도는 필연적이라고 보아야 할 것이다.

이 책의 번역 작업은 정말 오랜 시간의 투자라고밖에 달리 표현할 길이 없다. 지난 2년여 기간을 번역을 위한 노력으로 보내면서 한 단어, 한 구절, 한 단락 등 어떤 것도 가볍게 지나칠 수 없었던 고민의 순간들이 지금도 두 눈에 선하다. 그만큼 이 책이 우리가 인류를 이해하려는 애씀의 일환으로서 언어를 알고자 노력한 결실이라고 믿었기 때문이다. 이 책을 접하는 독자들이 자신이 어디에 종사하든 우리가 인간으로 정의되는 기준이 바로 언어에 있음을 명심하기를 바라는 마음으로 옮긴이의 글을 마치고 싶다. 더불어 이 책이 지금의 모습으로 안착할 수 있도록 물심양면으로 조언을 아끼지 않았던 원호혁 선생에게 진심으로 감사의 뜻을 전하고 싶다. 본 주제 및 여러 연구 논저를 위해 함께 수많은 시간을 토론으로 보냈던 매 순간을 지금도 선명하게 기억하고 있다. 또한 이 책의 출간이 완수될 수 있도록 도움을 준 출판 관계자와 그 외 여러 사람에게 감사의 마음을 충심으로 전한다.

2018년 초가을 청주(清州)의 자택에서
김형엽

I

왜 지금인가?

우리는 울음을 터뜨리면서 태어난다. 그러니까 울음은 언어의 최초 힘찬 태동을 예고하는 것이다. 독일 아기의 울음은 독일어 발화의 선율을 그대로 반영하고, 프랑스 아기는 프랑스어 발화를 반영한다. 이런 현상으로 말미암아 아기들 모두가 태아일 때 언어를 습득하는 것이 분명하다고 볼 수 있다(Mampe et al., 2009). 태어난 지 일 년 정도 이내에 영아들은 모국어의 소리 체계를 완전히 습득하며, 이후 몇 년이 흐른 후에는 자신을 돌보는 사람들과 대화할 수 있는 수준에 도달한다. 이처럼 아기들이 자라면서 어떤 언어든 습득할 수 있게 하는, 인간에게만 유일하게 존재하는 놀라운 '언어능력'은 오래전부터 생물학 분야에서 중요한 의문점으로 여겨져왔다. 그 의문점으로는 '언어의 속성이란 무엇인가?', '언어의 속성은 어떻게 작용하는가?', '언어의 속성은 어떻게 진화되었는가?' 등이 있다.

소론들을 모아서 저술한 이 책에서는 바로 세 번째 의문점인 '언어의 진화'를 고심해서 다루고 있다. 물론 반대 의견이 존재하지만 20세기 중반 생성문법이 태동한 이래 언어의 진화에 관해 많은 관심이 생겨난 것은 사실이다. 처음부터 생성문법은 언어, 특히 문법에 대해 확실한 해설을 마련하는 일에 주력했다. 바로 그 해설들이 우리가 무엇을 언어의 기본 특성*basic property*이라고 부를지에 대해 설명할 수 있는 길을 터주었다고 볼 수 있다. 즉, 언어의 핵심은 한정된 연산작용 체계를 토대로 표현을 무한대로 생성하는 것이다. 이때 생성된 표현들은 각각 의미-화용 측면과 감각운동 체계(비공식적으로는 사고와 소리)에서 명확한 해석을 가지고 있는 것이라고 할 수 있다. 이 같은 문제가 처음 언급될 당시에 생성문법의 과업은 엄청난 대상으로만 여겨졌다. 언어학자들은 가까스로 적정한 수준의 문법을 구성하는 일을 힘겹게 수행했으며 그 결과들은 너무 복잡했다. 따라서 그 결과들이 차후에 진화될 수 있으리라고는 생각할 수 없었다. 이런 이유로, 일부 눈에 띄는 결실은 있었지만, 언어의 진화에 관한 논의들 대부분이 출판 단계에 이르기가 거의 불가능했다.

그래서 과연 무엇이 변화되었는가? 먼저, 언어학 이론이 성숙 단계에 이른 것을 생각해볼 수 있다. 현재 시점으로 봤을 때 복잡한 언어학 규칙 체계는 과거의 산물이며, 이 체계는 훨씬 간결한 모습으로 대체되었다. 따라서 새로운 모습의 체계가 진화론적으로 가능성이 훨씬 높은 방식이라고 할 수 있다. 특히 '외재화*externalization*'로 간주되었던 영역에 속한 발음 학습과 소리 생성이라는 '입출력*input-output*' 체계처럼, 인간언어와 관련된 특정한 주요 생물학적 구성요소들은 생물학적·유전학적 방식으로 확실하게 밝혀졌다. 따라서 우리는 '분할 정복' 전략을 효율적으로 활용하기 위해, 언어의 핵심 특성을 알아내는 데 집중하는 동안에는 감각운동 체계에 해당하는 외재화를 연구 대상에서 제외한다.

현재로서는 우리가 갖추어야 하는 필수적인 증거들이 충분하지 못하기 때문에 많은 부분이 설명되지 못한 채로 남아 있다. 반면 지난 20여 년 동안 언어학 이론에서 이루어진 발전은 언어의 기원에 대해서 상당한 부분을 밝혀주었다. 이런 상황은 특히 오늘날 우리가 인간언어의 핵심적인 부분 ─ 언어의 통사*language syntax*를 주도하는 근본적인 동력 ─ 이 수십 년 전 많은 사람이 생각한 바와 달리 실제로는 훨씬 간결하다는 사실을 믿는 데 중요한 밑거름이 되었다. 즉, 간결성은 진화적 생물학과 언어학 모두를 흔쾌히 받아들이는 요인이라고 할 수 있다. 생물학자들은 말 그대로 '외견상으로 나타나는' 외형인 '표현형*phenotype*'을 더욱 세밀한 범주로 정의할수록, 표현형이 어떻게 진화되는지에 관해 우리가 생물학적으로 더욱 확실하게 이해할 수 있다는 점을 잘 알고 있었다. 결과적으로 표현형의 진화에 관한 우리의 이해는 우리 인간과 언어를 소유하지 못한 종들의 격차를 좁히는 데 중요한 역할을 한다. 이처럼 '표현형'에 대해 더욱 알맞은 정의만 확보한다면 다윈이 언어의 진화에 대해 설명하려고 시도했을 때 처음부터 그를 힘들게 만든 딜레마를 해결해줄 수 있는 실마리를 찾을 수 있을 것이다.

다윈이 겪은 이런 문제에 대해 여러 분야에서 '다윈의 문제'라고 부르기도 하고, 자연선택*natural selection*에 의거한 진화론의 공동 발견자인 알프레드 러셀 월리스*Alfred Russell Wallace*의 이름을 따서 '월리스의 문제'라고 부르기도 했다. 월리스는 전통적인 다윈주의라고 할 수 있는, 언어에 대한 적응주의 해석에서의 난점들에 대해 최초로 세간의 관심을 불러 모았다. 이는 이미 오래 전에 월리스가 언어를 사용하지 못하는 다른 생명체들이 언어에 관련된 어떤 생물학적 기능도 갖고 있지 않다는 사실을 인지하고 있었기 때문이다.[1]

진정으로 언어는 진화론적 설명에 대해 심각한 도전을 제기하는 요인이다. 왜냐하면 전형적으로 다윈주의 사고는 최소의 수정이 지속적으로 이루어지면서 조상으로부터 점차 발전하는 것을 가리키기 때문이며, 다른 한편으로 어떤 동물도 언어를 소유하고 있지 않기 때문에 인간만이 언어를 소유한다는 주장은 **자연은 비약하지 않으며 연속적이다**natura non facit slatum, Nature makes no leap라는 린네Linnaeus와 다윈의 원칙을 확실하게 위반하는 생물학적인 비약이기 때문이다. 즉, 진화의 비약에 대한 원칙이 주어지는 이유는 "자연선택은 절대로 한꺼번에 여러 계단을 건너뛰지 않으며 아주 조금씩 연속적인 변형에 의해 발생하고, 가장 짧고 가장 느린 보폭으로 전진한다는 개념에 의거하고 있기" 때문이다(Darwin, 1859: 194). 하지만 우리는 단호하게 이러한 다윈주의의 연속성과 변화 사이에 존재하는 갈등을 해결할 수 있다는 믿음을 가져야 한다. 그리고 그런 생각이야말로 이 책의 핵심 목표라고 할 수 있다.

　다윈은 이 문제를 어떻게 보았을까? 다윈은 자신의 책『인간의 유래The Descent of Man』(1971)에서 아주 미미한 진화적 변화와 지속성에 대한 자신의 강력한 원칙에서 결코 물러서지 않은 채 언어의 진화를 위해 스스로 '카루소Caruso' 이론을 발전시켰다. 이 이론은 노래를 더 잘 부르는 남자가 성적으로 여성의 선택을 받을 가능성이 높으며, 결국 이런 상황이 공작의 날개와 마찬가지로 음성기관의 완성도를 이끌어낼 수 있다는 사실을 가리킨다. 그리고 음성기관의 완성도는 뇌 용량의 증가와 함께 높아졌으며, 결국 이것은 정신적 사고를 활용하는 언어로 귀결되었다.

목소리가 더 많이 사용됨에 따라 음성기관들은 용불용설用不用說을 기반으로 강화되고 완전한 모습으로 발전할 수 있다. 이런 현상은 발화 능력에 반영되었을 것이다. 그러나 언어의 지속적인 사용과 뇌 발달 사이의 관계성이 훨씬 더 중요하다는 것에는 의심의 여지가 없다. 가장 열악한 수준의 발화 형태가 사용되기 훨씬 이전에도 인간 조상들의 정신적 능력은 유사한 종에 속한 유인원보다 더욱 뚜렷하게 발달한 모습을 보였다. 그렇지만 우리는 정신적 능력의 지속적인 활용과 발달 과정이 인간의 정신에 반응을 일으켜 오랜 기간에 걸친 일련의 사고들을 가능하게 하고 동시에 발전할 수 있게 했음을 확신을 가지고 믿을수 있을지도 모른다. 아주 길고 복잡한 일련의 사고는 소리 발성의 유무와 상관없이 단어라는 요소의 도움 없이는 수행될 수 없다. 이것은 수학의 연산 과정이 숫자 또는 대수를 전제하지 않고는 실행될 수 없는 것과 마찬가지로 볼 수 있을 것이다(Darwin, 1871: 57).

최근 카루소 이론은 다시 부흥하고 있다. 1996년 영국 에든버러에서 열린 '진화-언어Evolang' 학회에서 버윅은 운율구조의 최근의 언어이론에 기초해 다윈의 주장을 새롭게 발전시켰다.[2] 가장 최근까지는 피치(Fitch, 2010)를 제외한 어떤 사람도 다윈의 '음악적 조어祖語' 이론의 내용에 대해 도전하지 않았다. 피치가 언급했듯이 다윈의 이론은 놀랍도록 예지성이 탁월했으며 또한 선구적이었다. 게다가 우리는 언어가 사고와 연계되어 있다는 견해를 가졌던 다윈과 같은 생각을 할 수 있다. 여기에서 사고란, 고생물신경학자 해리 제리슨(Jerison, 1973: 55)의 말을 빌리면, "내면의 정신적 도구"라고 할 수 있다. 이후 3장에서 이런 견해에 대한 실험언어학적 증거들을 제시할 것이다.

몇몇 의견들과는 다르게, '다윈의 문제'로서 언어의 진화에 관한 논의
는 1990년 해당 문제가 '부흥'한 시점까지도 금기 사항이 아니었다. 이는
마치 위층 다락방에 30년 가까이 숨겨두었던 조금 별난 친척과 진배없다
고도 볼 수 있다. 이와는 정반대로, 1950년대와 1960년대를 필두로 1970
년대에 매사추세츠 케임브리지에서는 동일한 주제가 엄청난 관심의 대상
이 되었다. 이러한 깊은 관심은 에릭 렌네버그*Eric Lenneberg*의 1966년 9월
발간본인 『언어의 생물학적 기초*Biological Foundation of Language*』(1967: viii)의
서문에 반영되었다. 그는 지난 15년 동안 자신의 연구를 위해 큰 도움을
준 학자들로 로저 브라운*Roger Brown*, 제롬 브루너*Jerome Bruner*, 조지 밀러
George Miller, 한스 테우버*Hans Teuber*, 필립 리버만*Philip Liberman*, 에른스트 마
이어*Ernst Mayr*, 찰스 그로스*Charles Gross*, 노엄 촘스키와 같이 유명하면서도
친숙한 사람들의 이름을 언급했다. 렌네버그의 책은 오늘날 여전히 큰 관
심의 대상이 되고 있으며, 특히 6장 "진화와 유전학의 관점에서의 언어
Language in the Light of Evolution and Genetics"는 그의 초기 연구(Lenneberg, 1964)
와 마찬가지로 여전히 진화적인 사고 방향을 보여주는 업적으로 당당하
게 자리를 차지하고 있다. 어떤 면에서는 이 책이 렌네버그가 달성한 업
적을 새롭게 발전시키는 것이라고 볼 수도 있다.

이런 역사를 이해하고 있다면 다음과 같은 공헌들을 보여준 사람이 바
로 렌네버그였다는 사실을 확실히 알 수 있다. 우선 선견지명으로 아동의
주도 발화에 대해 종적인 측면에 초점을 맞춘 수집 과정을 제시했으며,
(매사추세츠 워터타운 퍼킨스 언어장애인 학교에서) 인간언어로서의 수화의

자발적 발생을 발견했고, 언어의 습득이 중한 병증에도 불구하고 여전히 승계된다는 사실을 찾아내기도 했다. 그리고 언어 습득을 위한 '결정적 시기critical period'에 관련된 증거들을 제시했고, 언어 통사론과 다른 인지 능력들 사이에 연관성이 없다는 점을 언급했으며, '언어로 준비된 뇌'라는 현대적 용어들을 만들어냈고, 언어장애가 있는 가족에 대한 가계 분석 방식을 활용하기도 했다. 또한 언어가 유전적 부문을 가지고 있다는 증거를 찾기 위해 **FOXP2** 자료에 대한 반향을 불러일으켰으며, "우리는 '언어만을 위한 유전자'를 가정할 필요가 없을 것이다"라고 말하기도 했다 (Lenneberg, 1967: 256). 렌네버그는 또한 언어의 진화에 관해서 연속성 접근방식과 비연속성 접근방식을 대조했으며, 비연속성 입장에서 논증을 제시했다. 이런 견해는 언어의 균일성 같은 핵심적 증거에 의해 부분적으로나마 지지받기도 했다. 즉, 언어의 균일성은 "모든 인간에게서 언어에 관한 동일한 능력을 발견할 수 있는 것은 인간들이 현재처럼 다양한 인종으로 분리되기 이전에 이미 언어능력을 갖추었음을 보여주는 것이다"라는 사실에 근거를 두고 있었다(Lenneberg, 1967: 266).

실제로 언어와 진화에 대한 문제는 지속적인 관심의 대상이었다. 확실히 1950년대와 1960년대에는 렌네버그가 저술했던 내용 이상으로 어떤 주장도 존재하고 있지 않았다. 그 시기의 전형적인 생성문법에는 복잡하면서도 순서를 따라야 하는 많은 변형 규칙이 있었다. 촘스키의 책『변형생성문법의 이론Syntactic Structures』(1957) 부록 II에는 영어의 일부분에 연관된 매우 상세하게 표현된 규칙 26개가 제시되어 있는데, 이들 규칙을 통해 앞서 언급한 복잡한 측면이 즉시 드러나고 있다는 사실을 확인할 수 있다. 그럼에도 언어의 진화에 대한 관심은 수그러들지 않았고, 때때로 이 주제에 대한 학회[예를 들어, 1957년의 뉴욕과학아카데미*New York Academy of Sciences*(Harnad, Steklis and Lancaster, 1976)]가 열리기도 했다. 1960년대 중반부터는 당시까지 언어마다 매우 다른 모습으로 나타나는 복잡한 규칙 체계가 특정 언어를 적절하게 묘사하려는 요구를 충족할 수 있을 것이라고 보았던 반면에 아이들이 크게 힘을 들이지 않고 무슨 언어든 습득할 수 있다는 사실은 해결하지 못한 채 수수께끼로 남겨 두었다. 이런 수수께끼의 일부는 언어 습득을 위한 생물학적 체계에 연관된 제약들을 발견함으로써 해결할 수 있었다. 이때 제약이란 바로 언어능력이라는 유전적 부문에 관련된 이론으로 알려진 보편문법*Universal Grammar: UG*을 제어하는 것을 말한다.[3] 언어의 진화에 연관된 1975년의 뉴욕아카데미 학회에서 우리 저자들 가운데 촘스키는 이 책의 앞부분에 언급된 바와 동일하게 언어의 '표현형'을 제한하는 제약들이 있기 때문에 진화의 목표점을 좁힐 수 있을 것이라는 자신의 견해를 피력했다. 예를 들면, 경우에 따라서 언어학 규칙은 특정 범주에만 제한되어 **Who did Mary believe that Bill wanted her to see**라는 문장에서 의문사 **who**가 뒤에 위치한 동사 **see**의 목적어라고 이야기할 수 있다. 하지만 의문사 **who**가 **Who did Mary believe the claim that John saw**의 문장구조(Chomsky, 1976: 50)에서 명사구* 내부에 속하면 동사 **see**의 목적어가 되는 것이 불가능하게 된다. (이

*   the claim that 이하를 의미.

후 4장에서 다시 다루겠지만) 이 설명에서 이끌어내려는 결론의 목표는 다음의 사안을 제시하는 데 있다.

인간의 정신 구조, 즉 인간언어는 유전적으로 결정된 특성에 상응해 발달하며, 이때 유전자에서 이루어지는 미미한 수정만으로도 각각 특징을 달리하는 언어들이 발생한다고 추측하는 데는 나름의 근거가 있다(Chomsky, 1976: 56).

이 같은 논제들은 심지어 한 언어만을 위해 생성문법을 구성하려고 노력했을 때조차 곧바로 나타났다.

이후 10년 동안 이런 종류의 논제를 발견하는 흐름이 가속화되었고, 보편문법에 대한 체계적인 제약들의 탄탄한 배열이 축적되면서 결과적으로 '원리매개변인이론*Principles and Parameters framework: P&P*'이 나타나기에 이르렀다. 이 이론의 모델을 보면 『변형생성문법의 이론』에서 제시된 세밀한 구조의 변형 규칙들 중에서는 영어의 경우 목적어 자리에 위치한 명사구를 주어 위치로 옮기는 '수동 규칙', 의문문의 who 같은 의문사를 문장의 맨 앞으로 옮기는 이동 규칙 등이 대표적이다. 이처럼 복잡한 형태의 규칙들은 이후 '이동가설*Move any phrase, Move alpha*'처럼 하나의 운용 작용으로 집적되는 과정을 겪게 되는데, 이런 과정에는 앞에서 보았던 것처럼 의문사 who, what 같은 대상들이 제대로 이동하지 못한 경우를 걸러내는 제약들이 좀 더 수준 높은 단계로 변모하는 과정도 포함되어 있다. 이런 모든 사안은 최대로 허용될 수 있는 변화 형태들의 배열로 매개변환될 수 있으며, 이는 언어들 사이에 존재하는 차이점들을 보여줄 수 있다. 예를 들어, 일본어는 동사를 문장의 마지막 위치에 두지만 영어, 불어 등의 언어는 동사를 앞쪽에 위치하도록 하는 특징이 여기에 해당된다. 언어학 이론 또한 화학에서 원자들의 조합과 조합이 가능한 분자 종류들의 관계성을 제시하는 주기율표의 형식과 유사한 형태를 보일 수도 있을 것이다. 마크 베이커(Baker, 2002)가 언급한 설명들이 예시하는 것처럼 말이다.

1990년대까지 상호언어 차이의 정도를 설명하던 원리매개변인이론 모델은 처음으로 규칙과 제약들을 독립적 동기화를 지닌 가장 작은 단위로 나누었다. 가령 효율성 원리 혹은 최적 계산을 통해서 말이다. 인간언어를 위해 **가장 간결**하고 **가장 작은** 체계를 추구하는 과정은 훨씬 협소한 언어적 표현형을 가리키는 상당한 수준의 간소화를 지향해왔다고 할 수 있다.

그렇다면 이런 협소한 표현형을 어떻게 특징지을 수 있을까? 생성문법과 관련해 지난 60년 동안 이루어진 연구에서 인간언어에 관해 기초적이면서 크게는 논쟁의 여지가 없는 원리들이 발견되었다. 즉, 인간언어의 통사적 구조는 최소한 핵심적인 특성 세 가지를 갖추고 있으며, 이들은 모두 최소주의적 체계 가정들에 의해 포착되었다.

(1) 인간언어 통사론은 상하계층 구조로 되어 있으며, 일직선 구조의 선형적 순위에 대한 판단과는 관련성을 갖고 있지 않다. 여기서 선형적 순서를 결정하는 제약은 외재화에 국한한다.
(2) 문장과 관련된 특정한 계층 구조는 해석에 영향을 미치도록 되어 있다.
(3) 관련성이 있는 상하계층 구조의 하위 구조의 깊이에는 한계점이 존재하지 않는다.

세 가지 특성이 모두 사실일 경우 (1)은 일단 적정한 언어학 이론이라면 선형적 순서를 무시해도 여전히 상하계층 구조를 갖춘 표현의 무수한 예를 구성하는 것을 가능하게 하는 **특정한** 방법을 갖추고 있다는 점을 암시한다고 할 수 있다. 반면 (2)는 구조가 부분적으로나마 '의미' 단계에서 해석을 고정화할 수 있음을 암시한다. 마지막으로 (3)은 앞서 제기된 표현들 내부에 무한성이라는 잠재력이 구비되어 있음을 암시한다고 볼 수 있다. 따라서 이들 특성은 적정한 수준의 통사적 이론이라면 반드시 포함하고 있어야만 하는 최소한의 조건들이며, 이런 이유로 인해 세 특성은 통사론의 최소주의적 설명의 부분집합에 속한다고 볼 수 있다.

이 특성들이 언어에 적용될 수 있는지 알아보기 위해서 이후 3장과 4장에서 제시될 간단한 예를 들어보자.

birds that fly instinctively swim

instinctively birds that fly swim

여기에 대조되는 두 문장을 볼 수 있다. 첫 번째 문장구조는 의미적으로 중의성을 띤다. 이 문장에서 부사 **instinctively**•는 동사 **fly**와 **swim** 모두를 수식할 수 있다. 따라서 이 문장은 새들이 비행과 수영 양쪽 모두에 본능적인 소질이 있다고 말하고 있다. 두 번째 문장구조에서는 **in-**

• 본능적으로.

stinctively를 제일 앞쪽에 위치시켜 양상이 달라진다. 결국 문장을 in-stinctively birds that fly swim으로 구성해 instinctively가 swim만을 수식하게 되면서 fly는 수식에서 제외될 수밖에 없다. 이런 사실은 기이하게 보일지도 모른다. 부사와 동사 사이에 놓인 단어 수를 보더라도 구조적으로 instinctively는 swim보다는 fly에 가깝게 위치하고 있기 때문이다. 살펴보면 부사 instinctively와 동사 fly 사이에는 두 단어가 있고 동사 swim 사이에는 세 단어가 있음을 알 수 있다. 그렇지만 사람들은 둘 사이의 단어 수가 적다는 이유만으로 instinctively를 fly에 연계하지 않으며, 더 멀리 위치한 swim에 연계한다. 이는 구조적 정보를 따르는 거리상에서는 부사 instinctively가 동사 fly보다 동사 swim에 더 가깝게 위치하기 때문이다. 동사 swim은 부사 instinctively보다 한 단계 아래에 있는 하위계층에 포함되어 있는 반면 동사 fly는 그보다 더 아래에 위치한 하위계층에 속한다(4장 〈도식 4.1〉에 그림이 예시되어 있다). 분명한 것은 인간언어 통사론에서 주요한 사안은 일직선 구조의 선형적 거리보다는 구조적인 거리라는 점이다.

인간언어에서 강력한 역할을 맡고 있는 상하계층 구조라는 특징은 영향력을 발휘하는 데도 전혀 한계성을 나타내지 않는다. 비록 이를테면 intuitively people know that instinctively birds that fly swim이라는 문장구조를 이해하고 의미를 알아차리는 데 어려움이 가중되기는 하지만 말이다. 만약 인간의 뇌가 한정되어 있다는 전제 속에서 처치-튜링*Church-Turing* 명제를 활용한다고 보면 일단은 돌파구가 없다고 보아야 한다. 즉, 우리는 앞서 제시한 예와 같은 경우를 적절하게 묘사한다는 차원에서라도 반복된 과정을 인정하는 회귀방식을 '필수화'해야 한다. 이런 방법을 따르는 것 역시 그다지 큰 논쟁을 불러일으키지 않는다. 이런 점들을 모두 감안하면서 앞서 언급한 세 가지 특성을 기반으로 인간언어 통사론의 적절한 이론을 위해 필수적인 **최소한의** 요구 조건들을 제시할 수 있다.

그러나 영장류 신경과학에서의 최근 논의를 보면 이들 세 가지 특성에 관련된 주장들이 때로는 분명하고도 강하게 부인되었다. 이 논의에서는 선형적 순서를 감지하는 제약만이 필요조건이고, 따라서 상하계층 구조 또는 회귀 같은 방식에 의존하지 말아야 한다는 점을 주장했다. 이런 견해는 신경생물학 중심의 언어 연구와 진화적 변화 모두에게 강력한 영향력을 미치고 있다. 하지만 이 같은 견해는 잘못된 것이다.

예를 들면, 보른케셀-슐레제브스키와 동료들(Bornkessel-Schlesewcky et al., 2015)은 인간과 영장류 사이의 연관성을 주장한다. 그들이 개진하는 논증의 근거는 바로 다음의 내용에서 확인할 수 있다.

> 우리는 인간언어만을 위해 훨씬 정교하면서도 질적으로 개별적인 연산작용 메커니즘(즉, 회귀방식에 의해 생산된 개별성의 비연속적 무한성)을 갖춰야만 한다는 생각을 따르지 않는다. …… 순서를 구별하는 방법에 의해 두 요소 A와 B를 연속체 AB로 결합하는 능력은 인간언어에서는 연산 능력을 위한 연산작용의 기초를 형성한다(Bornkessel-Schlesewcky et al., 2015: 146).

어쩌면 이들 학자는 비판적인 진화적 결론을 이끌어내고 있는 것 같다. 그들은 "인간을 제외한 영장류가 가지고 있는 연산작용으로서의 구성양식이 필수적인 연산작용을 수행하는 데 질적으로 충분하다고 제안할 수 있는 결정적인 증거가 있다"(Bornkessel-Schlesewsky et al., 2015: 143)라고 언급했다. 이것이 사실이라고 한다면 거기에는 매우 심오한 진화적 결과가 있을지도 모른다. 그래서 그들은 "문장, 담화 등을 포함해 인간언어를 위한 기초적인 연산작용 행위에 연관된 생물학적 전제조건은 이미 인간 외의 영장류에 관해서도 제시된 적이 있다"(Bornkessel- Schlesewsky et al., 2015: 148)라는 말을 덧붙였다.

그러나 앞서 살펴본 바에 따르면, 보른케셀-슐레제브스키 등의 주장은 단순 오류일 뿐이다. 선형적 처리는 인간언어를 설명하는 데 적절할 수 있는 수준에도 미치지 못하는 내용이다. 그들의 연구에서 밝힌 영장류의 메커니즘은 우리가 인간언어에서 전형적으로 발견한 것을 설명하는 데 **원칙적으로 불출분성**을 보여주는 내용에 불과하다. 그리고 만일 그들의 주장이 옳다면 우리는 인간 외의 영장류의 뇌 능력을 인간언어의 수많은 측면을 구성하기에는 턱없이 부족한 후보로 봐야만 하는 입장에 놓이게 된다.

그렇다면 앞서 살펴본 최소주의의 분석이 우리에게 제시한 것을 다시 한 번 정리해보자. 이 이론의 장점은 인간언어 통사론에 요구되는 상하계층 구조를 형성하는 유일한 작용방식인 결합*merge*을 보유하고 있다는 점이다. 결합은 어떠한 두 개의 통사적 요소라도 그것들을 합친 다음에 새롭고도 거대한 위계적인 구조 표현을 만들어낸다.

아주 간단하게 말하면 결합 작용은 집합공식일 뿐이다. 통사적 대상 X(단어와 유사한 최소 요소이거나 결합 과정으로 형성된 결과물 가운데 하나)와 또 다른 통사적 대상 Y라는 두 요소가 주어질 때 이들은 결합되어 또 다른 상위계층의 대상인 {X, Y}를 형성할 수 있다. 이때 새롭게 형성된 단위에는 최소 연산작용의 조건을 만족시키는 일종의 알고리즘에 의해 표찰 *label*이 주어진다. 예를 들어, 두 구성요소 **read**와 **books** 등이 주어진 상황에서 결합은 이들 두 요소를 조합해 {read, books}를 만들어내고, 이 같은 결과물에는 최소의 조사방식에 따라 표찰이 주어지는 것이다. 이때 적용되는 방식의 핵심은 가장 먼저 조합 과정에서 '핵' 요소의 자질을 확인하는 것이다. {read, books}에서는 동사 **read**를 핵으로 보고 해당 단어의 자질을 표찰에 적용한다. 이런 방법은 전통적으로 영어 구 **read books**를 구성했을 때 동사 **read**에 근거해 해당 구를 '동사구'라고 이름 붙이는 경우와 유사하다. 새로운 통사적 구성체는 그대로 있기보다는 이후 또다시 연산작용 과정에 참여할 수 있으며, 이런 과정을 토대로 우리는 앞서 그랬던 것처럼 인간언어의 기본 특성이 무엇인지를 파악할 수 있다.

이런 접근방식에 대한 더 많은 이야기는 이 책의 후반부에서 발견할 수 있다. 여기에서는 잠시 동안이지만 바로 앞에서 설명한 방법을 기반으로 조금 더 범위를 좁혀서 초점을 표현형에 맞춘다면 우리가 충분하게 설명하지 못하고 있는 진화론에 대한 설명적 부담을 완화할 수 있으며, 동시에 다윈의 역설을 축소해나갈 수 있을 것이다. 이처럼 인간언어의 표현형을 최신으로 개선하면서 범위를 좁혀가는 것이 바로 이 책의 장들이 공통적으로 추구하는 첫 번째 동기라고 할 수 있다.

두 번째 동기는 언어와 관련된 생물학적 기초에 대한 우리의 이해 정도를 증진하는 것이다. 여기에서 우리는 기본 특성 세 가지를 묘사한 것처럼 난해한 '언어'의 진화 문제를 세 부분으로 분할하기 위해 '분할 정복' 전략을 효율적으로 활용할 수 있다. 세 부분은 다음과 같다.

(1) 내부에 포함된 하부의 두 체계가 만나는 지점에서 조직적인 해석을 포함하는 표현들을 상하계층 구조로 구성하는 내재된 연산작용 체계
(2) 문장 생성 혹은 분석과 같이 외재화 과정을 위한 감각운동 체계
(3) 추론, 해석, 계획 등을 위한 개념 체계 및 비공식적으로는 '사고'라고 명명되는 행위의 조직 등

명심할 점은 외재화에는 음성/운동학습과 생성 이상의 것을 포함함으로써 단어 형성(형태론), 이 단어들과 소리 체계의 관계성(음운론, 음성학), 생성 과정에서의 기억력에 대한 부담을 완화하기 위한 외형 구조에서의 재조정, 운율 체계화 등이 포함된다는 것이다.

우리의 관점에서 볼 때 더욱 중요한 것은 언어의 경우 입력 부분은 물론이고 음성, 기호, 촉각 (다행히도 냄새 맡기의 후각은 명단에 포함되지 않는 듯하다) 등의 출력 과정에서는 감각 양상感覺 樣相 가운데 **어떤 것**이든 분명하게 활용된다는 사실이다. 우리는 내적으로 나타나는 상하계층 구조 자체가 구, 단어, 다른 요소들의 왼쪽에서 오른쪽으로 제시되는 **순서**에 관해 어떤 정보도 주지 못한다는 사실에 주목해야 한다. 예들 들어, 일본어와 영어, 프랑스어를 분류하는 동사-목적어 구조 혹은 목적어-동사 구조의 가능성은 내적인 상하계층 구조에는 반영되지 않는다. 오히려 시간적인 언어의 순서는 외재화에 대한 요구에 의해 부과된다. 만약 이런 양상

이 청각적인 것이라면 우리는 이런 출력을 더욱 친숙하게 발화라고 부를 수 있으며, 여기에는 발성 학습과 생성이 포함되기도 한다. 그렇지만 이런 출력 양상은 기호 표시를 갖춘 언어에서는 시각적 또는 운동적일 수도 있다.

부분적이기는 하나 명금_songbirds_을 대상으로 한 신경생리학적·유전학적 비교 연구들 덕분에 발성 학습의 생물학적 기초는 진화적 측면의 수렴적 체계 — 새와 인간이 이 체계에 따라 동등해 보일 수는 있지만 결과적으로 별개의 개체로 진화되었다 — 로 이해되는 과정에 있다. 별개의 요소들이면서 순서를 갖추고 있는 음성을 배우는 능력으로서의 발화 학습은 아마도 100~200가지의 유전자를 기반으로 시작해 완전한 모습으로 발달할_boot-strap_● 수 있다(Pfenning et al., 2014). 〈도식 1.1〉 상단에 제시되어 있는 것처럼 명금과 발화가 가능한 동물들의 발화 학습은 음성 운동피질 부위부터 뇌줄기 음성 운동신경세포까지 투사하는 신경 생물 구조를 따른다. 그렇지만 〈도식 1.1〉 하단에서 볼 수 있는 것처럼 닭, 마카크 원숭이같이 비발화 학습을 하는 경우에는 이 같은 직접적인 투사에서 현저한 결핍이 나타나고 있다.[4]

코민스와 젠트너(Comins & Gentner, 2015), 엔그레서 등(Engresser el al., 2015)이 발견한 사실에 의하면, 이 같은 학습 능력은 단순히 순차적으로

● 부트스트랩: 프로그램을 입력하는 방법으로, 최초에 명령을 읽어 들이기 위한 간단한 조작을 하면 계속해서 명령을 호출(fetch)해서 최종적으로는 완전한 프로그램이 기억장치 내에 수용되도록 하는 방법이다.

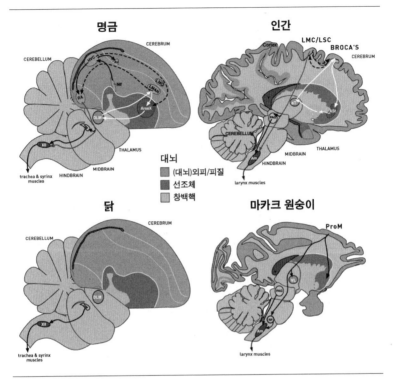

음성적 학습자들과 비음성적 학습자들 사이에 나타나는 뇌 관련성, 뇌 연계성, 뇌 세포 유형을 비교하고 있다. 상단의 그림을 보면 오직 음성적 학습자들(명금, 인간 등)만이 음성 운동피질에서 뇌줄기 음성 운동신경세포까지 직접적인 투사를 보이고 있다. 하단의 그림을 보면 비음성적 학습자들(닭, 마카크 원숭이)은 음성 운동피질로부터의 직접적인 투사를 갖추지 못하고 있다.

축약어: (되새류) RA=robust nucleus of the arcopallium(새의 뇌 구조로서 학습능력 포함). (인간) LMC=laryngeal motor cortex in the precentral gyrus(중심전회 내부 후두 운동피질), LSC= laryngeal somatosensory cortex(후두 감각피질)

자료: Pfenning et al.(2014). AAAS 허가를 받아 게재.

진행되는 현상 이상이라고 할 수 있다. 코민스와 젠트너는 자신들의 연구에서 찌르레기 종류의 새들이 인간들에게서 발견되는 것과 유사한 추상적 범주 설정이 전개된다는 사실을 보고했다. 반면 엔그레서의 연구진들은 조류 가운데 '음소적 대립'을 가지고 있는 종을 발견했다고 주장했는데, 바로 오스트레일리아꼬리치레류의 **밤색윗머리지저귀**chestnut-crowed bab-bler다. 이 종의 특이한 가능성은 코엔에 의해 예견되었다. 타카하시 등 (Takahashi et al., 2015)의 최근 연구에서도 여전히 어린 마모셋marmoset 원숭이가 코엔이 그려본 형태와 가깝게 인간 유아들의 '소리 조율'과 유사한 모습으로 자신의 목소리를 '연마'한다고 보고했다. 또한 이미 버윅 등 (Berwick et al., 2011)은 새소리의 구조적 특징이 연산작용을 통해 조절될 수 있다는 많은 긍정적인 예를 바탕으로 새소리 내부에 존재하는 제한적 선형성이 (발화의) 습득에 적합하다는 가능성을 제시해왔다. 만일 이것이 옳다고 한다면, 우리가 앞서 언급한 외재화라는 언어 체계의 한 측면을 설정하는 것이 가능할 수 있으며, 동시에 조금 더 인간에게 국한된 중심 분야에 초점을 맞출 수 있을 것이다.

마지막으로 이미 우리가 수행했던 분할 정복 방식을 확인해주는 신경학 증거들 가운데 하나로, 데이비드 포플David Poeppel의 연구진이 수행한 동적인 피질 활동에 관련된 뇌자기도腦磁氣圖, magnetoencephalographic 실험을 들 수 있다. 이 연구 결과는 언어 내부 상하계층 구조의 이행이 단어 흐름에 대한 선형적 이행과 연관성이 없다는 사실을 지적했다(Ding et al., 2015 게재 예정). 앞으로 우리는 4장에서 언어와 뇌에 대해 더 많은 이야기를 할 것이다.

앞서 살펴본 세 번째 동기로 돌아가보면 최소한 우리의 시선으로는 언어 진화의 생물학적 특성에 관한 렌네버그의 핵심 관점들이 사라질 위기에 처할 수도 있다는 생각이 들기도 한다. 예들 들어, 렌네버그는 다윈의 진화 '연속성' 접근방식과 자신이 선택한 '비연속성' 방식을 대조해 이에 대한 찬반 양면을 세세히 논의했다. 그러나 진화적 사고 속에서 이들 개별 관점을 분명하게 밝힌 진보된 모습을 감안하면 이 같은 시도는 매우 안타까운 일이다. 일종의 풍부한 과학 분야로서 현대의 진화생물학은 다윈이 최초로 주장한 관점에 의거해 개별 생명체가 자연선택과 연관된 선택과 선별을 기반으로 적응이라는 변화를 겪어나갔다는 측면에서 발전한 것이기 때문이다.

다윈은 확실한 오류 몇 가지를 **범했다.** 이 오류들이 이른바 현대진화이론*Modern evolutionary Synthesis*에 의해 개선되었다는 사실은 잘 알려져 있다. 현대진화이론은 20세기 중반 멘델 유전학설에서의 자연도태 그리고 근대 유전학 시대의 진화적 분석으로 이어진 입자 유전이 결합된 결과다. 특히 유전학에 관련된 사안은 다윈의 이론에서 결여된 부분이었기 때문에 유전자 및 유전적 모델은 다윈이 주장한 기존의 진화론을 개선하는 데 큰 도움이 되었다. 다윈은 자신이 활동하던 시절에 비록 정확한 것은 아닐지라도 '교배 유전' 이론을 수용했다. 교배 과정에 기초해 설명하자면, 붉은색 꽃과 흰색 꽃을 교배할 경우 이후 탄생할 모든 씨앗으로부터 나타나는 꽃은 분홍색처럼 중간색을 띨 수 있다. 이것은 곧 혼합 행위가 자연선택이 가져다줄 다양화를 신속하게 제거할 수 있음을 나타내는 것이다. 어린 시절 젖은 붓을 사용해 팔레트 위 물감을 섞던 경험을 생각해보면 보라색과 노란색 사이의 색상 스펙트럼이 모두 진흙 같은 갈색으로 변한다는 사실을 발견할 수 있다. 이처럼 모든 자손이 색의 경우처럼 갈색을 띠게 된다면 자연선택의 역할은 더 이상 제 구실을 하지 못할 것이다. 즉, 어떤 것도 평균 이상 또는 이하가 되지 못할 것이며 모든 것은 자연선택이라는 틀 안에서 동등한 모습으로 나타날 것이다. 변이의 없음은 곧 자연선택의 사라짐이다. 이는 다윈주의의 유전적 연마기가 당장 한두 세대 안에 멈춰버리게 된다는 것을 가리킨다. 따라서 필요한 것은 붉은색과 흰색 꽃이 교배를 통해 때로는 분홍색으로 나타난다고 해도 세대의 흐름 속에서 변이성을 유지할 수 있는 어떤 방법이든 찾아내는 것이라고 할 수 있다.

이와 관련된 답은 바로 멘델에게 있었다. 그 해답은 유전은 유전자라는 미립자들을 통해 이루어진다는 것이다. 그렇지만 오늘날 널리 알려진 것과는 다르게 당시 멘델은 자신이 유전자에 대해 이해하고 있다고 생각하는 것이 당연히 불가능했을 것이다. 20세기 초반 유전적 사안을 포함한 현대진화이론의 창시자들인 슈얼 라이트*Sewall Wright*, 로널드 A. 피셔 *Ronald A. Fisher*, J. B. S. 홀데인*J. B. S. Haldane* 등은 체계적인 방식을 토대로 멘델의 미립자 유전과 다윈의 자연선택 진화론을 어떻게 융합할 수 있는지 보여주었다. 이들은 다윈 방식의 장치가 모집단 범주에서 한 세대에서 다음 세대로 이어지는 유전적 특성의 발생 빈도수를 변화시키는 데 어떻게 작동하는지를 분명하게 보여주는 일종의 수학적 모델을 구축했다.

그러나 다윈은 일반적으로 암묵적인 두 가정 속에서 오류를 범했다. 첫 번째는 생물학적 모집단이 무한 수라는 가정이다. 두 번째는 효율적인 무한한 개체 수라고 해도 자연선택에 근거한 진화는 순전히 결정 과정이라는 가정이다. 진화라는 동력을 구성하는 적합, 이동, 생식, 교미, 성장 등처럼 톱니바퀴 같은 **모든** 구성체는 분노한 생물학적 운수*fortune* 결정자의 투석 또는 화살 등의 표적이 될 수도 있다. 아주 빈번하게 적자생존이라는 요소는 가장 큰 행운이 있는 대상의 생존이라는 측면으로 과소평가될 수도 있기 때문이다. 그리고 이 같은 사안은 다윈이 보여준 것처럼 진화가 순조롭게 지속성을 보이는지의 여부에도 영향력을 미칠 수도 있다. 이런 측면을 관찰하기 위해서는 조금 더 세밀한 기계적인 분석이 요구되지만, 우리가 알아본 바에 따르면 언어의 진화에 관한 최근의 어떤 연구서도 앞서 지적한 문제를 충분히 파악할 정도로 확실하게 짚어내지 못하고 있는 듯하다. 다윈(Darwin, 1887: 140) 역시 그의 자서전에서 "사유에 관련해 길고도 완전히 추상적인 연속적 흐름을 뒤쫓는 나의 능력에는 한계가 있다. 그렇기 때문에 나는 형이상학 혹은 수학에서 결코 성공을 거둘 수가 없었다"라고 언급하기도 했다.

지금부터는 앞서 말한 두 종류의 동기에 대해 그 순서를 바꿔 역순으로 풀어가고자 한다. 우선 진화론을 살펴본 다음 진화와 유전학에 연관된 분할 정복 방식을 알아본다. 그렇기에 최소주의 프로그램과 강력최소주의이론에 대한 자세한 내용은 잠시 접어둔다.

진화론에서의 진화

우리와 동시대의 진화론과 언어의 진화에 관한 이론들 사이에는 어떤 차이점이 존재하는가? 이에 대한 답을 구하기 위해서는 앞서 언급한 현대진화이론의 번영기인 1930년대의 역사적 시점을 짚어볼 필요가 있다. 언어 진화에 관해서 가장 최근의 저술자들은 현대진화이론을 통해 다윈의 문제점을 해결하는 동시에 평가해보려고 시도하는 듯하다. 그중 일부는 진화적 변화에 대해 한정된 개체 크기의 단순한 효과성을 알아낸 것 같기도 하다. 예들 들어, 흔히 '유전적 부동遺傳的 浮動, genetic drift'이라고 불리는 적은 수의 개체들에서의 표본 추출은 유리한 특징들이 이른바 불운 주도bad-luck driven의 소실로 유도되는 결과(이런 현상의 빈도수는 개체로 보아 0에 근접)를 낳을 수도 있는 반면에 행운 주도good-luck-driven의 완벽한 고정화(이런 현상의 빈도수는 1에 근접)를 가져올 수도 있다. 이런 현상의 가능성을 이해하는 것은 어려운 일이 아니다. 우리는 라이트와 피셔 등이 시도했던 방법을 따를 수 있다. 즉, 생물학적 개체 수를 단지 안에 들어 있는 서로 다른 색깔을 가진 구슬들의 한정된 집합체로 여기는 것이다. 여기에서 구슬들 각자는 한 개의 개체이거나 하나의 유전적 변이라고 할 수 있다. 이를테면 하얀 구슬 80%와 붉은 구슬 20%처럼 말이다. 이때 구술의 색깔 빈도수를 변화시키는 자연선택, 돌연변이, 이동 등이 어떤 상황에서도 일어나지 않아서 개채 수는 고정되어 있다는 조건을 준수한다. 지금부터는 개체 수를 5로 작게 설정해 세대에 관한 모의실험을 수행해본다. 우선 단지에서 구슬을 무작위로 집어내고 이를 다시 단지에 집어넣는 과정으로 다섯 번째 구슬이 선택될 때까지 동일한 방식을 수행한다. 여기에서 다섯 번에 걸쳐 선택된 구슬들의 색깔이 바로 새로운 '후손' 세대를 구성한다고 볼 수 있으며, 첫 번째 과정은 첫 번째 세대로 간주될 수 있다. 이후 우리는 동일한 과정을 반복하며, 두 번째 과정에서 발생할 수 있는 빈도수상의 변화를 조심스럽게 예측해볼 수 있다. 예를 들어, 하얀 구슬 4개와 붉은 구슬 1개로 마무리될 수도 있으며, 결과적으로 이는 어쩌면 처음에 시작했던 하얀 구슬 80%와 붉은 구슬 20%라는 구성과 같을 수도 있다. 그러나 하얀 구슬 3개와 붉은 구슬 2개를 꺼냄으로써 하얀 구슬 60%, 붉은 구슬 40%의 결과로 귀결될 수도 있다. 이럴 경우에는 두 번째 세대를 위해 붉은 구슬을 선택할 2/5의 가능성을 가지게 된다. 우리는 이 같은 선택을 거의 멈추지 않은 채 지속적으로 수행할 수 있다.

한편, 선택 과정에서 붉은 구슬을 전혀 선택하지 못할 수도 있다. 마치 붉은 구슬이 완전히 사라진 것처럼 말이다. 일단 단지 속에서 붉은 구슬이 사라진다고 하면, (하얀 구슬을 붉은 구슬로 '돌연변이'시키는 것 외에는) 어떤 방법을 사용하든 붉은 구슬을 다시 나타나도록 하기는 어려울 것이다. 처음에는 우리가 단지에서 구슬을 집어낼 때마다 붉은 구슬을 선택할 가능성은 평균적으로 1/5=20%의 비율이 된다. 이는 다른 비슷한 집단의 시도에서도 마찬가지일 것이다. 따라서 어떤 시도에서도 붉은 구슬이 선택되지 **못할** 확률은 평균적으로 1에서 선택될 확률 1/5을 제외한 결과(1-1/5=4/5)다. 또한 두 번의 시도에서 붉은 구슬이 선택되지 못하는, 즉 붉은 구슬의 비선택 확률은 4/5를 곱한 결과인 4/5×4/5=16/25로 계산된다. 이런 과정을 계속하면서 첫 번째 세대에서 붉은 구슬을 선택하지 못하는 평균 확률은 $(4/5)^5$=약 0.328이 될 수 있다. 그렇게 세 번째 시도로 간다면 붉은 구슬은 거의 '소실' 단계에 접어들며, 붉은 구슬의 발생 빈도수는 20%에서 0으로 이를 것이다. 이와 유사하게 만약 순서에 따라서 붉은 구슬 다섯 개를 집을 수만 있다면 하얀 구슬의 빈도수 80%는 0으로 급락할 것이다. 즉, 첫 번째 세대에서는 숫자상으로 평균 확률이 $(1/5)^5$=0.032가 되며, 수치로만 보면 붉은 구슬을 완전하게 잃을 확률 수치보다 훨씬 낮은 수가 된다. 이런 과정에서 붉은색과 하얀색이 혼합될 빈도수는 한 세대에서 다음 세대로 흐르면서 0 그리고 1 사이에서 특정한 방향성도 없이 '부동'하는 모습을 보이게 된다. 그런 측면에서 우리는 이 같은 상황을 토대로 '유전적 부동'이라는 용어를 설정할 수 있다.

사실 간단한 조건 아래에서는 유전적 부동을 인정하면 어떤 색이라도 아예 사라지거나 혹은 하나의 종류로 고정될 수 있다. 이런 상황을 다시금 그려보는 차원에서 '주정뱅이 걸음걸이'의 모습을 토대로 '유전적 부동'을 생각해보자. 단골 술집에서 나온 취객이 매순간 무작위로 전방 또는 후방 가운데 한 방향으로 비틀거리며 밟는 걸음걸이를 그려보면 된다. 이는 1차원 세계에서 벌어지는 무작위적인 걸음이다. 그렇다면 시간이 흐른 다음 취객은 어디로 갈 것인가? 본능적으로 생각해보면 취객들은 술집에서부터 단지 한걸음씩 휘청거리며 내딛을 것이기 때문에 그들은 언제든지 자신이 출발했던 술집으로 헤매면서 돌아올 수 있는 가능성도 분명히 존재할 수 있다. 그러나 취객이 자신의 출발점 주위에서 오락가락 할 것이라는 직관적 판단은 잘못된 것이다. 실제로 무작위적 걸음은 항상 어떤 쪽이든 방향성을 갖게 된다. 이런 상황에서는 걸음 수를 계산하는 시간의 제곱근 공식에 따라 출발점으로부터의 거리가 증가한다고 생각할 수 있다(Rice, 2004: 76). 만약 이처럼 수학적으로 계산되는 걸음을 0과 1 사이에서 벌어질 수 있는 형질 또는 유전자 빈도수로 재구성해보면 취객은 평균적으로 대부분 1에 접근하는 양상을 보인다. 이런 상황에서 형질 또는 유전자는 사람들 속에 고정되면서 해당 숫자에 도달해 멈추게 된다. 반면 취객이 평균적으로 0에 접근할 경우에는 형질이 사라질 것이고 빈도수는 0에 머물게 될 것이다. 현대진화이론의 주창자들은 부분적일 수도 있지만 수학적 방식으로 이 같은 효과를 입증하거나 예측하는 통계적 모델을 발전시켰다.

그렇지만 오늘날 현대진화이론에 관한 수용에도 불구하고 지금까지 인간언어에 대한 설명들 가운데 **어느 것도** 전통적 다윈주의에서 현대적인 **완전한** 확률적 방식으로 전환하는 데 성공하지 못하고 있다. 특히 여기에서 제기하는 확률적 방식의 효과는 앞서 언급한 무방향성 부동 같은 샘플 추출 과정뿐만 아니라 적응도_fitness_, 이동, 유전 등처럼 개개인 또는 유전의 빈도수에 영향을 미칠 수 있는 **모든** '작용 요인들'로 인해 발생할 수 있는 **유방향성** 확률적 변화성에 기반을 두고 있다. 이때 일부 대상이 소유하고 있다는 이유만으로 적응도를 전능한 '보편적 알고리즘 산酸'● 요인으로 간주하지는 **말아야** 할 것이다. 대부분의 경우에는 우발성과 우연성이 큰 역할을 수행한다. 가능성의 영역은 너무 방대해서 영겁의 시간

● 　아미노산 등.

과 수십억에 달하는 유기체들의 처리에도 불구하고 수많은, 심지어 대부분의 '해결'이 자연선택에 의해 진화하는 것이 어렵다. 최근 이런 문제점을 염두에 둔 형식적 결과들이 채터지 등(Chatterjee et al., 2014)에 의해 설정되어왔다. 이들은 게놈 배열의 길이에 따라 적응에 요구되는 시간이 일반적으로는 기하급수적일 것이라는 점을 증명한 사람들이다. 이런 증명에서 시간이란 비록 지리학에서의 시간 관념처럼 무한성을 보인다고 해도 충분하지 못하다는 사실을 가리킨다. (이에 대해서 진화 과정에 있는 수많은 생명체가 최종적으로 상상하기 어려운 불가사의한 모습으로 나타날 수 있기 때문에 경우에 따라서는 자연선택에 기반한 진화에 원인이 있다고 볼 수도 있는 '병렬처리작동'●을 생각해볼 수도 있다.)

실제로 우리가 접하는 예로 확률적 영향을 실증해보자. 스테판슨과 그의 동료들(Steffanson et al., 2005)은 인간의 17번 염색체에 특이할 정도로 엄청난 규모의 분열이 발생한다는 사실을 발견했다.[5] 아이슬란드에서는 한 염색체에 이 같은 변화를 겪은 여성들이 그렇지 않은 여성들에 비해 10%(0.0907) 더 많이 자식을 낳는 것으로 알려져 있다. 이들 두 그룹의 여성들을 염색체 변화의 유무를 기준으로 각각 C+(염색체 변화 있음)와 C(염색체 변화 없음)로 명명할 수 있다. 일반적으로 사용되는 다윈주의 용어를 사용해서 말하면 C+ 여성들은 C 여성들보다 10% **'더 많이 적응함'**이라고 하거나 혹은 C+ 여성들이 0.10 이상으로 **선택적 이점**을 소유하고 있다고

●   복수의 기능적 작용이 동시에 적용되는 현상.

할 수 있을 것이다. 다르게 말하면, C 여성들에게서 태어나는 아이에 대해 C+ 여성들이 1.1 비율로 아이를 가진다고 할 수 있다. (여기에서 우리는 '적응도'에서처럼 용어에 '인용 부호'를 표시하는 데 충분한 이유가 있다고 생각한다.)[6]

인간의 생식*reproduction*에 대해 우리가 아는 바를 생각해보면, 실제 상황에서 C+ 여성이 C 여성보다 정확히 1.1배 아이를 더 낳는다고 보는 것은 무리가 있을 것이다. 두 그룹의 차이를 정확히 나누려는 것 자체가 아이를 반으로 나누라고 했던 솔로몬과 같다. 실제로 연구 대상인 여성들(1만 6959명)은 0~5명까지 또는 5명 이상의 아이들을 낳았다. (연구 대상 가운데 2657명의 여성들은 5명 또는 그 이상의 자식을 두기도 했다.) 따라서 **평균적으로** C+ 여성들이 C 여성들보다 10% 이상 더 많이 아이를 두고 있다고 보아야만 한다. 하지만 사실상 두 그룹 중 '**더 많이 적응함**'에 해당하는 C+ 여성들 중에도 꽤 많은 수인 764명이 전혀 아이를 갖지 못했다. 이것이 바로 요점의 핵심이다. 즉, 어떤 특정 개인(또는 유전자)이 주위의 인구수에 비교해 10% 정도 '더 많이 적응함'에 해당될 수 있지만 자식을 낳지(또는 유전자 복제를) 못할 수도 있다. 실제로도 '더 많이 적응함'에 해당하는 764명의 여성들이 아이를 가지지 못했다. 그러므로 적응도는 (당연히 그렇게 보아야 하는) 일종의 무작위적 변이로 — 자체적으로 평균을 소유하면서 그 평균에서도 다소간 변이가 발생하기도 하는 —, 말하자면 확률 분포다. 따라서 적응도는 마치 유전적 부동(그리고 이주, 돌연변이 등)처럼 그 자체로 확률적이다. 그러나 유전적 부동과 달리 적응도 또는 선택적 이점은 확정된 방향성을 갖고 있으며, 취객이 비틀거리며 헤매는 것과는 매우 다른 성향을 띤다.

앞서 언급한 모든 내용은 진화의 결과에 영향을 미칠 수 있다. 이때 결과는, 우리가 시도한 바에 따르면, 언어의 진화를 다룬 최근의 책들에서 제기된 내용은 아니다. 이는 단지 유전학적 또는 개인적인 새로운 변혁을 다루면서 즉각적으로 출현한 개념일 수도 있다. 여기에서 변혁이란 정확하게는 소수 집단과 소수 교배개체 크기*breeding population size*가 규칙으로 적용된 언어의 출현에 대해 이야기할 때 가정할 수 있는 시나리오 같은 것이다. 물론 그 모델이 이 같은 세부 사항의 수준까지 반영할 만큼 충분히 구성되었는지는 모를 일이다.

이와 더불어 적응도와 다윈주의 진화를 **인구 집단**의 평균으로 볼 수 있으며, 개인들 각각에 해당되는 것은 아니라고 할 수 있을지도 모른다. 즉, 특정 여성에게 무슨 일이 발생할지에 대해 생각하는 것이 아니라 진화 과정에서 발생하는 어떤 사안과 변화의 높거나 낮은 적합 수준을 가리키는 빈도수로 여길 수 있다는 것이다. 이 같은 관점은 진화에 대해 이야기할 때 당연할 수도 있지만, 해당되는 대상의 수 또는 유전 복사체의 수가 아주 적은 경우에는 문제가 될 수 있다. 이처럼 생각하는 방식은 진화에서 새로운 특성의 출현을 고려하는 경우에 양적 상황이 우연한 이해관계의 대상이 된다는 사실을 가리킨다.

그렇다면 어떻게 그럴 수 있는 것인가? 이러한 모델의 상황을 위해 흔하게 활용되었던 확률 분포를 선택해보면, 10% 수준 적합 이점을 가진 **단일** 개인(또는 유전자)은 단지 한 세대 이후에 소멸될 (놀라울 정도로 큰) 가능성이 있으며, 그 확률은 1/3 이상 또는 약 0.33287 이상이다.[7] 그리고 이런 수치에는 엄청난 양의 적응도 이점도 포함된다. 이는 정상적으로 계상되는 것보다 훨씬 높은 수준인 1 또는 2 정도의 계산 차수*order of magnitude*가 될 수도 있다.[*] 더욱이 만약 단일 개인 또는 유전자가 중립적인 상황으로 1 정도의 적응도를 소유하고 있는 것과 같이 선택적 이점을 **전혀 소유하고 있지 못한** 경우라면, 우리가 예측하는 바처럼 적응도가 더 높은 비슷한 종류의 생물에 비해 소멸될 가능성이 상당히 높아진다. 그렇지만 여기서 기대되는 상승은 아주 미미해서 완전한 소멸의 가능성은 고작 2~3% 정도로 0.357 또는 0.33 정도에 그친다. 이 같은 수치는, 맨 처음 우리가 생각해본 것들 그리고 언어의 진화에 관한 책들이 묘사한 내용들 모두와는 정반대로, 인구 집단 크기가 작을수록 소멸 또는 획득의 기회가 커져간다는 유전적 부동의 변이에 **해당되지 않는다.** 개인 또는 유전자의 소규모 복제 횟수에 관해 논의하는 경우 인구 집단의 크기는 한 세대를 건너서 발생하는 멸종 대비 생존 확률에서 어떤 역할도 수행하지 않는다.

이런 결과가 왜 중요한가? 신종 유전자 변이 또는 새로운 변이를 소유한 개체 등이 출현할 때 이 같은 존재는 전형적으로 세상에서 유일한 존재이거나 (돌연변이로 인해 신종 특성이 한 특정 개체의 자손들 모두에게서 나타난다고 가정하면) 최대 4~5개의 복사체 가운데 하나일지도 모른다. 인구

---

[*] 계산 차수란 각 명령문의 시행 빈도수를 합친 것을 말한다. 여기에서 계산 차수는 10^n에서 n에 해당된다. 이에 따르면, 계산 차수 1은 10^1로 3.3287이 될 수 있고, 계산 차수 2는 10^2로 33.287이라고 할 수 있다.

집단의 크기는 이러한 변혁의 초기 궤도에 어떤 영향력도 미치지 못한다. 이 같은 주장은 최근 언어의 진화에 연관된 출판물에서 항상 제기되었던 요지와는 정반대의 경우라고 할 수 있다. 길레스피(Gillespie, 2004: 92)는 다음과 같이 언급하고 있다.

> 우리는 [인구 집단 규모]가 단독 [유전자]에 의해 생성된 자손의 수와 무관하다고 보고 있다. …… 이 [유전자]의 수가 조금 더 늘어나고 우리의 관심이 복사체 수에서 복제의 발생 '빈도수'로 전환되면 해당 유전자의 확률적인 동적 역학이 어떤 요인보다도 유전 변이에 근거하고 있다고 훨씬 정확하게 말할 수 있을 것이다. [이것이 우리가 강조하는 내용이다.]

간단히 말하면, 신종 유전 변이들이 처음 등장할 때 이 특성을 지닌 개인들은 자연선택이라는 작용에 의해 통제되지 않기 위해서 '확률의 중력 함정'에서 탈출해야 한다.

일단 이들 개인들(또는 유전자 복사체들)은 적응도에 의존해 특정 임계점*tipping point*•에 도달할 경우 자연선택이 통제력을 갖게 될 것이고, 10% 더 많이 적응한 개인들은 다윈주의라는 초고속 열차에 올라타고는 총체적 성공과 인구 집단 내 빈도수 1에서의 고정화로 볼 수 있는 최고점에

• 작은 변화들이 어느 정도 쌓여서 작은 변화가 하나만 더 일어나도 갑자기 큰 영향을 초래할 수 있는 상태.

오르게 될 것이다. (그런데 더 많은 적응도를 보유한 아이슬란드 C+ 여성들이 국가 전체를 지배하거나 혹은 최소한 은행만이라도 관장하지 못한 이유는 무엇일까.)

앞서 언급한 임계점이란 무엇인가? 만약 신종 특성 혹은 유전자 변이가 '신참 인원들'*이 결코 소멸하지 않을 것이라는 점(빈도수가 0 대신 1에 고정되는 가능성)을 99% 확신하게 해줄 수 있는 10%의 선택적 이점을 소유한다면 이 수치는 461명으로 귀결될 것이다. 중요한 사실은 임계점 역시 인구 집단 규모에 구애받지 않는다는 점이다. 길레스피(Gillespie, 2004: 95)는 이런 상황을 다음과 같이 명확하게 설명하고 있다.

최초의 세대에서 문제가 되는 사항은 결국 무작위로 나타날 자손의 수다. ······ 이들 개체의 운명을 설명하는 모델을 설정할 때 [인구 집단 규모]를 지칭하는 N은 어떤 역할도 수행할 수 없다.

간단히 정리하면, 온전한 현대진화이론을 따르기 위해서는 '유전자 초점 관점'을 '도박자 초점 관점'으로 전환할 수 있어야 한다. [이 부분에 대해서 더 자세한 내용을 알고 싶은 독자는 Rice(2004) 8, 9장과 Rice, Papadapoulos and Harting(2011)을 참조하기 바란다.] 그렇다면 가장 밑바닥에 위치한 핵심은 무엇일까? 이에 대해 정확하게 이해하기 위해서는 진화라는 그림에

---

* 새롭게 태어날 신생아들.

실제 세계의 생물학과 확률적 수행 등을 주입해야 한다. 여기에는 확률적 이동 비율(엘리스 아일랜드*Ellis Island*의 어제와 오늘), 확률적 유전의 형태들(사람들이 항상 자신의 할아버지를 완전하게 빼닮은 것은 아니다), 유전자들 사이의 상호작용들('언어에 관련된 유전자'가 오직 하나만 있는 것은 아니다), 빈도수가 오를 때마다 요동치는 적응도(무엇보다도 인구과잉에 의한?) 등이 관련된다. 우리가 이런 방향으로 생각하면 적응 진화가 예외 없이 적응도의 정점의 수치를 조정한다고 보는 단세포적인 견해는 무너질 수밖에 없다. 상호작용 아래에 있는 무수한 유전자 효과를 최적의 적응도를 위해 연대시켜 조화롭게 조절하기는커녕 이들을 한꺼번에 동시적으로 '만족시키는' 것은 엄청난 난제이기 때문이다.

몇몇 학자는 자연선택에 관련된 난제들을 진화적 문맥 속에서 게임이론**을 통해 개선할 수 있어야 한다고 주장해왔다. 그들은 진화적 문맥을 "진화의 안정적 전략"이라고 부르며(Maynard-Smith, 1982), 이런 문맥에서 다차원적 적응도의 최대화와 연관된 문제가 확실하게 '해결'될 수 있다고 보았다(Fitch, 2010: 54). 하지만 이 같은 관점에는 일부 오류가 포함되어 있다. 앞서 살펴본 것과 달리 최소한 아직까지는 완전한 해결은 존재하지 않는다. 게임이론은 개체들 사이에서 한 존재가 다른 존재들의 행위 또는

- 뉴욕 앞에 위치한 섬으로, 이민자 심사를 하던 장소.
- 한 사람의 행위나 선택이 경쟁 상대에게 영향을 미칠 때 개인의 경제적·수학적인 최적의 판단을 연구하는 이론.

전략 등의 영향을 받는다는 상황을 전제하고 설계된 것이기 때문에 현대 진화이론에서 중요한 역할을 **수행**할 수 있다. 결과적으로 게임이론은 어느 정도의 개인들이 동등한 전략을 따를 경우 적응도가 바뀌는지에 대해서 빈도 의존적인 선택의 경우에 유용하다. 예를 들어, 많은 사람이 젊을 때 자식을 낳는다. 이 같은 다차원적 빈도의존성이라는 각본을 분석하는 일은 어떤 방식을 사용하든 대단히 어려울 수 있다. 사실 우리에게 빈도 의존성 효과는 인간언어 진화의 경우에 반드시 기대될 수 있는 사안일 수도 있다. 이때 인간언어의 진화는 개별적 요소들 가운데 언어의 소유 및 비소유 사이에 존재하는 역동적 상호작용과 연관된다. 이와 관련해 우리에게 필요한 것은 마틴 노왁(Nowak, 2006)이 제시한 언어를 위한 진화의 역동적 모델이다.

여기에서 우리는 추론을 위해 빈도의존성 및 게임이론의 방향을 추구하지는 않는다. 왜냐하면 이들 방식이 요구할 수 있는 가정들이 적합한지 확신하기가 쉽지 않기 때문이다. 게임이론 분석이 '진화-언어' 학회에서 광범위하게 언급되고 있기는 하지만, 이 방법 자체가 만병통치 수단이 되지는 못한다. 물론 게임이론이 만능이 되기를 기대한 것은 사실이지만 말이다. 게임이론의 분석은 인구 집단의 규모가 크면서 균형을 유지하고 돌출 변수가 없다는 조건 — 성적 교합을 통한 재조합이 없어야 한다는 조건도 포함된다 — 만 만족되면 가장 훌륭하게 역할을 수행할 수 있다. 정확히 말하면, 이것은 게임이론의 적용으로 인해 확률적 영향을 염려하지 않으면서 인구가 균형에 최초로 다다르는 과정을 인지할 수 있는 상태를 가리킨다. 다시 설명하면 이런 생각은 인구 규모가 매우 작고 평형 상태를 이루지 않았다는, 일반적으로 수용되었던 가정과는 완전히 대조되는 것으로 볼 수 있다. 마지막으로, 게임이론 접근방식은 우리가 일찍이 연구를 수행했던 집단 유전학과 분자 진화에서 보았던 관점들과 완전하게 분리되어 있다. 이러한 결과는 우연이 아니라 근대 유전자 시대에서 오늘날까지 수집한, 그리고 앞으로도 수집할 엄청난 양의 새로운 자료를 토대로 알게 된 사안이다. 확신하건대 마틴 노왁을 비롯한 학자들(Humplik, Hill and Nowak, 2014; McNamara, 2013)의 연구를 기반으로 전통적인 현대진화 이론의 집단 유전적 모델과 게임이론 분석이 하나로 통합되는 과정에서 상당한 발전이 이루어지고 있다. 여전히 게임이론은 현대진화이론가들이 사용하는 도구의 핵심 부품으로서의 위상을 유지하고 있지만, 분자 진화의 남은 부분까지 포함한 환경에서는 포괄적인 역할을 확실하게 수행하지 못한다는 한계도 있다. [이에 대한 자세한 논의를 위해서 Rice(2004) 9장과 Rice, Papadapoulos and Harting(2011)을 참조하기 바란다.] 간단히 정리하면, 전도서 9장 11절에서 이 연구들의 정당성을 엿볼 수 있을 것이다.

빠른 경주자라고 선착하는 **것이** 아니며, 유력자라고 전쟁에 승리하는 것이 아니며, 지혜자라고 식물食物을 얻는 것이 아니며, 명철자라고 재물을 얻는 것이 아니며, 기능자라고 은총을 입는 것이 아니니 이는 시기와 우연이 이 모든 자에게 임함이라.

이 같은 결론이 옳은 방향의 관점이라고 본다면 이는 언어의 진화를 고려할 때 그 설명 과정에 확률적 영향이 반영되어야 한다는 사실을 제언하는 것으로 생각해볼 수 있다. 사실 이러한 확률이라는 요소는 우리가 마주한 완전히 새로운 특성인 눈*eye*과 깊게 연루되어 있다. 눈이라는 특성은 게링(Gehring, 2011)이 언급하기도 했으며 다윈도 마지못해 인정한 부분이다. 이 눈에 대한 요점은 이후 다시 짚어본다. 조금 더 일반적으로 볼 때 우리는 진화이론가 H. 앨런 오어(Orr, 2005: 119)가 "적응이 곧 자연선택은 아니다"라고 말한 바를 이해할 수 있을지도 모른다. 따라서 진화와 확률적 영향이라는 두 방향을 신중하게 조합하는 상황이 도래할 경우 우리는 경계를 늦추지 말아야 한다.

이처럼 결정론적인 다윈주의에서 확률 위주의 설명방식으로 완전히 전환될 경우 그 결과는 다윈의『종의 기원*On the Origin of Species*』(1859)이 출판된 이래 진화와 확률적 절차에 대한 훨씬 복잡한 수학적·생물학적 이해에 기인한다고 할 수 있다. 이 같은 진전은 진화적 이론 자체라고 볼 수 있는 비약적인 발전을 보이는 과학 분야 어디에서든 기대해볼 수 있다. 그러나 또한 이것은 개체들에 대한 유일한 적응 선택에 관해 많은 저자가 진화에 대한 다윈의 견해를 굳건히 지켜온 상황에서 나타난 것이라고 판단할 수도 있다. 때때로 우리는 이론적·실험적 연구조사에서 다윈과 현대진화이론 관점들이 항상 옳은 것은 아니었다는 사실을 인식해왔으며, 무수하고 엄청난 증거들이 이를 뒷받침하고 있다(Kimura, 1983; Orr, 1998, 2005a; Grant & Grant, 2014; Thompson, 2013). 이들 연구조사는 다윈주의 전체를 부인해야만 한다는 당위성을 제기하지 않으면서도 바이러스의 전송, 광범위한 수평적 유전의 흐름, 또는 예상 밖의 복합 돌연변이를 언급하거나 심지어는 '이보디보*evo-devo: Evolutionary developmental biology*'를 지칭하는 진화-발달 분야를 토대로 하는 적법한 통찰력 등을 포함하고 있다.

그렇다면 생명체는 어떻게 진화하는가? 진화는 스티븐 J. 굴드_Stephen J. Gould_를 포함한 비판자들(Gould & Rose, 2007; Turner, 1984)이 지적한 것처럼 소름끼치도록 싫은 것 또는 멍청한 것에 의한 작용을 가리키는 것인가? 물론 둘 모두를 가리킬 수도 있다. 적응하는 진화적 변화는 실제로 매우 느린 행보이며, 다윈의 고전적 관점을 따르면 수백만 년 이상에 걸쳐 진행된다. 하지만 제비꼬리나비들이 스스로 선호하는 먹이를 바꾸듯이 엄청난 규모의 행동적 변화 같은 진화적 변화는 상대적으로 급하면서도 숨이 찰 정도로 아주 짧은 시기에 발생하기도 한다(Thompson, 2013: 65). 톰슨(Thompson, 2013)의 권위 있는 최근의 연구조사에서 언급된 것처럼 이 변화의 속도는 주요한 계통 집단에 걸친 수백 종의 개체들 속에서 확인된 것이다.

여기서 우리가 혼동하지 말아야 할 점이 있다면 때로 다윈주의의 극미한 점진성이 앞서 제기된 완급緩急을 가리키는 것으로 받아들이기 쉽다는 사실이다. 이런 접근에 동의할 수 없는 것은 아니다. 그러나 진짜로 중요한 문제점은 지금 다루려는 진화적 혁신에서 완급이 무엇인지를 생각해 보는 것이다. 이 책에서 우리 저자들이 제시한 관점에는 장기간의 가능성과 단기간의 가능성 모두가 포함된다. 우선 장기간의 가능성은 조류 및 인간 등의 조상들이 갖추었던 음성적 학습 도구에서 발견되는 분명한 진화처럼 수백만 년 또는 수십만 세대를 가리킨다. 단기간의 가능성은 수천 년 또는 수백이나 천여 정도의 세대처럼 상대적으로 짧은 기간을 가리킨다. 특히 이 경우에는 비교적 최근에 발생한 진화의 적응들, 예컨대 티베

트인이 산소가 희박한 고도에서도 힘껏 달릴 수 있는 능력, 낙농 문화에서 자란 아이들이 젖당lactose을 섭취할 수 있는 능력, 상하계층 구조를 갖춘 통사적 구조를 조성할 수 있는 획기적인 능력 등이 포함된다.

생물학자 린 마굴리스Lynn Margulis의 조언을 따르면, 이런 특질들의 일부는 천천히 진행되는 유전적 변화의 수많은 시간과 노력의 대가다. 반면 전반적으로 가장 신속하게 혁신적인 새로운 유전자를 획득하는 방법으로는 동일한 요건들을 흡수해버리는 방법이 있다. 티베트인의 경우 과거 인류의 한 종이었던 데니소바인the Denisovans과 교합함으로써 유전자 이입을 통해 빠르게 유전자를 흡수한 결과, 저산소층에 대한 신체의 적응을 돕는 조절 유전자의 구조 일부분을 획득했다는 사실이 분명하게 제기된 연구가 있다(Huerta-Sámchez et al., 2014). 이처럼 네안데르탈인, 데니소바인 등 이전의 인류들은 유럽 지역에서 살아남기 위해 피부 색소의 변화, 면역 체계의 왜곡 등 일부 중요한 적응 특질을 도태시키기도 했다(Vernot & Akey, 2014). 확실하게, 일단 흡수라는 과정이 발생한 이후에는 유전자들은 스스로 자신들이 한 선택의 정당성을 증명해야 했다. 하지만 이런 부류의 유전자 흡수는 우리로 하여금 앞서 우리가 언급한 중압감에서 벗어날 수 있는 계기를 마련해줄 수도 있다.

만약 이 같은 다원주의라는 출입구에 비밀리에 잠입하는 것이 중요한 일인지 의심이 든다면 한때 심한 비난의 대상이기도 했으나 현재는 널리 인정되고 있는 마굴리스의 이론을 떠올려보자. 이 이론은 생명체들이 미토콘드리아라는 세포기관을 획득하는 현상을 설명한다. 이때 미토콘드리아는 일종의 무료 점심처럼 또 다른 개별 세포를 잡아먹는 식균食菌 작용이라는 과정을 기반으로 우리 신체에 속한 세포들에게 에너지를 제공한다(Margulis, 1970). 진화생물학자 존 메이너드 스미스와 에외르시 슈저트흐마리(Smith & Szathmáry, 1995)는 자신들의 연구에서 마네*Manet*의 작품 '풀밭 위의 식사*luncheon on the grass*' 같은 가장 고전적인 표현을 토대로 식균 작용을 비유하면서 이 과정이 '진화적 핵심 전이' 여덟 개 가운데 하나를 착수시켰다는 사실을 확인해준 바 있다. 그들은 성별 유전자 원천부터 언어 유전자 원천까지를 포함한 여덟 개의 전이들 중에서 언어를 포함한 여섯 개의 전이들이 한 방향의 계통에 국한되어 유일한 진화 작용을 수행하는 것으로 나타난다는 중요한 사안을 짚어냈다. 또한 이런 진화 작용에는 우리가 이미 논의한 바에 의하면 비교적 신속하게 발생하는 또 다른 여러 전이가 함께 참여하고 있다. 그리고 이 같은 연구조사들 모두는 전통적 다윈주의를 벗어나지 않고 있다.

그렇기 때문에 바로 이어서 게놈과 표현형의 급작스러운 교체가 이루어질 수 있는 것이며, 생물학자 닉 레인(Lane, 2015: 3113)을 따르면, 이런 변이는 "자연선택이 역할을 수행하는 시작점의 위치를 변화시키는 것"을 가리킨다고 볼 수 있다. 여기서 레인은 단순 세포의 발생에서 벗어나 분명한 온오프*one-off*• 변이 현상이나 돌발적 변이에 대해 자신의 의견을 제시한다. 그는 시발점으로 고리 모양의 유전자로서 무세포핵, 무성별, 본질적으로는 불멸의 특징을 지닌 원핵생물에서부터 선형구조 유전자, 미

• 스위치 방식.

토콘드리아, 세포핵, 합성 세포기관, 궁극적으로는 우디 앨런*Woody Allen*을 넘어서 성관계, 사랑, 죽음, 언어 등을 갖춘 인간과 더불어 진핵생물까지 포함하는 범위에서 의견을 개진한다. 레인(Lane, 2015: 3113)이 언급한 것처럼 "우리는 유전적인 격동적 변화를 적응과 혼동하지 말아야 한다"는 사실을 알고 있어야 한다. 지질학적인 시간의 관점으로 볼 때 이들 변화는 순간적인 현상이기 때문이다.

우리는 이 같은 내용이 고등*higher* 지능이나 정신 내부에서의 언어 등 같은 '최종 목표'를 염두에 두지 않은 채 자연선택의 기능을 맹목적으로 바라보았던 진화적 변혁 내부에서 우연성, 우발성, 생화학적·물리적 환경 등의 역할 수행이 필요하다는 사실에만 초점을 맞추고 있다고 생각한다. 일부 변화들 중에는 세포핵과 미토콘드리아를 포함한 세포의 발생, 성별화, 또는 그 이상의 다른 것들에서처럼 발생 빈도가 한 번이거나 반복될 능력이 전혀 없는 현상들이 포함되어 있다. 이에 대해서는 다른 진화론자들 역시 동의한다. 에른스트 마이어는 칼 세이건과의 유명한 논쟁을 통해 결과적으로는 언어를 암시하는 인간의 지능 자체도 앞서 언급한 요소들•과 함께 동일한 분류에 속할 수 있다는 점을 제기했다.

어떤 설명이든 수백만 계통들을 기반으로 하지 않고서는 고등 지능의 발생 불가능성을 분명하게 보여주지 못한다. 물론 계통에서도 고등 지능의 발생에

• 매우 긍정적으로 우연적인 사건들.

관한 설명력을 획득한 것은 아니다. 이 땅에는 10억 혹은 아마도 500억 종의 생명체들이 존재하고 있었다. 그중 오직 일부만이 일종의 문명이라는 결과를 도출할 수 있는 능력을 갖게 되었다. …… 이런 희박한 빈도수에는 두 가지 이유가 있다고 본다. 첫째는 우리의 기대와는 달리 자연선택의 관점에서 고등 지능은 호의적인 요인이 되지 못한다는 사실이다. 사실 수백만 종에 이르는 다른 종류의 생명체들은 고등 지능이 없이도 잘 생활해나간다. 둘째는 고등 지능 자체를 획득하는 일은 극도로 어렵다는 사실이다. 이것이 그렇게 놀랄 만한 일이 아닌 이유는 고등 지능을 획득하기 위해서는 뇌가 엄청난 양의 에너지를 필요로 한다는 사실 때문이기도 하다. 즉, 고등 지능을 허용하기 위해서는 뇌의 크기가 매우 커야 하며, 이런 뇌 형태는 인류의 조상인 유인원들 가운데 최저 6% 이하 수준의 대상에서만 발달했다. 따라서 고등 지능이 발생하기 위해서는 희귀하면서도 긍정적인 주변 환경들의 복합적인 결합이 있어야 할 것이다(Mayr, 1995).

물론 채터지 등(Chatterjee et al., 2014)에 따르면, 우리는 "형질을 획득하는 일은 엄청나게 어렵다"라는 개념을 좀 더 정확하게 이해하고 있을 것이다. 이 같은 언급은 단순히 자연선택에 의해 형질을 획득하는 현상을 연산으로는 추정하기 어렵다는 사실을 가리킨다고 할 수 있다.

그럼에도 가장 최근에 매우 철저하게 연구되었기 때문에 더욱 구체적이고 안정적으로 보일 수 있는 신속한 진화적 변화의 또 다른 예를 생각해보자. 진화 분야에서 가장 오랜 기간에 걸쳐 이루어진 가장 깊은 실험적 관찰 중 하나가 바로 P. R. 그랜드*P. R. Grand*와 B. R. 그랜트*B. R. Grant*가 다윈이 갈라파고스제도의 다프네섬*Daphne Major*에서 보았던 되새류의 그라운드 되새*Geospiza fortis, Medium ground finch*와 **칵터스 되새***Geospiza scandens, Common cactus finch*의 진화 과정을 40년 가까이 탐구한 연구조사다. 이 연구는 사람들이 확인할 수 있도록 진화를 구체적으로 분석한 것이다. 이 연구를 통해 두 학자가 찾아낸 것은 무엇이었을까? 그들은 진화적 변화가 때로는 적응도에서의 차이와 연관성이 있지만, 때로는 그렇지 않다는 사실을 밝혀냈다. 결과적으로 적응도에서의 차이가 실제로 진화 결과를 추정하지 못했다는 사실도 알게 되었다. 선택은 간헐적으로 나타났으며, 점진적 형태로 발생하지 않았다. 다프네섬에서 '빅 버드*Big Bird*'라고 불렸던 신종 되새류의 발현 같은 특이한 현상들은 기존 되새류 종들의 이종교합을 통한 잡종화와 함께 외형적인 자연적 현상들로 인한 진화적 변화의 분출 등으로 이어졌다. 현장에서 이루어진 이 같은 관찰은 사람들로 하여금 실제로 인간언어의 진화에 대해서 어떤 것을 기대할 수 있는지 예시해준다고 볼 수 있다. 앞서 말했던 것처럼 데니소바인과 네안데르탈인 사이에서 시작된 이종교합은 상황에 적응하는 인간의 진화에 대한 역할을 보여준다. 만약 유전의 흡수에 대한 증거를 감안하면 집단 사이의 이종교합의 가능성을 배제할 수 있을지 모르기 때문에 여기서 우리 저자들은 인간언어의 발생을 이종교합이라는 수단으로만 간단하게 설명할 수 있다고 주장하지 않고, 그 대신 진화가 거북이뿐만 아니라 토끼에게도* 비유될 수 있다는 점을 각인시키고 싶다.

---

* 토끼와 거북이의 경주.

그런데 자연선택에 의한 다윈의 진화가 매우 점진적으로 느리게 진행된다는 점이 의심받지 않는 채 일반적으로 수용되는 이유는 무엇일까? 다윈은 비글호_The Beagle_를 타고 항해하는 동안 자신이 살펴보았던 찰스 라이엘_Charles Lyell_의 영향력 있는 책 『지질학 원리_Principles of Geology_』(Lyell, 1980~1833) 세 권의 내용을 완전히 수용했다. 이 책은 '동일과정설'에 초점을 맞추고 있는데, 이는 과거에 예컨대 산이 오랜 세월 동안 천천히 부식되면서 모래로 변하도록 하는 힘을 말한다. 다윈은 『지질학 원리』를 가감 없이 받아들였다. 많은 언어이론가의 원천도 마찬가지다. 다윈, 그리고 라이엘의 이론이 진화에 들어서면서 두 사람 모두 강력한 지속성이라는 가정을 받아들이게 되었다. 즉, 안구 그리고 모든 다른 특성 형질과 마찬가지로 언어 또한 "다수의, 연속적인, 경미한 수준의 수정"을 거치면서 진화하고 있음이 **틀림없는 사실**이라는 관점을 가지게 되었다(Darwin, 1959: 189). 그렇지만 이런 진화가 과연 확실하게 발생하는 것인가? 우선 '연속적인'을 살펴보자. 한 번 읽어서는, '연속적인'이라는 단어가 진화적 사건들이 시간상 한 사건씩 순차적으로 진행된다는 것을 의미한다고 생각할 수 있을지도 모른다. 이 같은 생각은 항상 옳다고 할 수도 있다. 따라서 우리는 다음의 사안을 살펴보기 위해 이 제약 조건을 잠정적으로 미루어둔다.

이제는 '다수의' 그리고 '경미한 수준'이라는 사안이 남아 있다. 『종의 기원』의 출판을 이루어낸 '다윈의 지킴이(사실 다윈의 불독이라고 제시됨)' 헉슬리는 두 사항 모두에 비판적인 의견을 제시하면서 다윈에게 보낸 1853년 11월 23일 자 글에서 다음과 같이 밝혔다.

당신은 당신의 주장 속에 '자연은 비약하지 않으며 연속적이다'라는 개념을 주저 없이 받아들임으로써 스스로 필요 이상의 부담을 안게 되었더군요(Huxley, 1859).

다윈은 자신의 책에서 전개되는 진화에 관한 내용에 점진성이라는 관점을 포함할 수밖에 없었다. 그렇다면 광수용기세포, 색소세포 등이 세월을 거치면서 안구의 일부분인 기능상 빛에 반응하는 원형질로 구성되는 진화를 거친 이후에야 자연선택이 시작될 수 있을 것이다. 여기에서 다윈은 색소세포와 광수용기세포 한 쌍이 생겨난 이유에 대해서는 설명하지 않았다. 우리 역시 이에 대해서 다윈에게 무언가를 기대하는 것은 무리일지도 모른다.

그렇지만 바로 여기에서 근대의 분자생물학이 새로운 관점을 제시한다. 다윈의 원형질로서의 안구는 광반응세포(일종의 '신경세포'), 그리고 광수용기세포에 그림자를 만드는 색소세포로 구성된다. 다윈(Darwin, 1859: 187)은 "유관절강*Articulata*●에서 단지 색소세포로만 덮인 구조를 갖춘 시각신경세포의 생명체의 시작을 생각해볼 수 있다"라고 말했다. 그렇지만 다윈은 유관절강의 시작점 이전에 대해서는 그 원인에 관해 더 이상의 길을 찾아내지 못했다. 결국 다윈은 생명 자체의 기원에 대해서도 자신이 내세웠던 이론적 방향을 그대로 수용했다. 결과적으로 다윈은 생

●   많은 체절로 이루어진 몸을 갖는 동물의 총칭.

명체의 근원에 관해 자신의 이론에서 시야 이상의 부분에 대해서는 우연성 효과 영역에 빠져들었다. 같은 맥락으로 그는 다음과 같이 언급했다.

우리는 생명체의 기원에 대해 관심이 없는 것과 마찬가지로 신경세포가 어떻게 빛에 반응하게 되었는지에 관해서도 관심을 거의 보이지 않는다. 그러나 나는 어떤 신경세포든 빛에 반응할 수 있는지에 대해 의심하게 만드는 사실 몇 가지를 언급한 듯하다(Darwin, 1859: 187).

돌아보면, 다윈주의에서의 딜레마는 새로운 주장 모두에서 동일하게 나타난다는 사실을 발견할 수 있다. 안구의 기원에 대해 게링(Gehring, 2011)은 더욱 세밀한 분석을 제공해왔다. 모노드(Monod, 1970)가 예상했듯이 안구는 우연과 필연 모두의 결과라고 할 수 있다. 두 요인 모두가 원형질로서의 안구, 광수용기세포, 색소세포 등을 위해 요구된다. 광수용기세포의 초기 형성은 우연적 사건이었다. 이 세포의 형성은 세포에 의해 빛 감응 색소분자가 포획된 다음 **Pac-6** 유전자에 의해 조절되는 선택을 거치면서 정성들여 수행된 시행착오로 이루어진 것이 아니다. 관찰자가 외형적으로 관찰할 수 있는 것은 생명체가 아직 광수용기세포 색소를 갖추지 못했던 지질학적 측면에서의 장기적 기간, 그리고 비교적 신속한 세포-색소 합성 ─ 색소가 포함되었거나 그렇지 못한 ─ 의 출현이라고 할 수 있다. 이런 모든 과정은 '다수의' 그리고 '경미한 수준의 수정'이라는 요인이 없어도 발생한다. 확실한 것은 분자가 선택이라는 체를 통과해야 하며, 이를 토대로 결정적 시기를 지난 후에야 잘 조율된 상태에 들어서게 된다는 것이다. 비슷한 상황으로 원형질로서의 색소세포는 현재 수용된 광수용기 색소세포, 그리고 한 세포에서도 흔히 발견되는 멜라닌 색소세포에서 시작되었다. 특정 시기에 이르면 확률적 방식에 따라 세포 하나는 세포 이질화를 조정하는 유전자의 조절 작용을 확실하게 거치면서 둘로 분할된다. 여기에서도 역시 '외부의' 관찰자는 세포 하나가 둘로 나누어지든 아니든, 즉 자손 세포가 생성되든 아니든 이런 상태를 거친 이후에 나타나는 비교적 오랜 기간의 정체 현상을 볼 수 있다. "우리는 광수용기 세포를 조절하는 Pax6 세포, 색소세포를 조절하는 Mitf처럼 다원주의의 안구의 원형질이 이질화 작용에 의해 세포 하나에서 시작된 것이라는 사고의 방향을 통해 나름의 결론을 내리고 있다"(Gehring, 2011: 1058).

정리해보면, 다윈이 주장한, 두 개의 세포로 이루어진 원형질로서의 안구의 초기 기원은 자연선택론자들의 공식인 고전적인 시행착오 방식을 따르는 것 같지는 않다. 그보다 안구가 '사진기 필름'이라는 핵심적인 문제는 우연과 필연으로 확실하게 분리되는 확률적·급진적 사건이 주요 요인이라고 볼 수 있었다. 이런 일은 과연 언제부터였을까? 다윈이 저술한 방식으로 생각해보면, 안구의 사진기 구조라고 할 수 있는 렌즈를 위해 수많은 개선과 결정적인 혁신이 있었지만, 필름 조작에 대해서는 같은 현상이 일어났다고 볼 가능성이 훨씬 낮았다. 이 문제는 마치 진화를 통해 코닥이 몰락하면서 폴라로이드 시대로 들어서게 되고 결국에는 디지털 기록으로 귀결되는 과정과는 다른 일이다. 최초의 두 핵심적인 혁신은 수차례 발생하지 않았으며, 경미한 수준의 경우도 아니었다.[8] 시간의 흐름 속에서 보면 그 경우들은 두 개의 화끈거리는 엄지손가락•에 비유될 수 있으며, 역사적 흐름에서 큰 변화가 별로 발생하지 못한 상황 속에서 돌연적·광범위적·신속적 변화들이 드러났다고 볼 수도 있다. 이는, 앞으로 논의할 사안이지만, 인간의 계통 변화에서처럼 정체 이후에 혁신이 발현되는 패턴으로 생각해볼 수도 있다.[9]

그럼에도 불구하고 '다윈주의 원리주의자'는 어쩌면 모든 단계에서 부드러우면서도 점진적인 지속성을 요구하는 조상으로부터의 연결고리를 계속적으로 고집하고 있는지 모른다. 이것은 인간언어를 형성하는 특질들 가운데 한두 가지를 공유하는 동시대의 종을 찾으려는 것과 매우 유사하게 볼 수 있다. 이런 원리주의 체계에서 침팬지에게 요리 능력이 있다는 최근의 발견(Warneken & Rosati, 2015)이 있었는데, 이는 우리에게 가장 가까운 친척인 침팬지들이 언어적 측면에서 볼 때 역시 사람과 가까울 수밖에 없다는 사실을 잘 보여주었다. 마치 불에 기름을 붓듯이 말이다. 그렇지만 이 장의 앞부분에서 살펴보았듯이 보른케셀-슐레제브스키 등, 프랭크 등의 주장에 따르면, 언어학적 측면에서 침팬지가 우리 인간과 완전히 다른 존재인지에 관해서는 이후 4장에서 다시 한 번 살펴볼 것이다.

사람들은 이 같은 원리주의자이면서 동일과정설적인 형상을 '미시돌연변이 관점'이라고 이름 붙일지도 모르겠다. 이에 대한 또 다른 견해는, 앞서 언급한 기존의 견해들이 대체로 희화화된 허수아비로 그려진 상황 아래에서 종종 고려 대상이 되었던 것 같다. 이들 상반된 주장은 전통적

• 망치에 맞아 부어 오른 손가락처럼 눈에 확 띄게 된다는 것을 뜻한다.

견해에 대해 가장 확실한 반대 의견이었으며, 골드슈미트(Goldschmidt, 1940)는 이를 (별반 주목을 끌지는 못했지만) "희망적 괴물" 가설이라고 부르기도 했다. 골드슈미트는 단지 한 세대를 거친 이후 나타나는 엄청난 규모의 유전학적·형태론적 변화를 상정하고 받아들였다. 이런 변화는 아마도 새로운 종들의 출현까지도 의미하는 것으로 볼 수 있다. 따라서 '희망적 괴물들'은 의논해봐야 소용없는 것으로 보이며, 많은 경우에서 미시돌연변이를 **제외하고는** 어떤 종류의 변화도 그 가능성이 묵살될 가능성이 높다.

이 같은 견해들은 그릇된 분류라고 보아야 한다. 이미 살펴본 것처럼, 단순히 보더라도 이런 방식에는 실험적인 오류가 있다고 믿기에 충분한 이유가 있다. 세포핵, 선형적 유전자, 언어[우리에게는 마치 레인(Lane, 2015)의 메아리로 여겨지는 것 같은] 같은 수많은 진화적 변혁은 미시적·희망적 괴물 프로크루스테스*의 침대에 불안정하게 들어맞았다. 이론적인 관점에서 보면 미시돌연변이에 대한 선택은 마치 현대진화이론이 거의 최고조에 달했던 1930년에 멈추어 선 듯한 상태라고 할 수 있다. 1930년대에 현대진화이론 주창자들 가운데 한 명인 피셔(Fisher, 1930: 40~41)는 『자연선택의 유전적 이론Genetical Theory of Natural Selection』을 저술했으며, 그는 적응을 현미경의 초점이 맞춰지는 현상에 비유하면서 기하학적인 수학 모

---

* 그리스 신화에 나오는 인물로, 자신의 침대 크기에 몸이 맞도록 사람들의 팔과 다리를 절단하거나 늘려 사람들을 죽였다.

델을 제안했다. 본능적으로 우리는 한 지점을 겨냥해 맞춰진 형상에서는 매우 세밀한 수준의 작은 변화만 주어도 초점의 상태가 훨씬 좋게 될 수 있음을 알 수 있다. 이때 초점 조절장치를 많이 움직일 경우 우리가 의도한 초점에서 멀어질 가능성이 높아질 것이다. 본능적으로 타당하게도, 그리고 확실하게도 이 책에 기술된 이 한 단락의 설명은 앞으로 있을 여러 세대의 진화생물학자들에게 완벽한 내용이라고 생각하며, 심지어 현재까지도 지속되고 있다고 할 수 있다.

피서는 모든 적응 진화적 변화가 표현형에 대한 효과가 거의 제로에 접근하는 극히 미미한 변화들, 이른바 미시돌연변이적이라는 주장에 자신이 제안한 모델의 결과를 활용했다. 이에 대해 오어(Orr, 1998: 936)는 다음과 같이 언급했다.

> 이런 사실은 근원적으로 볼 때 자연선택이 **진화 속에서 탄생의 유일한 원천**이라는 관점을 보증하는 것이다. …… 선택이야말로 변형과 돌연변이 등이 유체의 흐름처럼 지속적으로 공급되는 환경에서 적응이라는 것을 형성하기 때문에 돌연변이 자체는 어떤 형질적 표현형 형태도 제공하지 못할 것이다. (우리저자들이 강조하는 바임.)

특히 피서의 모델에서는, 거의 흔적을 찾을 수 없는 미미한 표현형 효과를 지닌 돌연변이라고 해도 50%에 가까운 생존 가능성을 소유한다. 반면 표현형 효과가 매우 큰 돌연변이라고 해도 생존 가능성이 기하급수로 감소할 수도 있다. 여기에서 피서의 모델을 수용한다고 해도 정의로만 보면 대규모-표현형-효과 유전자들이 적응 과정에서 전혀 역할을 수행하지 못할 수도 있다. 이에 대해 오어(Orr, 1998: 936)는 다음과 같이 언급하고 있다.

피셔 모델의 역사적 유의성을 과장해서 평가해도 무방할지 모른다. 그는 단독으로 자신의 분석을 통해 대규모 표현형 효과의 요인들이 적응 과정에서 크게 역할을 수행하지 못한다는 사실을 진화론자들 대부분에게 확신시켜주었다 [Truner(1985), Orr & Coyne(1992) 등에서 검토]. 게다가 그의 논저를 검토한 결과 현대진화이론에 포함된 모든 주요 인물이 실제로 미시돌연변이주의에 대한 유일한 버팀대로서 피셔의 모델을 인용하는 것을 확인할 수 있다[Orr & Coyne (1992) 참조, Dobzhansky(1937), Huxley(1936), Mayr(1963), Muller(1940), Wright(1948) 등도 참조]. 홀데인이 이런 경향에 속하지 않은 유일한 예외로 보인다.

게다가 보기에는 인간언어의 진화에 관한 모든 연구가 피셔 모델을 받아들이고 있다는 것을 알 수 있다. 이런 견해를 따르면, 언어의 진화에서도 자연선택이 완전히 주도적인 역할을 한 것으로 볼 수 있다. 이에 관해서 가장 대표적으로 피치의 주장이 '현미경의 초점 맞추기' 비유를 따르고 있다.

주요한 질적 변화에 대한 적응의 역할을 반대하는 핵심 주장은 우리가 자연에서 관찰할 수 있는 미시돌연변이를 적응 과정의 향상으로 보기는커녕 오히려 교란으로 보는 것이다. 생명을 지닌 유기체들은 미세 조정을 겪어낸 체계들이며, 대규모의 임의적인 변화를 거쳐 탄생한 개체들은 향상된 적자생존자들로 귀결될 수 있는 기회를 거의 갖지 못한다(Fitch, 2010: 47).

탈레만*Tallerman*은 언어학자 맥마흔*McMahon*과 유전학자 맥마흔*McMahon*의 말을 인용하면서 자신은 물론 두 저자들 역시 피셔 모델의 점진주의 관점을 받아들이고 있다고 언급했다.

두 학자는 "생물학적 진화는 전형적으로 매우 더디면서도 점증적이고, 급진적이며 갑작스러운 것이 아니다"(McMahon & McMahon, 2012)라고 언급하고 있다. 또 "즉각적이면서 급진적인 변화를 유발하는 거시돌연변이"에 대해 "후자에 속하는 거시돌연변이는 진화적으로 발생 가능성이 매우 작다"(McMahon & McMahon, 2012)라고 서술하고 있다(Tallerman, 2014: 195).

그러나 피셔의 생각은 잘못되었다. 적응 유전학에 대한 1980년대의 실험은 개별 유전자들이 표현형에 놀라울 정도로 대규모의 영향을 미친다는 사실을 확인해주었다. 이 점에 대해서도 또다시 오어의 말을 그대로 인용할 가치가 있다.

1980년대에 연구방식들이 마침내 적응 유전학에 대해 엄격한 자료를 수집할 수 있는 가능성을 열어주었다. 바로 양적특성자리*Quantitative Trait Locus: QTL* 분석이 여기에 속한다. 양적특성자리 분석에 따르면, 인구 집단들 혹은 종들 사이에 나타나는 표현형 차이의 유전적 기반이 사상 분자 표식*mapped molecular* *marker*들의 대량 묶음의 활용을 통해 분석될 수 있다. 미세한 생명체 진화 작업에서는 미생물들이 새로운 환경을 접하기도 하고, 때로는 이러한 환경에 적응하는 것이 허용되기도 한다. 이런 상황에서 유전적이면서 분자로 된 도구들이 이 같은 적응의 기반을 형성하는 유전적 변화들의 일부 또는 전체를 확인해주는 것을 허용하기도 한다. 이들 두 접근방식의 결과는 매우 놀랍다. 즉, 진화는 종종 상대적으로 대규모의 유전적 변화를 포함하고 있었다. 그리고 적어도 일부이기는 하지만 총 변화의 수는 그렇게 크지 않은 듯했다. …… [이들 결과들]은 고전적인 연구들을 [포함하고] 있는데, 여기에는 호수 가시고기의 갑옷껍질 및 배지느러미 크기 감소, **초파리** 종에서 애벌레 분미모(미세한 '털') 소실, 옥수수나 **물파리아재비** 종의 화초 등에서 새로운 형태들의 진화에 연관된 분석들이 속한다. 더 나아가, 미생물에 관한 연구들에서는 초기 적응에서 발생하는 유전적 변화들이 뒤늦게 생겨나는 유전적 변화보다 훨씬 높은 수준의 적응 효과를 나타내며, 평행상의 적응 진화가 경이로운 정도로 일반적인 현상이라는 사실을 밝혀주었다(Orr, 2005a: 120).

사실 오어 이전에 기무라(Kimura, 1983)가 우리가 앞서 논의했던 실질적인 생물 진화의 확률적 속성에서 도래한 피셔 모델의 근본적인 오류를 지적했다. 특히 피셔는 유익한 돌연변이의 확률적 소실과 유사한 분석과 설명을 정확하게 감안하지 못했다. 기무라의 모델에 따르면, 중간 크기의 돌연변이들이 적응에 더 적합한 것으로 나타나야 한다. 그렇지만 이 모델에서도 어떤 하나의 과정보다는 '적응의 행보' 속에서 과정들의 **연쇄성**을 포착하기 위해 일종의 수정이 요구되었다(Orr, 1998).

그러므로 피셔 모델에서 적응은 상대적으로 대규모인 표현형 효과로 인한, 그리고 상대적으로 소규모인 작은 효과들로 인한 돌연변이를 포함한다. …… 따라서 적응은 일반적으로 대규모 효과 돌연변이들이 초기에 대체되고 결국에는 소규모 효과로 귀결되는 양식으로 감소되는 회귀성 형태로 나타난다(Orr, 2005a: 122).

이 같은 진화적 변화는 튀어 오르는 공에 비유해 그려볼 수 있다. 즉, 가장 크게 튀어 오르는 공이 가장 먼저 돌아오고 작게 튀어 오르는 공들이 계속해서 뒤따른다는 것이다. 이것이 바로 감소되는 회귀성의 순차적 배열이다. 이 같은 발견은 첫 번째 단계에서 미시돌연변이적 변화를 주장하는 언어의 진화에 관해 명확한 의미를 가진다. 정리하면, 흔치 않으면서도 예측하지 못한 거시돌연변이적 변화를 초기에 겪기보다는 미시돌연변이적 변화가 첫 번째 단계에서 이루어지는 것이 맞는 일일지도 모른다. 그리고 때로는 이런 상황이 일어나기도 한다. 현대진화이론, 실험실 작업, 현장 조사 모두가 이런 견해를 지지해주고 있으며, 여기에서는 굳이 골드슈미트가 제안한 "희망적 괴물들"을 상정할 필요가 없을 것이다. 여기에는 실제로 안전한 타협안이 있다. 확실한 것은 어떤 특정한 상황에서든 실질적으로 발생한 것은 실험적인 질문으로 남아 있게 될 것이라는 점이다. 그리고 항상 그렇듯이 우리는 생물학이 뉴턴의 물리학보다 판례법에 더 가깝다고 보아야 한다. 이후 4장에서 논의하게 될 저자들이 안고 있는 단서들에 의하면, 해부학적으로 현대 인간에 가까운 존재가 출현한 20만 년 전부터 이들 초기 원시인의 후손들이 아프리카 지역을 대대적으로 벗어나는 6만 년 전 사이의 어느 시점에서 진화가 대부분 상대적으로 신속하게 이루어졌다는 것을 알 수 있다.

이 같은 근대적 관점이 다윈주의와 진화적 변화를 포함한다는 사실에서 과연 어떤 교훈을 얻을 수 있는가? 본질적으로, 결국 당신은 스스로 치른 대가를 얻게 될 것이다. 즉, 당신이 대가를 치를 수 있다면 구입하게 될 것이 무엇인지를 이해할 수 있을지도 모른다. 이때 구입하는 내용물은 앞에서 언급했던 모든 비용 지불의 결과들을 포함한다. 만일 당신이 피셔 모델을 선택하면 당신은 반드시 미시돌연변이를 떠안게 될 것이며, 또한 언어의 진화를 위한 주요 엔진으로서 자연선택 외에는 다른 모든 사안을 일찍이 제외하는 과정을 지상명령으로 여길 것이다. 그리고 이미 살펴보았듯이 단세포 원핵생물에서 출현한 복합 세포의 기원, 안구의 기원 등 여러 사항의 기원을 설명하는 능력도 잃어버리게 된다. 다른 측면으로, 만일 당신이 피셔 모델이 아니라 더욱 현대적인 견해를 받아들인다면 이것은 곧 더 많은 가능성의 요소들을 위해 문을 열어놓고 있는 것이라고 할 수 있다.

이제 다시 인간의 이야기로 돌아오면, **사람속**_Homo_ 혈통에 관한 고인류학 기록을 대상으로 한 조사는 점층적 양상이 아니라 비점층적 양상을 지지하고 있다. 이는 "신기술과 신종의 출현 (그리고 소멸) 시기들 사이에 나타나는 단절"(Tattersall, 2008: 108)의 되풀이되는 형태를 생각해보면 알 수 있을 것이다. 태터솔_Tattersall_을 따르면, 구조적으로 차이가 분명한 새로운 **사람속** 종이 출현할 때 반드시 기술적 혹은 문화적 혁신이 동시에 발생한 것은 아니다. 오히려 기술과 문화의 변혁은 새로운 **사람속** 종들이 출현하기 **오래전**에, 측정해보면 이미 수십만 년 이전에 나타났다. 달리 말해, 태터솔(Tattersall, 2008: 103)이 서술했듯이 "기술상의 변혁은 새로운 인류의 탄생에 반드시 연계된 것은 아니다". 예를 들어, 유형 1* 혹은 올두바이 *Oldowan* 문화의 석기 도구들이 처음 발견된 시점은 현재 시점에서 약 250만 년 전으로 추산된다. 가장 최근에는 케냐의 로메크위*Lomekwi*에서 약 330만 년 전의 도구가 발굴되었다(Harmand et al., 2015). 고대 도구들의 외형은 유형 2인 아슐*Acheulean* 문화의 손도끼들의 변혁이 이루어지기까지 100만 년 가까이 유지되었다. 하지만 태터솔(Tattersall, 2008: 104)은 이 같은 기술적 변혁들이 "눈에 띌 정도로 확실하게 **호모 에르가스테르***Homo ergaster***라는 새로운 종류의 인간이 지구상에 출현하는 시기 이후에 나타났다"라고 언급했다. 고대 유전자의 복원은 물론이고 네안데르탈인과 데니소바인 사이의 연속성을 밝히는 데 그 기반을 형성한 과학계의 선두 주자 스반테 페보*Svante Pääbo*는 다음과 같은 소회를 밝혔다.

고고학자들의 발굴에 따르면, 약 260만 년 전 인류의 조상들만이 유일하게 그 시기에 개발된 도구로 받아들여질 수 있는 형태로서 구석기를 만들기 시작했다. 그러나 그 당시에 만들어진 또 다른 도구들은 수십만 년 동안 크게 바뀌지 않은 것 같다(Pääbo, 2014: 216).

---

* 인류가 최초로 사용한 석기시대의 도구들을 일컬음.
•• 직립원인.

이와 유사하게, **사람속** 계통에서 **네안데르탈인**의 두개골의 양적 크기가 현대 인류보다 조금 크지만, 전반적으로 인간의 뇌 크기는 꾸준하게 늘어났다. 하지만 행동 및 재료에 연관된 기록을 보면 인류는 네안데르탈인에 비해 아주 뒤처지는 양상을 보여준다. 아프리카 대륙에서 현대 인간이 출현하는 시기에 이르러서야 도구, 그리고 누구도 부인할 수 없는 최초의 상징적인 예술품들 내부에서 엄청나게 빠른 속도의 변화가 시작되었다는 것을 발견할 수 있다. 이때 발전된 예술품은 조개껍데기 장식, 채색 활용, 약 8만 년 전 블롬보스*Blombos* 동굴에서 발견된 기하학적 암각 등이다(Henshilwood et al., 2002). 페보는 바로 이 부분에 동의하고 있다. 즉, 그는 네안데르탈인과 우리 현대인을 분기시키는 무엇이 있어야만 한다고 말하고 있다. 이 점은 그 당시에는 바다를 가르며 아프리카를 벗어나지는 못했지만 수만 년 이내에 이 혹성 전체를 가로질러 행진했던 인류라는 종의 쉼 없는 확산의 촉발을 위해서도 반드시 고려되어야 한다. 그런데 이처럼 인류를 분기시킬 수 있었던 것은 과연 무엇이었을까?

태터솔에 따르면, 페보는 네안데르탈인에 대한 관찰에서 상징성을 지닌 구상예술은 물론 현대의 상징적 행위와 비슷한 어떤 것도 찾을 수 없음을 지적한다. 이 사실이 바로 강력한 단서가 될 수 있다(Pääbo, 2014b). 증거를 통해 생각해보면, 아프리카 대륙을 벗어난 인류의 조상들은 이미 '그것'을 내포하고 있었다. '그것'이란 우리가 태터솔과 함께 의구심을 품었던 대상으로, 바로 인간언어를 말한다. 여기에서 페보는 이의를 제기한다. 그는 우리 인류를 다른 종들과 분기시키는 것은 "다른 존재들로부터 복잡한 사항을 배우려는 능력과 집중을 공유하는 성향"이라고 제안한다.

여기에서 그는 인류의 문화적 학습의 한 측면으로서 언어를 고려하며, 이 같은 관점은 그의 동료 마이클 토마셀로*Michael Tomasello*의 견해를 따른 것이다. 우리가 보기에 페보는 언어 자체는 물론이고 언어 학습에 관해서도 오류를 범하고 있다고 생각한다. 그의 견해는 바로 이전 세기(1800년대 말기)에 잘 알려진 '프란츠 보애스 관점*Boasian*'이라는 인류학적 견해로 다시 회귀한 것처럼 보인다. 이 점에 대해서는 다음 장에서 자세하게 다룬다.

어쨌든 아프리카 대륙에서 시작된 인류 조상들의 대대적인 이주의 결말은 현대 인류 같은 독특한 **사람속** 종이 결국에 세상을 지배하기에 이르렀다는 것이다. 이 과정에서 네안데르탈인, 데니소바인 등에 포함된 유전자들 가운데 유익한 유전자는 무엇이든 흡수하고 그 나머지는 남겨두었을지도 모른다. 이런 형태는 아마도 환상적인 그림일 것이다. 그러나 인류라는 종의 계속되는 역사에 대해 우리가 알고 있는 사실을 감안하면, 앞서 말했던 모든 사안은 우리에게 너무나 친숙한 이야기임에도 불구하고 우리에게 전혀 확신을 주지 못한다.

불, 주거, 구상예술 등 새로운 도구 기술 또는 변혁의 관점에서 우리가 생각하고 싶지 않은 점이 있다면 바로 일종의 '점진주의' 견해다. 목적에 맞게 불을 조절할 수 있는 것은 약 100만 년 전의 일로 보이지만, 실제로 이런 상황은 **호모 에르가스테르**가 출현한 지 50만 년이 지나서 발생했다. 태터솔은 혁신적인 도약에 동반되는 정체 현상의 전형적인 형태가 '선택적 진화' 개념과 일치한다고 지적한다. 이 개념은 자연선택을 따르는 진화가 새로운 활용방식을 위해 기존의 형질을 항상 끌어들인다는 점을 말한다. 여기에는 미래에 선택되어 사용될 특정한 형질에 대해서 어떤 '사전 지식'이 있을 수 없다. 따라서 변혁은 궁극적으로 선택받을 수도 있는 기능과는 전혀 상관없이 독립적으로 발생하는 것이다. 자연선택은 마치 내용을 거르는 체 같은 역할을 하면서 자신에게 주어진 것들을 각기 다르게 걸러낸다. 마치 돌아가는 팬을 통해 걸러지는 금덩어리처럼 어떤 변혁이든 반드시 조금씩 다른 방향으로 생성될 필요가 있다. 어떤 의미에서는, 인간언어가 생성되기 위해 요구되는 전조 요소들이 이미 존재하고 있었다고 할 수 있다. 그렇지만 문제는 이들 요소가 과연 무엇인지에 관한 것이다.

3자 모델, 음성 학습, 그리고 유전학

언어의 기원에 관한 어떤 설명이든지 무엇이 진화했는지에 대해서 확실한 이해가 우선되어야 한다. 우리 저자들이 제안하려는 3자 모델은 앞서 설명한 구성부분 세 가지가 각기 자연스럽게 운영되는 것이다. 구성부분 세 가지는 다음과 같다.

(1) 조합 과정을 관장하는 결합. 이 과정에서는 단어를 일종의 원자 단위로 간주하고 작업을 진행한다. 개략적으로, 인간언어 통사론이라고 할 수 있는 'CPU'를 떠올릴 수 있다.

다음으로 서로 연관되는 접합부들에 대한 설명이다.

(2) 감각운동 접합부. 외재화를 위한 언어 체계의 일부로, 음성 학습 및 생성 등이
　　포함된다.

(3) 개념-의도 접합부. 인간의 사고가 해당된다.

여기에서 우리 저자들이 주목하는 것은 구성부분 (2)로, 감각운동 접
합부에 의해 작용하는 음성 학습 및 생성이다.

이 장의 앞부분에서 제시한 명금 유형의 예들 덕분에 연구자들이 음성
학습에 대해 이해도를 높일 수 있을 것 같다. 여기에서 음성 학습은 분명
히 유전학적 조합의 '입출력' 연속 처리 부분으로 인지된다. 페닝 등
(Pfenning et al., 2014)이 제안한 것처럼 이 부분은 음성 학습을 하는 하나
의 종부터 또 다른 종에 이르기까지 상대적으로 정형화된 모습을 보인다.
이는 유전적·생물물리학적 제약을 감안하면 음성-학습 체계를 설정하는
데 생각할 수 있는 구조적 형태의 종류가 별로 많지 않기 때문이다. 그러
나 이런 상황에서도 종마다 특유의 소리 조정방식이 생겨날 수 있는 가능
성을 제외할 수 없다. 인간의 청각 및 발화, 동작 및 시각 인식 분야에서
도 인종에 따라 다른 특색이 나타나는 유사한 상황을 접할 수도 있다.

앞서 언급한 '입출력' 체계는 **FOXP2** 관련 설명에 들어맞는다. 우리
저자들은 어떤 것보다도 가장 먼저 **FOXP2**가 앞에서 제시한 구성부분
(2)의 감각운동 접합부에 속하는 요소라고 생각한다. 감각운동 접합부는
협소통사부의 외연 부분에 포함(외재화)되는 것이다. 이것은 컴퓨터의 핵
심인 CPU 대신 컴퓨터에 연결된 주변장치인 프린터를 주된 대상으로 생
각하는 것과 같다. 이후 3장에서 이 같은 견해를 설명하기 위해 실험언어

학 증거와 관련해서 논의를 진행할 것이다. 최근 인간만의 FOXP2를 주입해 발육시킨 유전자 이식 쥐들을 대상으로 실험이 이루어졌다. 연구자들은 인간의 변이가 '기저핵 피질 회로를 수정하는' 역할을 수행하고 있다고 제언했다. 이 역할은 서술적 기억*의 형태로서 획득된 운동 기능을 자전거 타는 법을 배우는 것처럼 절차적 기억 구조로 전환할 수 있도록 유도하는 능력을 획기적으로 증대하는 것이다(Schreiweis et al., 2014: 14253). 이런 발견은 앞서 언급한 외재화에 관한 견해에 상응하는 것이다. 이처럼 서술적 기억 구조에서 (무의식적인) 운동 기능으로의 전이는 유아들이 발화 또는 제스처를 위해 입, 혀, 입술, 성대 혹은 손가락 등을 정교한 발레 동작처럼 움직이게 하려고 학습하는 것에서 확인할 수 있다. 물론 여러 저자들이 언급한 바 있듯이, 이에 관한 내용에는 아직도 알려지지 않은 부분이 많다.

이런 발견이 언어와 발화 학습을 가능하게 하기 위해 인간 두뇌의 발달을 형성하는, [바로] 인간에게만 연관된 Foxp2의 효과와 어떤 관련성이 있는지에 대해서는 알려진 것이 거의 없다(Schreiweis et al., 2014: 14257).

최소한 페닝과 그의 동료들(Pfenning et al., 2014)의 연구 결과와 더불어 슈레바이스Schreiweis의 실험은 음성 학습, 그리고 언어의 외재화 체계의

• 선언적 기억.

생성 측면이 인간에게 국한된 것이 아니라는 사실을 우리 저자들에게 확인해주었다. 대략 6억 년에 달하는 진화의 시간이 새들과 우리 인간을 분리하고 있는데도 노래와 발화를 관장하는 부위, 음성-학습을 수행하는 명금에 속하는 새들(예컨대 금화조, 벌새 등)의 유전체적 특성, 음성-학습을 수행하는 인간 종들 모두는 극적으로 하나의 공통된 지점으로 수렴하는 유사성을 보여준다. 반대로 음성 학습을 하지 않는 조류에 속하는 학습자들(닭, 메추라기, 비둘기 등), 음성 학습을 하지 않으면서 인류에 포함되지도 못하는 영장류들(짧은 꼬리 원숭이 등)은 음성 학습을 하는 학습자들(명금 또는 인류)과 달리 유전체적 특성을 공유하지 못한다.

페닝 등은 연구를 통해 명금, 앵무새, 벌새, 비둘기, 메추라기, 짧은 꼬리 원숭이, 인간에게 포함된 수천 개의 유전자 및 유전자 발현 개요들을 정리했다. 또한 분리된 유전자 발현의 단계를 (그 단계가 높게 혹은 낮게 표기되는 것과는 상관없이) 실험 대상에게서 확인된 뇌 부위의 정교한 계층적 분해분과 연관시키려고 했다. 이 연구의 목표는 동물 분포의 하위에 속하는 구역에서 특정 유전자가 더욱 확실하게 발현되는지의 여부를 확인하거나, 종에 따라서 발현되는 유전자들이 음성 학습자들(명금, 앵무새, 벌새, 인간)과 비음성 학습자들(비둘기, 메추라기, 짧은 꼬리 원숭이) 사이에서 해당 종들에 일치하는지의 여부를 밝히는 것이었다. 이에 대한 답은 '일치한다'였다. 즉, 동일한 게놈의 전사 윤곽*은 모든 음성 학습자들 사이

---

* 유전자와 상보적인 서열을 갖는 리보핵산(RNA)을 생성하는 과정 및 외형적 개요 형태.

에서 일치 관계를 보일 수 있다. 하지만 음성 학습자들과 비음성 학습자들 사이에서는 그렇지 않았다. 음성 학습에 연관된 유전자들을 증폭기 내부에 있는 일련의 소리 조절장치라고 상상해보면, 그 유전자들은 음성-학습을 하는 종들 내부에서 평행선 모습으로 '조절될' 것이다. 이때 소리 조절은 비음성-학습을 하는 종들과 다르게 나타난다.

예들 들어, 명금과 인간 모두에게서 이른바 조류의 RA 부위('알코팔리움*arcopallium*•의 강한 핵')와 인간의 후두 운동피질처럼 뇌 부위와 유사한 구조들 내부에서 (신경세포의) 신경돌기를 유도하는 유전자 **SLIT1**(FOXP2 유전자의 표적 DNA)의 비교적 하향 조절 양상이 나타난다. 페닝 등이 언급했듯이 유전자 **SLIT1**의 단백질 생산물은,

> **ROBO1**이라고 하는 신경돌기의 유도 수용체와 연계해 작업을 수행하며, **ROBO1** 돌연변이들은 인간에게 난독증과 언어장애를 발생시킨다. …… **ROBO1**은 음성 학습이 가능한 포유동물에서 수렴적 방향성을 지닌 아미노산 대용물을 갖춘 유전자 후보자 다섯 개 가운데 하나다(Pfenning et al., 2014: 2156846-10).

FOXP2와 마찬가지로, 이 같은 접근방식으로 발견된 많은 유전자는 유전자나 또는 이에 상응하는 단백질 생성물을 상향 또는 하향 조절하고 있다. 그러나 우리는 아직까지 이들 유전자가 어떤 방식으로 서로 얽혀

• 새의 뇌 영역으로 학습을 관장.

있는지에 대해서 아는 바가 거의 없다. 페닝은 이 부분에 대해 그 근원을 찾아보려는 차원으로 추적을 위한 다음 단계를 준비하고 있었다(개인적인 의견 교환을 통해 들은 이야기다). 바로 '조절자를 제어하는' 유전자 부위를 찾는 것이다. 정확하게 보면 이런 방향성은 옳다. 또한 이런 방식은 진화와 진화적 변화를 검토한 것과 관련성을 띠고 있기도 하다. 우리는 킹과 윌슨(King & Wilson, 1975)의 분석이 최초로 시행된 이후에 인간과 침팬지가 유기체들의 활성화된 생화학에 포함된 단백질에 해당하는 고분자 수준에서 99%에 가까운 동질성을 나타내고 있음을 알게 되었다. 아울러 인간과 또 다른 유인원 조상들을 비교할 때 이 같은 동질성이 아마도 더욱 확실해질 것이라는 점도 확인했다. 킹과 윌슨은 분명하면서도 중요한 결론을 도출했다. 즉, 인간과 침팬지 사이에서 발견되는 차이점이 제어적 요소와 밀접한 연관성이 있다는 것이다. 이것은 단백질 코드화 유전자에서의 변화가 우리를 인간답게 만들어준, 비교적 최근에 발생한 진화적 작용이 발생하는 지점과 일치하지 않을 수도 있다는 것을 의미한다.

과거 40년 넘게 계속된 킹과 윌슨의 중요한 발견은 수차례에 걸쳐 사실임이 확인되었다. 여기에는 유전자 활동을 제어하는 모든 다른 부분들과 함께 코드화되지 않은 유전자(진핵생물체 유전자로, 아직 단백질로 해석되지 않은 상태)들이 포함된다. 특히 유전자 활동에는 유전자를 둘러싼 발판 구조의 염색질부터 이보디보 변혁의 부분, 특히 뇌 성장 과정에서 발달 중인 유전자에 대한 마이크로 리보핵산의 제어 작용까지 모든 것이 포함되어 있다는 점을 알아야 한다(Somel, Liu and Khaitovich, 2011).

여기서 우리는 유전자를 통제하는, 이른바 **증강인자**enhancer라고 불리는 유전자 제어 체계에 초점을 두고 어떤 이유로 이런 종류의 제어적 진화가 지금처럼 관련성을 가질 수 있게 되었는지 알아본다. [우리는 진화적 변화와 관련성이 있는 것으로 보이는 또 다른 게놈에 대한 논의에 할애할 수 있는 충분한 페이지를 갖추고 있지 않다. 또 다른 게놈의 예로는 주위의 가까운 유전자의 기술을 제어하는 요소를 들 수 있다. Wray(2007) 참고.] 앞서 언급한 증강인자는 약 1500~2000개 정도의 DNA 뉴클레오티드*nucleotide*라는 핵산의 구성 성분들(아데닌, 티민, 사이토신, 구아닌 등)의 길이가 짧게 늘여진 유전자를 가리킨다. 이 유전자들은 헤모글로빈 혈색소 베타글로빈 단백질 사슬과 연관된 **HBB** 유전자, **FOXP2** 단백질에 연관된 **FOXP2** 유전자처럼 기능성 단백질을 위해 코드화된 유전자들과 다르다. 증강인자는 모든 단백질을 코드화하는 것은 아니기 때문에 **비코드화 유전자**라고 불리기도 한다. 그렇다면 이들의 기능은 무엇일까? 증강인자는 단백질 코드화 유전자의 시작점에서부터 아마도 백만 개의 DNA 뉴클레오티드 정도의 위치까지 '위쪽으로' 혹은 '아래쪽으로' 거리를 두고 있다. 이후 이 증강인자는 유전자 표기를 하기 위해 촉진제, RNA 폴리메라아제 II,** 모든 표기 요소들(아마 FOXP2 자체도 포함)이 포함된 다른 구성요소들과 함께 시작점에 접촉하기 위해 '돌려서 비틀기*twist over*'라는 과정을 거치게 된다. 그리고 일단 모든 구성부분이 자리를 잡으면 촉진제는 점화되고 유전자 표기의 동력기관이 작동하기 시작한다.

●　　DNA, RNA 형성을 촉매하는 효소.

진화의 관점에서 증강인자는 최소한 두 가지 이유로 관심의 대상이 된다. 첫 번째 이유는, 증강인자는 단백질 코드화 유전자보다 더욱 좁은 범주에서 초점을 맞추기가 용이하다는 점이다. (보편적인 사실로) 생명체에서 다면적 역할을 수행하거나 여러 종류의 조직체 또는 세포 등에서 역할을 수행하는 단백질 코드화 유전자와는 달리 증강인자는 유전자의 한 조각에 국한해 영향력을 미친다. 이때 증강인자는 촉진제, 유전자 표기 요소들과 함께 아주 특정한 단일 환경에 맞춰진다. 결론적으로, 별다른 비지역적 효과를 유발하지 않고 증강인자를 변형시키는 것이 훨씬 용이할 수 있다. 증강인자는 **모듈방식**이다. 이것은 진화적 실험을 위해 완벽한 것이다. 복잡한 기계에 파편이 끼어들어 기계의 가동이 중단될 수 있다는 많은 염려에도 불구하고 말이다. 증강인자가 관심 대상이 되는 두 번째 이유는 증강인자가 유전자의 두 가닥(일반적으로 단백질 코드화 유전자 자체와 동일한 가닥) 중 하나에 의존한다는 것이다. 증강인자는 전형적인 푸른 눈동자의 경우와 같이 사실상 유전자의 두 가닥을 - 표현형으로서 드러나기 위해 이른바 동형접합 상태의 - 필요로 하는 단백질 코드화 유전자와 다르다. 이는 두 번째 진화적 이점이라고 할 수 있다. 즉, 생명체는 앞서 언급한 유전자 두 가닥에서의 변화를 기다릴 필요가 없다. 핵심적인 사안은, 원칙적 측면에서 진화적 용접 작용*tinkering*이 인간이 소유한 10만 개 이상의 증강인자와 함께 더욱 용이하게 이루어질 수 있다는 점이다. 또한 증강인자는 특별한 유전자 환경을 분리시킨다. 따라서 조류 연구자들이 다음 단계로 조류와 인간의 음성 학습을 더 깊이 이해하는 것을 연구 방향의 최우선으로 두는 것은 놀랄 일이 아니다. 이런 방향에서 다음에 우리가 기술하는 것(Boyd et al., 2015)과 마찬가지로 신경세포의 분리를 촉진하는 데 인간의 유전자와 침팬지 유전자 사이에 차이점이 있다는 사실이 최근의 첫 번째 기능적 확인에 의해 밝혀졌다.

조금 더 일반적인 상황으로 돌아가보면, 음성 학습에 관한 이 같은 결과들이 암시하는 진화적 사항은 무엇인가? 페닝 등(Pfenning, 2014: 1333)은 다음과 같은 설명으로 요약하고 있다.

음성 학습을 위한 수렴적 신경회로에는 수백만 년에 걸쳐 공통의 조상으로부터 분리된 다중 유전자들의 수렴적 분자 변화가 동반된다는 사실의 발견은 복잡한 형질을 위한 뇌의 회로가 조상으로부터 진화되었을 수도 있는 제한된 방법을 가지고 있을지도 모른다는 점을 암시한다.

달리 말해, 음성 학습을 설치하기 위한 '도구 세트'는 100~200 정도의 유전자 분화조직 ─ 신속한 '시동'이 가능할 수 있는 어떤 종에서든 나타날 수 있는 ─ 의 (보존적) 집합체로 구성된 것이라고 생각해볼 수 있다. 이런 사항은 입력 부분과 외재화 출력 체제 사이의 진화들로부터 인간언어의 통사론의 '중심 프로세서'를 구별하려는 것과 함께 인간언어가 시간상으로 상대적으로 매우 짧은 기간에 발생한 것으로 생각하는 우리의 관점에 들어맞는 일이라고 볼 수도 있다.

그렇다면 현대 분자생물학은 인간의 뇌와 언어의 진화에 관해 과연 무엇을 말해줄 수 있는가? 이처럼 빠르게 발전하는 분야에 관해 정당한 답을 찾는 것은 불가능하다. 그 대신에 잘 알려진 주요 장애물들과 함께 핵심 요점들을 언급한다.

첫째, 최근 볼 수 있는 고대 유전자에 관한 연구 덕에 사람들이 기대한 것처럼 게놈의 수는 물론이고 게놈의 차이점을 알 수 있게 되었다. 이런 유전자 차이점들은 고대 생명체들이 현대의 인간과 어떻게 다른지를 보여주는 것과 함께 지금까지 발달 단계에서 언급되는 네안데르탈인, 데니소바인, 침팬지 게놈으로 연결되는 일련의 과정에 대해서도 생각해볼 수 있게 해주었다. 예상되는 차이점에 대해서도 현대 인간과 네안데르탈인 같은 소멸된 **사람속**의 분화가 50만 년에서 70만 년 이전으로 비교적 최근의 일이라는 사실과 함께 약 20만 년 전에 남아프리카에서 현대 인간이 출현했다는 사실을 감안할 때 두 상황 사이에는 약 20만 년이라는 진화적 시간대가 존재한다는 사실을 알 수 있다. 우리는 현대 인간에게는 변이가 존재하지 않기 때문에 기능적으로도 매우 중요한 역할을 수행할 수 있으리라고 전제할 수 있으며, 인간 집단 내부에 고정되어 있을 것으로 기대해볼 수도 있는 게놈들 가운데 어느 정도가 개별적이면서도 우호적으로 선택될 수 있는지 산출하기 위해 자연선택의 강점, 인구 규모, 유전자 돌연변이 비율 등을 포함해 이론적으로 집단 유전자라는 수단을 활용할 수 있다. 그러나 이런 사실을 통해 인간 외의 생명체에서는 동일한 결과를 기대할 수 없다. 여러 자료에 대한 조사를 바탕으로 20만 년 이전에 효율적인 인간 집단의 규모는, 수많은 다른 포유동물들에 비하면 상대적으로 매우 적은 수이기는 하지만, 약 1만 개 정도로 측정되었다(Jobling et al., 2014). 적응 또는 **s**로 표기되는 자연선택의 강점은 어떤 상황에서든 추정을 위해 노력하고 있다. 그렇지만 인구 집단에서 선택에 관련된 가장 강한 최근의 표식들 가운데 하나인, 최대 0.10 지점까지 도달할 수 있는 락타아제 유지 유전자인 **LCT**(Tishkoff et al., 2007)에서 추출된 자료를 사용할 수 있다. LCT가 제공하는 수치는 매우 높은 결과다. 이러한 모든 변수를 고려할 때, 최근 한 분석은 인간 집단에서 오직 개체 수 14개만이 살아남아 고정되는 것과 함께 우호적 돌연변이 700개가 존재한다고 추정하고, 나아가 **s**=0.01이라는 강한 선택적 이점이 주어진다고 추정한다 (Somel, Liu and Khaitovich, 2013). 이처럼 적은 수만 생존한다는 것은 개략적으로 (1-**s**/2) 공식의 소실로서 700의 98%, 즉 686개에 해당하는 수를 잃고 나서 14개만이 생존하는 확률적 결과를 가리키는 '확률적 중력 함정' 효과로 설명될 수 있다.

이 같은 이론적 추정은 실험 결과에 매우 가깝게 접근하는 것으로 확인된다. 네안데르탈인, 데니소바인에서의 전체 게놈상 일련의 구조화는 현대 인간에게는 고정되어 있지만 멸종된 두 종들에게서는 발견할 수 없는 87 그리고 260가지의 기능적인 (아미노산으로 변화되는) 게놈에서의 차이들 각자가 순서에 따라 존재한다는 사실을 제시한다(Pääbo, 2014a: 보완 도표 1). 페보가 서술했듯이 이 차이점들은 큰 의의를 보여주는 것으로 볼 수 있다. 최소한 게놈의 입장에서 볼 때 이런 차이점들이 인간을 생성하는 것이 무엇인지 알 수 있도록 드러내고 있기 때문이다. 네안데르탈인과의 차이점에 초점을 둘 때 우리는 개략적으로 40억 가지의 가능성에서 벗어나 3만 1389가지의 각기 다른 DNA 뉴클레오티드의 차이(단일염기다형성*SNPS*)들이 있음을 알 수 있다. 또한 같은 관점으로 보면 125가지의 DNA 뉴클레오티드 상호작용 혹은 결실작용, ('제어적'이라는 용어에 대한 특별한 정의를 사용한다는 차원에서) 3117가지의 제어 부분의 차이들, 그리고 87가지의 유전자들 속에서 단순하게는 96가지의 총 아미노산 차이들도 아울러 발견할 수 있다. (일부 유전자들은 한 가지 이상의 아미노산 차이를 가질 수도 있다.) 여기서 가리키는 '차이점 명단'은 우리에게 어떤 사실을 말해주는가?

많은 수로서 약 3만 가지의 SNP 차이점 가운데 전체 또는 대부분이 짐작하건대 자연선택의 체질에서는 차이점을 거의 보여주지 못하고 있다. 그들은 결국 '중립적인' 현상을 보이고 있는 것이다. 페보를 따라서 잠시 3천 가지 정도의 제어 부분의 차이들을 잠시 접어두자. 그러면 현대 인간과 네안데르탈인 사이에는 큰 수가 아닌 87가지의 단백질 코드화 차이들만이 남게 된다. 예를 들어, 비록 인간 집단에 고정되어 있지 않은 **FOXP2**를 위한 제어 영역에 연관된 증거와 아울러 이후 4장에서[10] 논의하는 것처럼 네안데르탈인과는 약간의 차이가 있는 인간의 변이에도 불구하고 우리 현대인들은 결국 네안데르탈인들처럼 분명하게 FOXP2 단백질을 공유하게 될 것이다. 각자 다른 단백질을 위해 코드화를 진행하는 유전자들 중에서 일부는 인간언어와 인지 작용에 전혀 연관되지 않을 수도 있다. 예를 들어, 각기 다른 유전자들 가운데 최소한 3개는 피부를 구성하는 데 연관되며, 이런 사실은 인간에게서 발모 현상이 사라지고 피부 색소가 침착되는 변화를 가져오는 데서 그 의의를 찾을 수 있다.

어쩌면 또 다른 게놈의 차이들이 인지적 진화를 위해 적절한 역할을 수행했을 가능성이 더 높을 수도 있다. 예들 들어, 페보는 현대 인간에게는 **CASC5, SPAG5, KIF18A** 같은 세 가지의 유전자 변이들이 있는 반면 네안데르탈인에게는 없었다는 사실을 언급한다. 이 유전자들은 줄기세포들이 분할되면서 뇌를 형성하는 장소인, 이른바 '증식 구역'이라는 부위에서 신경세포 분할에 참여하기도 한다(Pääbo, 2014a). 하지만 우리 저자들이 이 글을 쓰고 있는 시간에도 실제로 우리 인간에게서 이들 유전자를 코드화하는 단백질이 네안데르탈인에서와는 반대로 다른 외형적 결과물 또는 표현형으로 발달하고 있을지도 모른다. 사실 네안데르탈인의 뇌를 보면, 비록 구조상으로는 후두부로 더욱 치우쳐 있지만, 두개골의 용량이 현대인의 두개골 용량보다 크다. 네안데르탈인은 더 크고 다른 뇌, 구체적으로는 우뇌 부분이 더 큰 형태의 뇌를 가졌던 것으로 나타난다. 이런 뇌 구조의 차이점들이 바로 우리가 극복해야만 하는 주된 장애물이다. 이는 유전자형부터 표현형까지의 과정을 짚어내는 일을 어렵게 만든다.

우리는 뇌 발달에 관련되면서 최소한 한 가지의 제어적 게놈의 차이로서 현대인과, 비록 네안데르탈인은 제외하더라도, 또 다른 유인원들 사이의 차이에서 발생하는 기능상의 의문점에 대해 답을 갖고 있다(Boyd et al., 2015). **사람속** 혈통에 걸쳐 수차례 확인한 결과, 추정 뇌 크기가 727~846cm³에 달하는 약 200만~280만 년 이전의 **호모 하빌리스**로부터 뇌 크기가 약 850~1100cm³에 달하면서 팽창을 거듭하기 시작한 원인인 **호모 이렉투스**까지 두개골 용적 및 뇌 규모가 증가한다는 일반적인 현상을 발견했다. **사람속** 혈통은 바로 이 부분에서 다른 유인원들과 차이가 있다는 사실을 알 수 있다. 여기서 말하는 뇌의 팽창을 일으키는 것은 무엇일까? 진행되고 있는 가속화된 진화 속에서 증강인자 부분을 살펴보면, 이들 중

많은 요인이 인간의 뇌를 구성하는 유전자에 매우 가깝다는 사실을 어렵지 않게 확인할 수 있다(Prabhakar et al., 2006; Lindblad-Toh et al., 2011). 보이드*Boyd*는 동료 연구자들과 함께 인간과 침팬지를 구분 짓는 증강인자들 가운데 하나인 HARE5에 집중했다. 그들은 인간의 HARE5 혹은 침팬지의 HARE5를 주입한 이식 유전자 쥐들을 만들어냈다. 이처럼 조작된 쥐들에게서 대뇌피질에서 이루어지는 성장 패턴은 다른 모습을 보일까? 결과는 긍정적이다. 이식을 받지 않았거나 침팬지-쥐 HARE5 형태를 가진 쥐들에 비해 인간의 유전자를 이식받은 쥐들에게서 뇌 크기가 12% 이상 성장하는 것을 볼 수 있었다. 이는 분명히 인간의 유전자가 신경의 초기 세포들을 위한 세포 분할의 비율을 증대시키기 때문이다. 바로 앞서 말했듯이 HARE5 증강인자가 신피질 발달을 위한 통로에 연관된 핵심 유전자 FZD8을 촉진하는 영역에 관련된 작동을 수행한다는 사실을 알 수 있다. 이 같은 연구는 상당한 노력이 요구되는 일이다. 하지만 이는 네안데르탈인과 인간의 차이를 드러내는 목록의 87개의 유전자 모두를 확인하기 위해 표현형적 효과에 대한 실험으로 가는 유일한 길을 가리키고 있다. 그리고 우리는 비록 HARE5가 뇌 성장을 촉진한다는 것을 알지만, 또한 여전히 이 같은 뇌 성장이 우리가 인간언어라고 명명하는 인식적 표현형에 연결되어 있다는 것을 알아야 한다.

3천 가지가 조금 넘는 제어적 차이점은 어떤 것일까? 소멜과 그의 동료들은 다음과 같은 사안을 관찰했다.

인간의 뇌 발달이 인간과 네안데르탈인의 분기와 현대 인간의 출현이라는

사건 사이에서 아주 짧은 시간 수차례에 걸친 유전적 사건들을 거치면서 근본
적으로 다르게 변하는 과정을 겪게 된다(Somel, Lie and Khaitovich, 2013: 113).

그들은 네안데르탈인과 현대 인간 사이에서 특별하게 차이를 나타내
는 점을 찾아냈다. 바로 시냅스 성장의 제어에 해당하는 제어적 DNA 열
거 구조로, 상류 흐름의 **MEF2A**(근육세포 증강인자 요소 2)다. 소멜과 동료
연구자들은(Somel, Liu and Khaitovich, 2013: 119) 이 요소를 "인간 뇌의 피
질 속에서 확장된 시냅스 발달의 잠재적 표기 제어장치"라고 부른다. 이
요소는 아동 시기의 연장된 기간에서 인간 발달의 유일한 특성화 작용이
라고 볼 수 있다. 그렇지만 이 같은 사실을 토대로, 아주 작은 유전자 열
거 구조가 모든 것을 떠맡는 것은 엄청난 무게의 설명적 부담을 주는 것
일 수도 있다.

두개골 형태는 물론 신경세포 성장에 연관된 다른 종류의 신생 유전자
와 제어적 요소는 **사람속** 혈통에서 공통적으로 볼 수 있는 인간 및 침팬
지의 공통 조상들로부터 오늘날에 이르기까지 축적된 결과라고 볼 수 있
다. 예를 들어, 유전자 **SRGAP2**는 인간의 피질 발달과 더불어 신경조직
을 성숙시키는 데 중요한 역할을 담당한다. 이 유전자는 현대 인간인 오
늘날의 우리에 이르는 동안 혈통의 흐름 속에서 복제 과정을 세 차례 겪
었다. 첫 번째 복제는 200만~350만 년 전 **사람속** 존재가 등장하는 시점
에 발생한다(Jobling et al., 2014: 274). 이 같은 유전자 복제는 진화적 혁신
에서 중요한 역할을 수행한다. 복제 과정에서 한 번은 '자유 부양'이 허용
되기도 하고 동시에 스스로 새로운 기능을 가질 수도 있기 때문이다

(Ohno, 1970). 이와 관련해 〈미주 9〉를 참조하기 바란다.

　이제 가장 중요한 핵심은 무엇일까? 아마도 6만 4천 달러에 달하는 가치의 질문이라고 할 수 있는, 즉 네안데르탈인이 언어를 소유하고 있었는지에 대한 내용이다. 우리 인간과 네안데르탈인 그리고 데니소바인 사이에 발견되는 게놈의 수많은 차이점은 일부 특정 저자들만 **그렇다**는 대답을 할 수 있을 정도로 미미하게 보일 수도 있다. 우리는 여전히 이 점에 대해 의심하고 있다. 우리는 여전히 기본 특성에 관한 유전체 또는 신경의 근원에 대해 이해하기가 쉽지 않다. 해부학적으로 볼 때 8만 년 전의 현대 인간이 언어를 소유했는지에 대해서 말하는 것은 사실상 쉽지 않은 사항이다. 우리에게 필요한 것은 인간언어 행위에 관한 상징적 대용물이다. 태터솔(Tattersall, 2010)에 따르면, 네안데르탈인의 상징적 행위를 보여주는 구체적인 증거는 눈으로 확인이 어려울 정도로 매우 희박하다. 반면 해부적으로는 약 8만 년 전에 출현한 남아프리카 지역의 현대 인간들이 유럽 지역으로 대이동을 실현하기 이전에 상징적 행위에 관한 분명한 흔적들을 보여주고 있다.

　우리가 안고 있는 일반적인 문제점은 가장 근본적인 연산작동이 어떤 방식으로 신경조직에 해당하는 '인간의 두뇌'에서 수행될 수 있는지에 대해 우리가 아는 바가 거의 없다는 점이다. 예를 들어, 랜디 갤리스텔*Randy Gallistel*이 반복적으로 강조했듯이, 어떤 컴퓨터과학자이든 간에 컴퓨터 자체에 관해 알고 싶었던 가장 최초의 사안은 바로 이 기계가 어떻게 기억장치에 기록을 수행하고 또 어떻게 기억장치로부터 이를 읽어내는지에 관한 방식일 것이다. 튜링 기계 모델과 궁극적으로 어떤 연산장치에 연관된 핵심적인 작동들이 바로 여기에 속한다. 아직도 우리는 이 같은 연산에 관한 가장 기본적인 요인이 인간의 뇌에서 수행되고 있는지의 여부에 대해 실제로 이해하기가 쉽지 않은 상황이다(Gallistel & King 2009). 상하 계층 구조를 중심으로 수행되는 처리방식을 이행하기 위해 공통적으로 제안되는 사항은 기하학적 붕괴성이 포함된 일종의 반복적인 신경망 조직처럼 '후입 선출 포개 넣기*pushdown stack*'**를** 모방하고 따라가는 것이다 (Pulvermüller, 2002). 불행한 것은 단순한 생체에너지학적 산출 과정이 어쩌면 정확하지 못할 수도 있다는 것이다. 갤리스텔이 관찰한 것처럼 각각의 행동 잠재력 또는 '급등*spike*'은 $7×10^8$ ATP 분자들(생세포生細胞에 필요한 기본적 분자 '건전지' 저장기) 수준의 전기를 요구한다. 갤리스텔은 필요한 자료 처리 수준을 얻기 위해서라면 초당 10^{14}급등이라는 수치를 제시한다. 이제 우리는 이 책처럼 우리의 피를 펄펄 끓게 하는 종류의 책들을 생각해보고 이들을 읽는 데 많은 시간을 소비한다. 그러나 실제로 그렇게 하고 있는지에 대해서는 확신이 서지 않는다. 이와 유사한 사안으로 역동적 상태로서의 접근들, 오래전부터 종종 무시되었던 난제들을 포함해 신경 급등 연속성에 기반한 어떤 방법이든 어려운 지경에 처할 수 있다[더욱 자세한 사안들은 Gallistel & King(2009)을 참조]. '플라톤의 문제', '다윈의 문제'처럼 언어에 연관된 인지과학에서의 핵심적인 문제점들을 일일이 지

• 자료 처리 과정에서 한 가지 요소가 처리되면 바로 이어서 다른 요소에게 자리를 양보해가는 순서를 따르는 처리방식.

칭하면서 이름을 설정하는 경향을 따르면 우리가 '갤리스텔의 문제'라고 부르는 것은 당연한 일일지도 모르겠다. 이후 4장에서 연산작용과 결합이라는 상황에서 갤리스텔의 문제점을 더욱 자세하게 논의한다.

대략 50년 전에 마빈 민스키*Marvin Minsky*는 『계산: 유한 그리고 무한 기계*Computation: Finite and Infinite Machines*』(1967)에서 갤리스텔의 문제를 사실상 동일한 용어로 제시하면서 아주 작은 요소들이 어떻게 변하는지에 대해 다음과 같이 강조했다.

> 불행하게도 우리는 정보가 신경조직 체계에 수록되는지에 관해, 다시 말해 어떤 방식으로 **학습이 실행**되는지에 대해서 여전히 확실하게 알 수 있는 방법을 갖지 못한 것은 물론이고 이에 관해 일반적으로 수용되는 이론조차 제안하지 못하는 상황에 놓여 있다. 한 가지 이론적 설명에서 단기 기억에 대해 신경세포들의 폐쇄 회로에 걸쳐 반향을 일으키는 파동들 형태로 저장되는 '역동적' 현상이라고 제안하고 있기는 하다. 최근에는 유전적 정보와 유사하게 기억이 핵산 연속체들 형태 구조로 저장된다는 사실을 제안하는 여러 출판물이 발간되기도 했다. 그러나 나는 타당한 읽어 넣기*read-in*와 읽어 내기*read-out*의 장치를 포함하는 것을 해결하는 어떤 이론도 보지 못했다(Minsky, 1967: 66).

우리가 살펴본 바에 따르면 민스키의 서술은 여전히 그럴듯하게 여겨지고 있으며, 갤리스텔의 문제는 아직도 해결되지 못한 상태로 놓여 있다. 슈저트흐마리(Eörs Szathmáry, 1996: 764)가 "언어학은 유전학이 자신의 위치가 여전히 멘델 이후에 멈춰 있음을 알게 되었던 단계에 머물고 있다. (문장 생성에 연관된) 규칙들이 존재하기는 하지만 어떤 장치체계(신경망들)가 이런 현상을 일으키는지를 아직 알지 못한다"라고 말한 것은 옳은 지적일지도 모른다.

우리를 인간으로 만들어주는 것이 무엇이며, 언어가 어떻게 유전적으로 발생했는지에 대해 가능한 많은 내용을 밝히려고 노력하고 있는 과학자들은 아직도 **호모 사피엔스**가 최초로 독립된 종으로 출현한 시기에 발생했던 중립적인 자연선택의 소행으로 볼 수 있는 긍정적인 '선택적 쓸어 담기'에 연관된 **모호성이 전무한**_unambiguous_ 증거를 찾아내지 못하고 있다. 선택적 쓸어 담기의 수행 횟수가 상대적으로 희귀하다는 사실과 더불어 우리가 인간의 과거 인구학적 역사에 대해 완전한 지식을 갖추지 못하고 있다는 상황을 참고하면 이 같은 상황은 당연하다고 할 수 있다. 또한 코프_Coop_와 쉐보르스키_Przeworski_가 주장했듯이(Jobling, 2014: 204),[11] 진화가 인구 집단에 이미 제시되어 있는 변이들을 이용한 것은 아닌지 생각해볼 수도 있다. 두 학자가 지속적으로 언급했듯이 어떤 상황에서든 언어라는 형질에 대한 유전학적 분석은 "이제는 인간 진화의 유전학을 위한 핵심적인 도전이다"(Jobling, 2014). 그리고 우리는 이 말에 동의한다.

BIOLINGUISTICS EVOLVING

Ⅱ

생물언어학적으로 진화하기

언어 자체를 논하기 이전에, 특히 생물학적인 상황에서 지금까지 무수한 혼란을 불러일으켰던 용어들을 기반으로 우리의 목표를 조금 더 명확하게 밝힐 필요가 있다. **언어**라는 용어는 인간의 언어를 가리키기도 하지만 때로는 벌들이 사용하는 언어, 컴퓨터 전산언어, 스타들의 말 등 의사소통이나 외적 표현에 연관된 상징적 체계 혹은 양식을 가리키기도 한다. 여기서 우리는 언어에 대한 첫 번째 의미를 따른다. 이는 인간의 언어를 생물학적 분야에 속한 특별한 대상으로 바라보는 것이다. 이렇게 이해한다면 언어 연구가 **생물언어학적** 관점이라고 불릴 수도 있을 것이다.

언어에 관련된 수많은 복잡한 의문점들 사이에 눈에 띄는 의문점 두 가지는 다음과 같다.

첫째, 인간 계통에 유일하게 존재하는 것으로, 다시 말해 진화론 생물학자들이 '고유파생형질*autapomorphy*'이라고 부를 수 있는 언어들은 어떤 이유에서 존재하는가?

둘째, 어째서 그렇게도 많은 수의 언어들이 존재하는가?

이런 의문점들은 다윈과 기타 진화론자들을 사로잡았던 언어의 최초

기원 및 변형 현상에 연관된 내용이자 근대생물학에서의 설명 핵심을 구성하는 내용이다. 여기서 말하는 핵심 사안은 바로 어떤 이유에서 우리가 다른 공간이 아닌 이 세계에서만 **이 같은** 생명체들의 독특한 삶의 형태를 관찰할 수 있는 것인가? 하는 질문이다. 이런 관점에서 언어과학은, 이전에 관찰되었듯이 언어 자체가 추상적인 세부 항목들의 집합체처럼 보일 수 있어서 다른 관점으로의 접근이 필요해 보일지도 모르지만, 여전히 근대생물학의 전통적 영역에 정확하게 속한다는 점을 명심해야 한다.

고인류학자와 고고학자들 사이에서 꽤 넓게 합의된 바에 따르면, 진화론적 시간 개념으로 살펴봤을 때 앞서 제기한 질문들은 아주 최근의 일이다. 약 20만 년 전 상황에서는 언어 자체가 존재하지 않았기 때문에 첫 번째 의문점이 제기될 수 없었다. 그 대신 약 6만 년 전을 기점으로 놓고 보면 두 의문점 모두가 해결될 수 있다. 즉, 그 시점에 이르러서야 인간 조상들이 비로소 아프리카 대륙에서부터 대이동을 시작했고, 전체 세상으로 뻗어나갔으며, 알려진 내용대로라면 언어능력이 그때부터 지금까지 별로 큰 변화를 보이지 않은 채 유사한 상태로 유지되고 있다. 이 같은 언어 상태의 지속성은 시간 측면으로 보면 길다고 볼 수 없기 때문에 크게 놀랄 일은 아니다. 하지만 이러한 역사적 시점에 대해서는 여전히 확실하게 밝혀진 시기가 없으며, 이 책에서도 이 문제는 중요한 사안이 아니다. 전체적으로는 이처럼 언어의 역사적 문제를 개략적으로 보는 관점이 정확성을 띤다고 할 수 있다. 더 중요한 사실은 만약 아마존 지역에서 구석기시대 종족의 유아들을 보스턴으로 데려온다고 가정했을 때 이들의 언어학적·인지적 능력들이 초기 영국에서 미국으로 이민 온 사람들의 자손인 보스턴 출신 아이들과 크게 다르지 않다는 점이다. 이 같은 유사성에 대해서는 보스턴에서 출생한 아이들과 구석기시대 아이들을 비교해도 동일한 결과가 나올 것이다. 렌네버그(Lenneberg, 1967: 261)를 따르면, 인간이라는 종이 '언어능력'이라는 잠재력을 공통적으로 지니고 있다는 점이 확실하다면 우리 조상들의 아프리카에서부터의 대이동 및 세계 전체로의 분포와 확장이 발생하기 이전에 해부학적으로 현대 인간으로 분류되었던 인간 조상들 내부에 언어적 특성이 이미 존재하는 것이다. 병리학적으로 예증하기는 어렵지만 언어능력은 인간 집단에서 균일하게 나타나고 있다고 말할 수 있다.[1]

게다가 역사적인 기록이 허용하는 범주에서 인간언어의 근본적인 매개변수 특성들은 이미 고정된 것이 아닌가 싶기도 하다. 즉, 변화 자체가 이미 정해진 범위에서 이루어진다는 것이다. 예를 들어, **The apple was eaten**이라는 문장을 놓고 볼 때 배열상에서 세 번째 위치 다음에 있는 eaten처럼 특수 표식[*]을 소유한 단어가 나타나도록 규칙을 정하는 '자릿수 계산' 방식에 의존해 수동형 문장구조를 형성하는 인간언어는 찾아보기가 거의 불가능하다. 이 같은 결과는 최근 뇌의 화상화*imaging* 연구 결과와도 일치성을 보이고 있다(Musso et al., 2003). 여러 전산언어와는 아주 달리 인간언어는 '이동*displacement*'이라는 가능성을 인정한다. 이런 방법은 **what did John guess**라는 구를 의미적으로 해석할 때와 음성적으로 발

•   동사 eat 후반부에 과거분사어미 en을 수반한 형태.

음할 때가 다르다는 것을 인정하는 것으로, 이 같은 현상은 특히 결합 방식을 따르는 것으로 볼 수 있다. 인간의 모든 언어에서 발음의 경우 음소 b와 음소 p를 구별하는 방식으로 성대의 진동 유무에 따라 차이점을 확인할 수 있다. 이런 방식은 일련의 기초적인 조음 동작 등을 한정된 수로 고정하면서 수적으로 제한된 목록에서 특정 조음 방식을 선택하는 과정을 통한 결과라고 할 수 있다. 하지만 실제로 모든 언어에서 음소 b와 음소 p를 구별하는 것은 아니다. 간략하게 말해, 언어들이 주어진 목록에서 선택하는 '메뉴 선택'에서는 다양한 변화를 확인할 수 있지만, 중요한 것은 정작 메뉴 자체에 포함된 항목들이 전혀 변하지 않는다는 사실이다. 니요기와 버윅(Niyogi & Berwick, 2009)의 연구에서 동사를 문장 마지막에 두는 근대 형태의 독일어 계통 언어로부터 영어처럼 동사를 문장 중간에 두는 최근의 모습의 외형을 분석했듯이, 가장 확실한 역동적 시스템 모델을 활용해 '언어의 기장 조절'*이라는 일종의 홍망성쇠 형태의 변화 유형을 적절하게 모델화할 수 있다. 그렇지만 이런 유형의 언어 변화를 언어의 진화 **자체**와 혼동해 바라봐서는 안 된다.

따라서 궁금증을 자아내는 생물학적 대상이면서도 그 시초가 지리학의 시간 개념에 따라 가장 최근의 시대에 속하는 **언어** 자체에 관심을 기울여야 한다. 언어는 그 자체로 유기체 세계에서 알려진 모든 것과는 달리 인간만이 지닌 종衆의 특징이면서 또한 심각한 병리학적 요인을 제외

•   치마의 길이를 올리고 내리는 형태로서의 역사적 언어 발달 현상.

한다면 유의미한 변이 현상을 보이지 않는 인간 전체의 공통적인 자질이다. 나아가, 출현 이래로 지속되어 인간 생애의 중심을 확실하게 형성하고 있다. 언어는 근대진화론의 공동 창설자 월리스(Wallace, 1871: 334)가 "인간의 지적 그리고 윤리적 속성"이라고 명명한 주장의 중심을 이루는 요인이다. 즉, 창의적 상상 능력, 자연 현상의 기록 및 해석에서 일반적으로 나타나는 언어와 상징성, 복잡다단한 사회적인 행위, 그리고 이와 유사한 내용으로 종종 '인간의 능력'이라고 단순하게 불린 복합성 등이 바로 월리스의 표현에 내포되어 있다. 이 복합성은 상당히 최근에 동아프리카의 소규모 그룹에서 확고하게 결정된 것처럼 보인다. 생물학계 전체를 통틀어 제기된 엄청난 결과들을 볼 때 바로 우리가 이 그룹의 후손들이며, 이것이야말로 인간을 다른 동물과 분명하게 구분할 수 있는 기준이라고 할 수 있다. 이 그룹에서 발견된, 갑작스럽고 전적으로 나타난 변형을 통해 보면, 무엇보다도 언어의 탄생이 가장 핵심적인 요소라는 사실은 광범위하고 그럴듯하게 가정될 수 있는 사안이기도 하다. 게다가 언어는 인간 능력의 한 요소로, 좀 더 깊은 연구를 가능하게 할 수 있다. 바로 이런 맥락에서 우리는 특성 측면에서 '언어학'이 생물언어학 아래에 둘 수 있는 연구라는 것도 설명할 수 있다. 물론 외형적으로 언어학은 생물학 범주 밖에 있는 것으로 생각되지만 말이다.

생물언어학 관점에서는 본질상 언어를 마치 시각기관, 소화기관, 면역기관 등과 동등하게 '신체기관'으로 여길 수 있을지도 모른다. 다른 기관과 마찬가지로 내적으로 언어는 어떤 것에 못지않은 완전체로, 복잡한 유기체의 하위 부분이라고 할 수 있다. 따라서 언어를 생명 유기체 내부에서 다른 기관들과 복잡하게 얽혀 있는 상호작용들로부터 분리해 언어만 별도로 연구하는 것이 가능하다. 이런 경우 언어는 계획 수행, 해석 이행, 심사숙고 체계 등과 유사한 '정신으로 명명된' 세계라고 할 수 있는 인지 기관으로 볼 수 있다. 이런 시각은 18세기 과학자이자 철학자인 조셉 프리스틀리(Priestley, 1775: xx)의 주장에 따라, 범위 측면에서 언어를 "뇌의 조직적인 구조"로 압축하려는 시도로 볼 수도 있다. 프리스틀리는 뉴턴이 엄청난 절망감과 불신감을 느끼면서 17세기 과학혁명의 핵심적인 가정들과는 달리 당시 세상이 기계적인 구조가 아니라는 주장을 실례를 들면서 입증하던 시기 이후에 자신의 자연적 결론을 서술했다. 프리스틀리의 결론은 '외적(물질적·물리적) 물체'에 관해 논리가 정연하게 구축된 개념이 존재하지 못한다는 이유를 기반으로 18~19세기에 널리 이해되고 있었던 논제로서 전통적인 정신-육체 문제*를 효과적으로 제거해버렸다고 볼 수 있다. 우리는 언어를 정신적 기관으로 생각할 수 있다. 이때 **정신적**이라는 용어는 세상에 존재하는 요소 가운데 하나로, 마치 화학, 광학, 전기 등에 대한 연구를 궁극적 통합에 대한 희망을 가지고 수행하는 행위와 동등한 것으로 볼 수 있다. 여기서 말하는 궁극적 통합에 대한 희망은 과거의 다른 분야들을 생각해볼 때 반드시 축소 과정**을 통해 가능한 것이 아니라 때로는 전혀 예측하지 못한 방향에서 완성된다.

* 심신이원론.
** 다양한 자료로부터 범위를 줄여가면서 상황을 짚어가는 방식.

시작 부분에서 말한 것처럼 **언어**를 호기심 어린 정신적 기관으로 보는 관점에 관해 질문 두 가지를 생각해볼 수 있다. 첫째, 어떤 이유로 우리 인간이라는 종에만 언어가 존재하는가? 둘째, 어떤 이유로 하나가 아니라 수많은 언어가 존재하는가? 우리는 언어의 다수 및 다양화의 이유에 대해서 생각할 수밖에 없다. 왜 이렇게 많고 다양한 언어들이 서로 "무한한, 그리고 예측할 수 없는 차이"를 보이고 있는가, 이에 따라 각 언어에 관련된 연구가 "언어가 갖춰야 하는 모습에 관해 사전적 계획성을 생각할 수 없다"는 관점으로 접근해야만 한다는 주장이 존재한다. 이는 50여 년 전 저명한 언어학자였던 마틴 조스(Joos, 1957: 96)가 언급한 내용이다. 조스는 당시 '보애스의 전통*Boasian tradition*'을 요약하고 있었으며, 그가 이 명칭을 사용한 이유는 근대인류학과 인류언어학의 창시자들 가운데 한 사람으로서 프란츠 보애스*Franz Boas*를 염두에 둔 것이 아닐까 싶다. 1950년대 미국 구조주의 언어학 창시자였던 젤링 해리스*Zellig Harris*의 『구조언어학의 방법론*Methods in Structural Linguistics*』(1951)은 정확하게는 '방법론*methods*'이라고 불렸는데, 그 이유는 언어를 이야기할 때면 구조화된 형태를 찾아내려는 일환으로 당시 헤아릴 수 없이 다양한 언어의 자료들을 체계적으로 축소화하는 방법론을 생각하는 것 외에 더 이상 언급할 내용이 거의 없었기 때문이다. 니콜라이 트루베츠코이(Trubetzkoy, 1969)가 음운론 분석에 관해 고전적으로 소개한 내용도 개념상으로는 해리스와 별반 다름이 없다. 조금 더 일반적으로 말하면, 구조주의자의 연구조사는 음운론, 형태론에 초점을 맞추고 있었고, 이 분야들은 우리의 언어가 매우 광범위하면서도 복잡하게 차이를 나타내고 있음을 보여줄 수 있고, 이는 한층 넓은 관심을 불러일으킬 수 있다. 향후 이에 관해 다시 언급할 기회가 있을 것이다.

그 당시 일반 생물학에서 주된 현상 역시 비슷했다. 분자생물학자 군터 스텐트(Stent, 1984: 570)는 자신의 관찰을 토대로, 유기체의 다양성이 너무도 자유롭기 때문에 "각각의 경우를 모두 가려내면서 해결해야 하는 개별적 존재들의 거의 무한 수량"을 구성할 수 있다는 사실을 간파했다.

사실 조화로운 통합과 다양성의 문제가 언어학은 물론 일반 생물학에서도 끊임없이 발생해왔다. 17세기 과학혁명 속에서 발전한 언어 연구는, 최근의 생물언어학적 접근방식 개념에 크게 다가선 것은 아니지만, 나름대로 보편문법과 개별문법을 구분하고 있었다. 보편문법은 규율로서 지적 핵심으로 간주되었으며, 개별문법은 보편적 체계가 실현된 우연한 결과물로 간주되었다. 이후 인류언어학이 발전하면서 시계추의 방향은 다른 방향으로 움직이게 되었고, 이 방향에는 앞서 인용했던 보애스의 공식으로 묘사된 다양성이 위치하고 있었다. 일반 생물학에서 이 문제는 1980년에 자연주의자들인 조지 퀴비에*Georges Cuvier*와 조프루아 생틸레르 *Geoffroy St. Hillaire* 사이에 있었던 유명한 논쟁에서 확실하게 부각된 바 있다. 다양성을 강조한 퀴비에의 입장은 특별하게도 다윈주의 혁명 이후에 주도적인 역할을 보여주었고, 개별적으로 정리되면서도 분류가 요구되는 다양성을 '거의 무한 수'로 놓고 결론을 유도했다. 아마도 생물학에서 가장 많이 인용된 글은 다윈이 『종의 기원』에서 마지막으로 관찰한 내용으로, "처음에는 단순하면서도 존재 자체가 미미하지만, 가장 찬란하면서도 가장 경이로운 수많은 생명체가 현재까지 그래 왔고 지금 이 순간에도 여전히 진화하고 있다"일 것이다(Darwin, 1859: 490). 진화생물학자 숀 캐럴(Carroll, 2005)은 이 말을 받아들이면서 자신의 글에 "이보디보[진화 그리고 발달]라는 신과학"이라는 제목을 사용했다. 여기서 이보디보란 진화를 거친 형태들이 무한성이라는 개념과 거리를 멀리 두면서도 실제로 경이로운 균일성을 지닌 상태라는 관점을 보여주기 위한 방법을 밝혀내는 것으로 이해할 수 있다.

유기적 형태들에서 나타나는 다양성과 그들에게 확실하게 존재하는 기저 통일성의 조합은 생물학자 모노드의 책 『우연과 필연*Le hasard et la nécessité*』(1970)에서 서술되면서 널리 알려진 세 가지 요소의 상호작용을 통해 이루어진다. 여기에서 기저 통일성은 왜 우리 인간에게서만 언어와 문법의 **이 같은** 배열을 볼 수 있는가? 하는 질문과 마찬가지로 왜 다른 곳이 아니라 이 세상의 생명체들에게서 **이 같은** 배열을 볼 수 있는가? 하는 질문에서 엿볼 수 있는 것이다. 먼저 그 첫 번째 요소는, 인간이 생명체의 유일한 계보를 통해 형성된 공통 자손임을 인정하는 역사상 우연한 실상이 존재하며, 또한 이런 사실에 의거해 모든 다른 생명체 역시 공통 조상을 공유하게 된다는 점이다. 여기서 알아둘 점이 있다면 방금 언급한 공통 대상은 생명체들이 생물학적 발생 가능성을 토대로 잠재적으로 생성하는 유형들의 엄청난 집합체를 포함하는 공간 속에서 극히 세분화된 일부분 영역에만 국한해서 탐색을 시행하더라도 그 존재 여부를 추정하는 것이 가능하다는 것이다. 따라서 우리 모두가 공통적인 유전자, 생화학적 경로들 및 그 외의 많은 다른 요소를 소유하고 있다는 사실은 오늘날 그렇게 놀랄 일이 아니다.

둘째, 이 세상에는 생리화학적 제약이 존재한다는 사실이다. 여기에서 제약이란 생물학적 가능성의 범위를 설정하는 필수 요소들을 가리키며, 이는 회전하는 물체에 신경 제어 및 혈액 공급을 제공하는 데 발생하는 물리적 장애로 인해 회전 물체로서의 바퀴가 이동운동을 위한 역할을 거의 수행하지 못하는 불능 상태에 근접하게 되는 상황과 동일하다.

셋째, 자연선택이라는 체로 걸러내는 행위의 효과가 존재한다는 사실이다. 여기에서 체로 걸러내는 행위는 역사적 우연성과 생리화학적 제약에 의해 제공된 가능성의 항목에서 주변 세계로부터 관찰된 생명체의 실제적 배열을 걸러내는 것이다. 우리는 제약에 의해 선택된 항목의 효과가 그 중요도 측면에서 최고 수치에 도달한다는 사실을 알아야 한다. 그리고 만약 선택이 극단적인 제약을 받고 있다면, 선택 과정에서 취할 수 있는 대상은 많지 않을 것이다. 이것은 일반적으로 패스트푸드점을 방문한 어떤 사람이 햄버거와 감자튀김을 가지고 나왔으리라고 기대할 수 있듯이 그렇게 놀라운 일이 아니다. 다윈(Darwin, 1859: 7)의 연구를 보면 자연선택은 어떻게 보더라도 자연 세계를 형성해왔던 '독점적' 수단이 될 수 없다. 그는 "더욱이 자연선택이 수정이라는 과정을 위한 주요 수단이 될지언정 배타적으로 활용되는 독점적 수단이 될 수 없다는 점을 확신하고 있다"라는 언급을 남기기도 했다(Darwin, 1859: 7).

최근의 발견들은 생명체의 다양성을 제약하는 원리적 측면에서 다시 톰슨(Thompson, 1942)과 앨런 튜링*Alan Turing*의 일반화된 접근방식을 다시 활성화하고 있다. 워들로(Wardlaw, 1953: 43)의 언급을 따르면, 생물학이라는 진정한 과학에서는 모든 "생명을 지닌 유기체들을 물리학과 화학의 법칙이 적용된 일종의 특별한 체계"로 간주해야 한다. 이들 법칙은 가능성이 있는 다양성을 확실하게 제약하고 또한 근원적 속성을 분명하게 고정할 수 있는 기능적 대상이다. 이런 관점은 마스터유전자, 짙은 동족 관계성, 보존성 등의 발견 이후에는 그렇게 극단적으로 보이지 않을 수 있을지도 모른다. 나아가, 진화적/발달적 과정에 대한 제한까지도 생각해 볼 수 있는데, 이때 제약 자체가 구속하려는 기능이 매우 좁게 제한됨으로써 '생의 단백질 띠를 재생하는 일이 어쩌면 매우 놀라울 정도로 반복적으로 나타날 수도 있다'고 볼 수 있을지도 모른다. 이제 우리는 실현 가능한 돌연변이의 통로에 관한 폴베이크 등(Poelwijk et al., 2007: 113)의 연구 결과를 인용할 것이다. 또한 재생이 가능하다면 생명의 띠가 다양한 통로를 따를 수 있음을 제안한 스티븐 굴드의 유명한 이미지를 재해석해 본다. 더 나아가, 마이클 린치(Lynch, 2007: 67)는 "우리는 지난 수십 년 동안 모든 진핵생물이 표기, 해석, 복제, 영양소 섭취, 핵심 신진대사, 세포 골격의 구조 등을 위해서 동일한 유전자를 공유하고 있다는 사실을 인식해왔다. 그런데 왜 우리는 발달을 위해서 무언가 다른 것을 기대하려고 하는가?"라고 말했다.

게르트 뮐러(Müller, 2007: 947)는 이보디보 접근방식에 대한 재검토에서 튜링 형식을 따르는 정형화 모델에 관한 우리의 이해 수준이 얼마나 더 구체화되었는지 언급하면서 다음과 같이 관찰했다.

포괄적 형태들이란 …… 기본적인 세포 특성과 또 다른 정형화 구성 기계의 상호작용에 의해 도출된다. 다른 종류의 물리적·화학적 정형화 기계에 …… 의해 조절될 경우에는 차별화된 점착화와 세포 양극화는 표준화된 조직상의 모티브(반복되는 주요 패턴)로 …… 유도된다. 차별화된 점착화 특성과 그들이 세포 표면에서 보여주는 양극화된 분포성은 확산 기울기와 조합될 때는 중공 구형성체*hollow sphere*로 유도되기도 하며, 침전 기울기와 조합되는 경우에는 함입 구형성체*invaginated sphere*로 …… 다가서기도 한다. 차별화된 점착화가 반응-확산 기계 장치와 조합되면 주기적 구조물을 급진적으로 생성하기도 하지만, 화학적 진동과 조합이 이루어지는 경우에서는 연속적인 주기적 구조물로 귀결되기도 한다. 초기 후생동물의 생물체 구조의 일반적·기본적 형식*body plan*이 포괄적인 정형화 목록(레퍼토리)의 개발 과정을 대표한다.

예를 들어, 우리가 손가락 다섯 개와 발가락 다섯 개를 갖추고 있다는 우연한 사실과 관련해서 다섯이라는 숫자를 손과 발의 기능을 위해 가장 최적의 조건으로 여기기보다는 어떤 방식으로 발가락과 손가락이 발달했는지 알아보려고 시도함으로써 더 나은 설명을 얻게 될 수도 있다.[2]

약간의 문제점은 있지만, 생화학자 마이클 셔먼(Sherman, 2007: 1837)은 "후생동물의 다양한 종족에게 반드시 있어야 하는 보편적인 게놈은 주요 발달 프로그램을 정보화해 보유한 요소로, 캄브리아기 바로 이전에 단세포 혹은 원시 단계의 다세포 생명체 형태로 나타나기 시작했다"라고 주장했다. 이는 시간상으로는 약 5억 년 전에 해당되며, 당시에 복잡한 동물 형태들이 급증하는 현상이 발생하기도 했다. 더 나아가, 셔먼(Sherman, 2007: 1875)은 많은 "후생동물 종족들이 모두 유사한 게놈을 소유하고 있으면서도 상당한 차이를 보이는 것은 바로 발달 프로그램의 독특한 조합

방식을 사용하기 때문이다"라고 주장하기도 한다. 이런 관점에서는 상당히 추상적인 관점으로 보더라도 다세포동물은 유일하게 하나만 존재하고 있다고 말할 수 있게 된다. 이때 추상적인 관점이란 엄청난 문명의 진보를 갖춘 화성인이 마침내 지구를 방문해 인간에게 자신들의 생각을 전개하고 판단하는 것과 같은 관점이다. 부분적으로 보면 외형적인 다양함은 진화적으로 보존되었던, 유전 분야에서 종종 인용되는, '발생유전학적 도구 세트'를 아주 다양한 방면으로 배열한 결과다. 만약 이 같은 방향이 옳다고 증명될 수만 있다면 통합과 다양화에 관한 문제점은 최근 과학자들의 몇몇 세대를 경악하게 만든 방법으로 재구성될 수도 있을 것이다. 보존 도구 세트를 지금까지 관찰된 통합 과정을 설명하는 유일한 방법으로 간주하는 단계는 아직 생각해볼 여지가 남아 있다. 이미 언급했듯이 관찰된 통합화는 전체가 아닌 부분으로만 발생하는데, 통합 자체가 발생하는 과정에 요구되는 시간이 충분하게 확보되지 못하고 있기 때문이다. 또한 세습에 의한 우연성 혈통은 '너무 과다한' 수준의 유전적 단백질 형태의 영역을 탐구하는 가능성에 제약을 부과하고 있다. 특히 여기에서 말하는 부과된 제약이란 '거슬러 올라가기'와 함께 확실한 성공을 성취하려고 처음부터 조사를 반복하는 행위 등을 실제로 불가능하게 만들 수 있는 선결조건을 가리킨다고 볼 수 있다. 만일 이 같은 내재적 제약들을 고려할 경우 다른 학자들과 마찬가지로 스티븐 굴드가 생명체들이 모두 특정한 청사진 설계도blueprints 세트에 따라 구성된다고 주장하는 것에 전혀 놀랄 필요가 없을 것이다. 만약 수준 높은 화성의 과학자들이 지구를 방문했을 때 그들이 외형상 다양한 생명체를 보더라도 사실상 하나의 생명체만 보았다고 할 수 있을지도 모른다.

　통합화는 다윈 시대에도 중요한 관심을 받은 내용이다. 다윈의 가까운 동료이며 그의 이론의 해설자였던 토마스 헉슬리의 자연주의적 연구들을 보면, 약간의 혼동은 엿보이지만, 자연선택이 각각의 종에 대해 "제한적인 수와 종류에서의 다양화를 생성하도록" 유도하는 "지정된 수정 노선들"이 존재할 수 있다는 사실을 관찰할 수 있다(Maynard Smith et al., 1985: 266). 사실 『종의 기원』 이후 다양화의 가능성에 대해서는 관련 원인과 속성에 관한 연구가 다윈의 연구 프로그램에서 많은 부분을 차지했다. 이 연구에 대한 설명은 다윈의 책 『사육동식물의 변이*Variation of Plants and Animals under Domestication*』(1986)에 요약되어 있다. 헉슬리의 결론은 '합리적 형태학'의 다윈의 초기 견해를 그대로 연상시킨다. 이 견해에 관련된 널리 알려진 예로 식물의 전형적인 형태에 대한 괴테의 이론이 있는데, 그 내용은 '이보디보 변혁'에서 부분적으로나마 부활되었다. 이미 앞서 언급했듯이 사실상 다윈은 이 문제를 매우 민감하게 여겼고, 그 자신이 웅장한 신시사이저였기에 '성장 그리고 형태화의 법칙' 같은 내용을 다루는 데 매우 조심스러운 행보를 취했다. 다윈은 변화를 위한 제약과 기회는 우선 발달의 자세한 사항들, 그리고 순행이나 역행을 위해 강력하게 선택될지도 모르는 다른 특성들과의 의외의 연관성, 마지막으로 형질 자체에 대한 선택에 달려 있다고 생각했다. 다윈(Darwin, 1859: 12)은 자신의 이론에서 "상관관계 및 균형"에 연관된 법칙들이 상당한 중요성을 갖고 있다고 언급했으며, 또한 "파란 눈을 지닌 고양이들은 예외 없이 청각장애를 가지고 있다"는 예를 들면서 자신의 이론을 피력했다.

앞서 1장에서 다룬 것처럼 피셔, 홀데인, 라이트 등이 창시한 '현대진화이론'이 큰 영향력을 발휘한 지난 반세기에 진화이론의 핵심은 미시적 돌연변이 사건과 점진주의에 초점이 맞춰져 있었다. 이들 두 시각은 자연선택의 영향력이 매우 소규모로, 그리고 점진적인 단계를 통해 이루어지도록 되어 있다고 보았다. 하지만 최근 일반 생물학에서는 추세의 흐름이 모노드의 세 가지 요소들의 조합으로 향했고, 이를 토대로 전통적인 사고방식을 이해하는 데 새로운 방향이 나타나게 되었다.

우선 기본적인 질문 두 가지 가운데 하나로 돌아가보자. 즉, 어떤 이유에서 언어는 고유파생형질을 가지면서 존재하는가? 바로 앞서 언급했듯이, 진화적 시간대에서 꽤 최근에 해당하는 시기에는 이런 질문이 발생할 이유가 없을 것이다. 언어 자체가 전혀 존재하지 않았기 때문이다. 물론 당시에도 엄청난 수의 동물들이 상호 소통 수단을 사용하기는 했다. 그러나 인간의 언어 구조 및 기능과 비교해보면 이 소통 수단에는 눈에 띄게 다른 점이 있다는 사실을 발견할 수 있다. 실제로 인간언어는 동물들 사이에 존재하는 의사소통 수단들의 표준 유형 분류체계에도 전혀 들어맞지 않는다. 그 예로 마크 하우저(Hauser, 1977)가 시도했던 의사소통의 진화에 대한 전반적인 고찰을 살펴보면 동물들의 상호 소통방식과 인간언어 사이에는 상당한 차이가 나타나고 있음을 알 수 있다. 물론 전통적으로 인간언어 기능을 의사소통 측면으로 보는 것은 매우 오래된 견해이며, 이는 언어를 무엇보다 자연선택론 개념으로 설명하는 방식이다. 이는 실제로 널리 퍼진 관점이기도 하면서 한편으로는 불변의 시발점이라고 할수도 있다. 하지만 이처럼 언어를 특정화하는 것이 어떤 의미가 있다고 보는 관점은, 이후 우리가 논의할 다양한 이유를 바탕으로 오류로 귀결될 수 있다.

생물학적 형질의 '목적' 혹은 '기능'을 생명체의 외형적 형체에서 추론하려는 시도는 항상 난제들을 가득 불러오는 일이라고 생각한다. 르원틴(Lewontin, 2001: 79)의 책『삼중 나선*The Triple Helix*』에서 언급된 내용을 보면, 아무리 초기의 훨씬 간단한 상황을 전제하는 경우라도 유일하게 보이는 기능을 오직 하나의 조직기관이나 형질에만 국한해 생각하는 것이 너무나 어려운 일이라는 사실이 예시로 드러나고 있다. 즉, 골격 구조만 보아도 유일하게 한 가지 '기능'만을 소유하고 있다고 보기는 어려울 것이다. 골격들은 우리가 걷거나 일어서 있을 때 신체를 지탱해주기도 하면서 칼슘의 저장소 역할도 한다. 골격 속을 형성하는 골수는 적혈구 세포를 생산하면서 부분적으로 신체의 순환계 기능을 수행하기도 한다.

인간의 **뼈**를 이야기하는 것은 바로 인간언어에 대한 진실을 알려주는 방법일 것이다. 더욱이 벌링(Burling, 1993: 25)에 의하면, 인간이 다른 영장류의 동물들과 마찬가지로 언어 외의 이차적 의사소통 체계를 갖고 있다고 보는 또 다른 전통적인 견해가 항상 있었다는 것을 알 수 있다. 말하자면, 목소리가 아닌 제스처라는 몸짓이나 외침 같은 것들이 여기에 속한다. 그러나 벌링(Burling, 1993: 25)은 "지금까지 남아 있는 영장류의 의사소통 체계는 언어와는 현격한 차이가 있다"라고 말했다.[3]

물론 인간이 옷맵시, 몸짓 등 여러 행동에서 보여주듯이 언어가 의사소통으로 사용될 수 있는 것은 사실이라고 할 수 있을 것이다. 하지만 언어는 의사소통에서 그치는 것이 아니라 일반적으로 여러 다른 목적을 위해서 사용되기도 한다. 통계에 근거해 설명하면 언어를 가장 많이 사용하는 부분은, 이에 대해 평가하기는 쉽지 않지만, 내적 측면인 사고_thought_와 관련되어 있다. 우리는 걷는 동안에 스스로에게 말을 건네지 않기 위해서 엄청난 노력을 해야 하며, 때로는 잠이 올 경우에 화가 날 정도로 스스로에게 말을 하는 것을 확인할 수 있다. 저명한 신경학자 해리 제리슨(Jerison, 1973: 55)은 "언어가 의사소통 체계로 진화된 것은 아니다. …… 언어의 초기 진화는 현실 세계를 구성하는 데 …… 더 관련성이 있는 듯하다"라고 서술하면서 언어 자체를 '사고의 도구'로 간주하는 견해를 강하게 피력했다. 기능적인 측면에서는 물론이고 의미론, 통사론, 형태론, 음운론 등 여러 방면에서 볼 때 언어의 핵심적 특성은 동물의 의사소통과는 아주 다르게 보이기도 하고, 유기체 세계 안에서는 대체로 독특한 대상으로 여겨질 수도 있다.

그렇다면 이 독특한 대상이 어떻게 매우 작은 규모의 협소한 진화라는 창문 안에서 생물학 기록에 등장하게 된 것일까? 이에 대해 확실한 답을 갖고 있지는 않지만, 생물언어학적 테두리 안에서 이루어진 최근 몇 년 동안의 연구와 아주 밀접하게 관련되는 몇몇 타당한 추측을 개괄적으로 제시할 수는 있다.

해부학적으로 현대 인간은 수십만 년 전에 화석 기록에서 발견되었다. 그러나 인간 능력 면에서 보면 현대 인간은 아프리카에서 외부로 이동하던 시기에서 그리 멀지 않은 시간대에 속한다고 할 수 있다. 고인류학자 이안 태터솔(Tattersall, 1998: 59)은 "조음을 통한 발화를 만들어내는 능력을 갖춘 성도"가 우리 조상들이 언어를 사용했다는 증거의 출현 이전 시기인 50만여 년 전에 이미 존재하고 있었다고 언급했다. 태터솔은 "언어의 출현과 인간의 신체구조 사이에 존재하는 연관성은 양자 모두가 일종의 혁명적 요인으로서, 지금까지 상황을 지켜본 바로는 너무도 많은 혜택이 생겨날 수 있도록 역할을 한 것은 사실이지만, 이 같은 상태를 단순하게 자연선택의 덕으로만 돌리면서 결론을 내리는 것은 적절한 수순이 아니다"라는 말을 남기고 있다. 이런 결론은 언어에 관해 널리 유명세를 타고 있는 기록물들을 통해 보았던 환상과 달리 반대 의견을 나타내는 것이기는 하지만 전형적인 진화생물학적 측면에서 보면 그리 큰 문제가 되지는 않는다. 이미 약 10만 년 전에 인간 뇌의 규모는 현대 인간과 유사한 형태를 띠었고, 몇몇 전문가는 이런 사실을 근거로 "어쩌면 인간언어는 부분적으로나마 뇌 용량 증가의 적응적인 결과로 진화했을지도 모른다"라는 견해를 제안했다(Striedter, 2004: 10). 우리는 앞서 1장에서 뇌 규모를 증가시킬 수 있는 게놈의 차이들 중 일부를 제시했다. 나머지에 대해서는 이후 4장에서 논의를 진행한다.

언어와 관련해서 태터솔은 다음과 같이 언급했다.

일정하다고 볼 수는 없더라도 뇌 용량의 팽창과 인간 계통에서의 재편 속에서 (비록 확실하게 밝혀진 것은 없지만) 아주 오랜 시간의 흐름 이후에 인간에게 언어 습득을 위한 단계를 설정해주는 무엇이 발생했다. 이런 갑작스러운 변혁은 돌연변이라는 현상에 기인할 수도 있는데, 돌연변이 과정은 이미 존재하고 있던 요소들의 우연한 합성 또는 조합이 전혀 기대하지 못한 방향으로 귀결되는 현상이다(Tattersall, 2006: 72).

태터솔은 또한 다음과 같은 말을 남겼다.

　아마도 이런 우연한 결과란 게놈의 시각에서 보면, 아주 소규모로서 인간 계통에 속하던 대상 중 한정된 일부 집단에서 일어난 신경 분야의 변화를 가리키는 것이다. 그리고 어떻게 보면 [이것 자체가] 적응이라는 사안과는 전혀 관련성을 가지고 있지 못한 것일 수도 있다(Tattersall, 2006: 72).

　그러나 이런 변화에도 이점은 있고, 따라서 급격하게 확산될 수도 있다. 전혀 예상하지 못한 변혁의 발생은 스트리터_Striedter_의 제언처럼 온전히 뇌 용량이나 또 다른 소규모의 부차적 돌연변이로 인한 결과일 수도 있다. 또한 이런 변화 이후 얼마 지나지 않아서, 진화 기준으로 보면 그렇게 긴 시간은 아니지만, 더 향진된 변혁이 도래했을지도 모르는 일이다. 이런 변화는 문화적 측면으로 주도되며, 행동의 형태로 보아 현대 인간으로의 접근, 인간 능력의 구체화, 아프리카 대륙에서의 이동 등을 유도할 수 있도록 영향력을 미치는 것이라고 할 수 있다(Tattersall, 1998, 2003, 2006).

　그렇다면 보다 작은 유전적 관점에서 일부 소규모 그룹에서의 신경 분야의 변화란 과연 무엇인가? 이 질문에 답하기 위해서 우리는 언어에 연관된 특별한 특성들을 생각해봐야 한다. 인간들 모두가 공유하는 언어능력에서의 가장 근원적인 특성은 우리 인간이 분별적 단위를 갖춘 요소들이 상하계층 구조를 갖추면서 동시에 무한성으로 표출되는 결과물을 구성할 수도 있고 해석할 수도 있는 것이다. 여기에서 분별화를 말하는 이유는 사람들이 문장을 가리키면서 단어 다섯 개로 구성된 문장, 단어 여섯 개로 구성된 문장이라는 말을 할 수 있는 것처럼 내부 구조를 별개의 단위로 규정할 수 있기 때문이다. 그리고 무한성을 말하는 이유는 우리가 사용하는 문장들을 볼 때 가장 긴 문장을 제시하는 것이 불가능하기 때문이다. 따라서 언어는 어휘부라고 불리는 일정한 보관 장소에서 가장 기초적인 단어형태 요소들을 선택해 문장을 구성하는, 순환적인 생성 과정의 결과라고 할 수 있다. 언어라는 존재가 하나라도 나타나기 위해서 반드시 요구되는 언어능력의 출현을 설명하기 위해서는 반드시 두 가지 과제를 마주해야 한다. 첫 번째 과제는 약 3만~4만 개 정도로 알려진 어휘 항목인 '연산작용의 핵심 요소'에 대해서 설명하는 것이다. 두 번째 과제는 언어의 기본 능력인 연산작용의 특징을 찾아내는 것이다. 이 과제들을 수행할 때는 여러 측면을 생각해야 한다. 즉, 우리 자신들이 정신적으로 무한한 표현을 구성하는 생성 과정이 무엇인지 찾으려는 시도가 반드시 있어야 한다. 이때 우리의 뇌리에 머물고 있는 구성체들을 두 개의 **접속부**, 즉 언어 외적 (그렇지만 여전히 인간이라는 생명체 내부에 존재하는) 체계 그리고 사고의 체계와 연관시킨다. 다르게 표현하면 감각운동 체계로서 언어 외적 부분은 내적 연산작용과 사고로 생성된, 뇌리에 머물고 있는 구성체들을 **외재화**하는 것이다. 어휘 항목에 위치한 어휘부, 외재화를 주도하는 부위, 사고를 담당하는 부위 세 분야에 해당되는 과제들 모두는 우리에게 심오한 문제점을 던져주는 사항들이며, 이런 상황은 얼마 전에도 그렇고 오늘날에도 종종 우리가 생각한 것보다 훨씬 심각한 난제로 여겨진다.

우선 언어의 기본 요소에 초점을 맞춰보자. 이를 위한 배경 조건으로는 진화적 발달 시기로 약 8만 년 전 인간의 안구에 발생한 미미하나마 갑작스러운 변화와, 인간 뇌에서 신경세포들의 분포가 조금이나마 재구성될 가능성이 있는 환경 속에서 발견되는 생성 과정을 생각할 수 있다. 이런 관점에서 생물학에서의 이보디보 변혁이 관련성을 갖게 된다. 여기에서 우리는 연관된 결론 두 가지에 도달하기 위해 설득력을 갖춘 증거들을 제시하려고 한다. 우선 첫 번째 결론은 정상 체계를 위해서 필수적이라고 할 수 있는 유전적 자질이 내재적으로 보존적인 성향을 보인다는 사실이다. 두 번째 결론은 진화상 매우 소규모 변화라고 하더라도 눈으로 볼 수 있는 결과물을 놓고 볼 때는 엄청난 변화를 유발할 수 있다는 사실이다. 다만 규모가 큰 변화라고 해도 앞서 언급한 유전적 체계의 보존성은 물론이고 톰슨과 튜링 등에게 관심 대상이었던 자연법칙으로 인해 정해진 틀이 있다는 사실을 간과하지 말아야 한다. 이를 위해 간단하면서도 널리 알려진 예로, 골반 부위에 뾰족뾰족한 등뼈가 있는 큰가시고기 *stickleback fish*와 이 같은 등뼈가 없는 큰가시고기를 들 수 있다. 약 1만 년전 척추 생성에 관련된 어떤 유전자에서 발생한, 유전적 '전환'이라고 할 수 있는 돌연변이 현상이 척추를 갖춘 큰가시고기와 척추를 갖추지 못한 큰가시고기라는 두 종류의 유형을 발생시켰다. 이에 따라 한 종류는 해양에서, 다른 한 종류는 호수에서 적응하게 되었다(Colosimo et al., 2004, 2005; Orr, 2005a).

이처럼 진화의 결과를 논하면서 더욱 확실한 결과를 보인 예로 우리는 안구의 진화를 생각할 수 있다. 안구의 진화는 1장에서 자세하게 논의했듯이 여러 연구자에 의해 매우 철저한 조사가 이루어진 대상이다. 다만 주의할 점이 있다면 안구의 유형이 제한적이라는 점이다. 이는 빛 자체의 물리적 특성으로 인한 제약 때문이다. 또한 특정한 단백질 집단 및 옵신 분자 등만이 필수적인 기능을 수행할 수 있으며, 이들 세포가 '포착'해내는 형태는 자연 속에서 명백하게 확률적인 결과로 나타나기 때문이다. 옵신을 암호로 갖고 있는 유전자들을 필두로 반복적인 재충전 과정을 거치지만, 이런 과정 역시 물리적인 제약으로 인해 한정된 방식으로 이루어진다. 이를 토대로 안구 수정체의 단백질을 이해할 수 있다. 1장에서 언급한 것처럼 안구의 진화는 물리적 법칙, 확률적 과정, 자연선택의 역할 등이 복잡하게 얽히면서 진행되었다는 점을 잘 보여주는 예라고 할 수 있다. 또한 자연선택의 과정이 발생한다고 하더라도 그 가능성이 매우 협소한 규모의 물리적 채널* 범주에서나 기대해볼 수 있다는 사실을 알고 있어야 한다(Gehring, 2005).

제이콥과 모노드 등이 노벨상을 받은 결정적 계기로 1961년 대장균에서 '오페론**'을 발견한 연구를 통해 모노드는 "대장균으로부터 확인된 사실은 결국 코끼리***에서도 사실로 확인된다"라고 말했다(Jacob, 1982: 290). 이런 언급은 현대적인 이보디보 측면에서의 설명을 기대하는 것을 가능하게 해준다고 볼 수 있지만, 이 인용문에서 모노드가 실제로 의도한 것은 자신과 제이콥이 일반화 작업을 수행한 음성조절*negative regulation***** 이

---

*   입출력 채널.
**   특이적 억제인자와 작동인자의 지배를 받는 일련의 유전자군.
***   크기에서 정반대의 외형적 차이를 보이는 코끼리.

론이 유전자 조절에 연관된 모든 경우를 설명하는 데 충분한 역량을 갖추고 있음을 밝히려는 것이었다. 이런 바람은 어쩌면 과잉 일반화라고 볼 수 있을지도 모른다. 사실상 한 개의 유전자만으로도 음성적 조절 또는 자가 조절을 수행하는 것이 가능하기 때문에 훨씬 적은 규모만으로 음성적 결과의 도출을 만족시킬 수도 있다. 더 나아가 앞서 말한 요인들 외에도 또 다른 조절장치가 있을 수 있다. 사실은 최근 이보디보 변혁에서의 많은 발견이 유전자 조절과 함께 진핵생물이 활용하는 발달방식에서 좀 더 복잡다단한 방법들과 연관되고 있다. 그럼에도 불구하고 적기*timing*와 함께 유전자를 활성화하는 조절장치들의 배치에서 나타나는 약간의 차이가 어마어마한 차이로 귀결될 수 있다고 보는 모노드의 기본적인 개념은 비록 장치 자체가 전혀 예측이 불가능함에도 불구하고 대체로 옳은 방향의 논지로 받아들여졌다. 그렇지만 제이콥(Jacob, 1977: 26)의 몫으로 "복잡한 조절 회로 덕분"에 "나비와 사자, 닭과 파리 등 생명체들 사이의 차이들이 화학적 구조보다는 생명체 내부의 조절 회로를 변동시키는 돌연변이라는 사항에 달려 있다는 사실을 설명하는" 것이 여전히 남아 있으며, 그는 여기에 기초해 다른 생명체들의 발달 과정을 위한 모델을 제안했다. 제이콥의 모델은 다시금 논문 「원리매개변인이론*Principle and Parameters: P&P*」에서 언어에 대한 접근방식을 찾는 데 영감을 주었으며, 논문의 내용은 촘스키의 책(Chomsky, 1980: 67)이 출간된 이후 곧바로 시행된 강

•••• 생명 현상 조절에서 조절인자가 억제 방향으로 작용하는 것.

연에서 논의된 것이기도 하다.

P&P는 언어가 매개체라는 일종의 배전판에 연결된 원리들로 구성된 것이라는 측면에 초점을 맞추고 있다. 여기서 원리들은 그 수가 고정된 것일 뿐만 아니라 변화를 전혀 허용하지 않는 특성을 지니고 있다. 여기에서 문제는 원칙적으로는 가능한 언어들의 다양성의 범주가 비록 제한되어 있기는 하지만, 이런 범위 안에서 아이들이 자신과 연관된 하나의 언어로 귀착되는 과정이 아주 한정된 규모로만 제시된 자료에 의존해야 한다는 사실이다. 이에 대해 찰스 양(Yang, 2002)의 주장을 따르면, 매개체 설정을 학습 과정을 통해 귀결되는 수많은 언어에 걸친 확률 분포의 결정이라고 표현할 수도 있을 것이다. 예를 들어, 아이가 자신이 맞닥뜨리게 될 언어가 영어 **read books**에서처럼 실질적 위상을 지닌 요소인 동사가 목적어 앞에 위치하는 외형적 구조와 같이 '핵 선행'인지 아니면 정반대로 일본어 **hon-o yomimasu**(영어로 'books read')에서처럼 실질적 위상을 지닌 요소인 동사가 목적어 뒤에 위치하는 모습인 '핵 후행'인지 결정해야만 하는 경우를 생각해볼 수 있다. 이에 대해 우리는 다소 유사한 조절장치의 재배치화 경우처럼 어떻게 한정적인 핵심 단위들이 무한한 다양성 – 언어에서 시간적으로 그리 오래되지 않은 시기에 발생한 것으로 추정되며 일반적으로 생물학적 기관에도 관련성이 있는 – 을 산출할 수 있는지를 이해하기 위한 틀을 제시할 수 있다.

P&P 연구 프로그램은 아주 생산적인 이론으로, 언어들의 매우 광범위한 유형학적인 범주를 이해하는 데 풍부하면서도 신선한 이해 능력을 보여준다. 또한 이전에는 생각하지 못했거나 때로는 답을 제시하기도 했던

새로운 의문점을 우리 앞에 펼쳐주었다. 언어에 대한 심각한 연구조사들이 수행되었던 천 년 이전보다도 바로 25년 전에 이 연구를 통해 언어에 대해 훨씬 많은 내용을 알 수 있게 되었다는 것은 과장된 이야기가 아닐 것이다. 우리가 시작했던 두 가지의 확실한 문제점들에 관해 앞선 연구(P&P)가 제안하는 바를 보면, 우선 진화적 측면에서 꽤 갑작스럽게 진행되면서 발생한 것이 원리를 제공할 수 있는 생성 절차라는 사실이며, 또한 언어의 다양성에 대해서도 주어진 원리들로 하여금 관련된 모든 의문점을 모두 대답하도록 맡겨두는 것보다는 일부분을 매개*parameters* 부분에서 다룰 수 있도록 여지를 두는 필요성을 확인할 수 있다. 이때 우리는 앞에서 제시한 특정한 예시가 순서와 밀접한 관련성이 있음을 명심해야 한다. 비록 해당 사안이 도전을 받기는 하지만, 지금까지는 외형적인 순서가 내부적인 연산작용 결과를 감각운동 체계로 외재화하는 데 국한되어 있으며, 또한 이런 외형적 상태가 통사론과 의미론의 핵심에서 어떤 역할도 보여주지 못한다는 언어학적 증거가 상당히 많이 존재한다. 순서에 관련된 이 같은 언어학적 결론은 생물학자에게 친숙한 무수한 생물학적 증거의 존재를 바탕으로 확인할 수 있으며, 이 부분은 다음에 다시 논의할 사안이기도 하다.

우선 절대적인 반증이 없는 한 우리가 수용할 수 있는 가장 간단한 가정은 생성적 절차가 매우 미미한 돌연변이의 결과로서 갑자기 출현했다는 것이다. 이런 경우 생성적 절차가 어쩌면 매우 간단한 것은 아닌지 생각해볼 수도 있다. 다양한 종류의 생성적 절차는 지난 50년 동안 줄기차게 조사되었던 대상이다. 언어학과 함께 전산학에 친숙한 접근방식으로서 1950년대에 발전한 다음 이론적으로 널리 수용된 구구조규칙*phrase structure grammar*이라는 것이 있다. 이 규칙은 에밀 포스트*Emil Post*의 재작성 시스템이라고 볼 수도 있는, 순환적 절차를 갖춘 수학적 이론과 동등한 공식과 비교해 이해할 수 있는 내용이며, 동시에 최소한 층위 구조, 매입 *embedding* 같은 언어의 기본 특성을 잡아낼 수 있는 방식이라고 할 수 있다. 그럼에도 불구하고 구구조규칙은 언어로만 볼 때는 적절하지 못할 뿐만 아니라 수많은 임의적 약정을 명문화하도록 유도하는 복잡한 절차이며, 또한 이 규칙이 우리의 기대를 만족시키는 체제도 아니고 내용적으로 갑작스럽게 발생한 것이라고 보기에도 어려움이 있다고 인식되었다.

지난 수년에 걸친 연구를 통해 구구조규칙의 복잡한 체제를 축소하면서 결과적으로 순환적 생성이라는 가장 간결하면서도 가능성 높은 유형을 선택하기 위한 일환으로 규칙 모두를 완전하게 제거해버리는 방식을 찾을 수 있게 되었다. 여기에서 순환적 생성이란, 예를 들어 이미 구성을 마친 두 개의 요소 X, Y를 기반으로 또 다른 대상을 구성하는 작용을 가리킨다. 이때 새로운 대상에 들어 있는 요소 X, Y에는 어떤 변화도 발생하지 않으며, 이 두 요소는 새로운 대상의 부분집합이 된다. 이 같은 최적 운용을 가리켜 **결합**이라고 부른다. 어휘부에서 개념을 소지한 원소를 선택할 수 있다면 이 **결합** 작용은 끊임없이 반복될 수 있으며, 무한 수의 디지털*이면서 층위 구조를 갖춘 표현들을 양산해낸다. 만약 이 표현들이

---

* 한 개의 독립된 점.

개념 체계와의 접속을 토대로 체계적으로 해석될 수만 있다면, 이는 내재화된 '사고 속에서의 언어'를 제공할 수 있게 될 것이다.

최근의 가장 강한 이론으로 강력최소주의이론*Strong Minimalist Theory: SMT*에서는 생성적 진행이 가장 최적이라고 보고 있다. 즉, 언어의 원리는 효율적인 연산작용에 의해 결정되며, 언어는 효율적인 연산작용과는 무관한 독립적 원리와 일치하는 접합 조건을 만족시키도록 고안된 가장 간결한 순환적 작용을 유지하게 한다. 이런 측면에서 언어는 자연 속에서 연산작용에 의해 효율적으로 만들어진다는 사항을 고려할 때 이는 마치 눈송이가 생성되는 모습과 같을 것이다. 그리고 여기에는 구성 작용의 기본 형식이 가능하면서도 동시에 접합부에서 작동하는 조건들 어떤 것이든 만족시킬 수 있는 사항들이 전제되고 있다는 사실을 잊지 말아야 한다. 이 같은 기본적인 이론 내용은 여러 기술적인 논문을 모아 놓은『인터페이스+재순환=언어?*Interfaces+Recursion=Language?*』(Sauerland & Gärtner, 2007)에 잘 서술되어 있다. 최선으로 순환성은 결합으로 단순화할 수 있다. 이 책의 제목에 포함된 물음표의 적절함에는 의문의 여지가 없다고 본다. 최근의 연구에서 많은 의구심이 일어나고 있기 때문이다. 우리는 앞으로 전개될 두 종류의 접합부 사이에 비대칭성이 존재한다고 생각하고 있다. 따라서 사고와 행동 체계를 연결하는 '의미-화용' 접합부가 좀 더 최고 수준의 위치를 차지하는 것으로 보인다. 외연의 조건들이 어느 수준으로 풍부한 내용을 지니는지에 대한 문제는 중요한 연구 대상이며, 앞서 말한 사고-행동 체계에 관련해서 증거가 부족함에도 매우 확고한 연구가 필요한 의문점이기도 하다. 볼프람 힌첸(Hinzen, 2006)이 제기한 매우 강한 논점으로서 논리 명제에서 볼 수 있는 사고의 중심적 구성요소들은 기본적으로 최선으로 구성된 생성적 절차로부터 도출될 수 있다. 이 같은 인식이 좀 더 선명하게 표현되면서 입증 과정을 거칠 수만 있다면, 언어의 도안에 관한 의미-화용 접합부의 효과가 최소화될 수도 있다.

강력최소주의이론은 아직 충분하게 설립된 구조를 확보하지 못한 상태다. 하지만 지금까지 형성된 모습만으로도 이전과 달리 상당한 이론적 타당성을 보여주고 있다. 이 이론의 내용이 옳다고 가정할 경우 언어의 진화는 결과적으로 결합의 출현, 어휘부에서 개념 원소들의 진화, 개념을 담당하는 체계로의 연계, 외재화 유형화 등으로 단순화할 수 있을 것이다. 언어의 원리가 단순히 결합 또는 최적의 연산작용만으로 대표되는 것이 아니라는 전제로 설명되지 않는 것들은 틀림없이 다른 진화적 과정 — 르원틴(Lewontin, 1998)의 말을 따르면, 지금까지 제시되었던 내용을 기반으로 우리가 이해한 방법으로는 알기가 거의 어려운 부분 — 으로 설명될 수 있을 것이다.

명심해야 할 점은 오직 단문 구조의 문장으로만 나타나는 언어와 유사한 체계를 보여주는 언어의 전조 대상에 대해 언급할 수 있는 여건이 전혀 없다는 점이다. 또한 이 같은 체계를 설정하고 받아들이기 위한 근거 역시 존재하지 않는다. 즉, 인간의 언어라면 단어 일곱 개로 구성된 문장이든, 하나씩 분리된 단위들이 무한대로 나열되는 문장이든, 0으로부터 무한 수의 단위를 갖춘 무엇이든 간에 동일하게 순환적 절차로 이야기할 수 있기 때문이다. 또한 우리는 공통된 출발 언어라고 할 수 있는 '조어祖語'에 관해 직접적인 증거를 거의 갖고 있지 못하다. 순환적 절차로 언어를 설명하는 것과 유사한 관찰들은 눈으로 볼 수 있는 외형적 모습에도 불구하고 언어 습득 분야에도 적용되기도 한다. 다만 여기에서 이 분야에 대한 설명은 잠시 옆으로 밀어두고자 한다.

무엇보다 중요한 것은 결합이 별도의 조건을 설정하지 않으면서도 언어에서 발견되는 **이동**displacement 특성도 설명할 수 있다는 사실이다. 이런 사실은 비록 우리가 발음할 때 특정 위치에 있다는 것을 인식하기는 하지만, 의미적으로 전혀 다른 위치에 해당되는 사항을 해석하고 이해하는 것에서 원인을 찾을 수 있다. **Guess what John is eating**이라는 문장에서 **what**의 존재를 동사 **eat**의 목적어로 보고 문장의 의미를 **John is eating an apple**이라고 알고 있는데도 실제 발음의 위치는 이와 다르다는 것이다. 이런 특징은 일종의 언어상 '결함'으로서, 앞뒤가 맞지 않은 자기모순처럼 보일 수도 있다. 우리는 반드시 의미적인 사실을 파악하려고 노력할 필요는 없지만, 이런 현상이 아주 흔하게 발생한다는 사실을 간과하지는 말아야 한다. 이처럼 언어에서 발생하는 자기모순은 구구조규칙으로는 해결할 수 있는 것이 아니며, 또 다른 장치를 갖춘 더욱 복잡한 방식으로 접근해야만 한다. 그렇지만 이런 방법의 추구가 자동적으로 강력최소주의이론에 포함될 수 있다는 사실도 알아야 한다.

이것이 어떻게 진행되는지 알기 위해서는 우선 작용으로서의 결합이 **John is eating what**에 해당하는 표현을 우리의 뇌리에 구성했다고 가정할 필요가 있다. 일단 X, Y 같은 통사론적 대상이 있다고 한다면, 결합은 논리적으로 오직 두 가지 가능성을 바탕으로 더 큰 상위 단위로서의 표현을 구성할 수 있다. 이때 두 요소인 X, Y는 별도로 존재하기도 하지만, 이들 중 하나가 다른 단위 요소의 일부가 되기도 한다. 전자의 경우처럼 X, Y가 분리되어 있는 상황을 가리켜서 **외적 결합**External Merge: EM이라고 하며, 후자의 경우를 가리켜서 **내적 결합**Internal Merge: IM이라고 한다. 만일 Y라는 요소가 위에 주어진 영어 문장에서 what에 해당하는 표현이고 X라는 요소가 John is eating what에 관련된 표현이라고 한다면, 요소 Y는 X의 일부로(X의 부분집합 또는 X의 부분집합의 부분집합 등) 볼 수 있다. 이때 내적 결합이 주어진 표현 내부에서 무엇을 선택해 첨가하며, 이런 과정의 결과가 바로 결합의 결과가 되기 때문에 결론적으로 what John is eating what 같은 표현이 생성된다. 이처럼 표현을 생성하고 난 다음의 진행 단계에서는 우리는 Y를 guess처럼 새로운 대상으로 생각해야 한다. 즉, X가 what is John eating what이고 Y가 guess를 가리키고 있기 때문에 이 경우에 X와 Y는 분리된 요소로 이해되어야 한다. 따라서 여기에서는 **외적 결합**이 적용되어 guess what John is eating what이라는 표현이 생성된다.

이런 과정을 토대로 우리는 이동이라는 부분으로 옮겨갈 수 있다. what John is eating what이라는 표현에서 what에 해당하는 구는 두 위치에 나타난다. 그러나 동일한 것이 다른 위치를 점하는 것은 표현 대상 전체를 의미적으로 이해하는 데 매우 중요한 요인이 된다. 외형상 원래 what이 있었던 위치는 what 자체가 동사 eat의 목적어임을 나타낸다. 그렇지만 또 다른 위치인 외곽 부위에 있는 what은 일종의 변수를 포함하는 범주의 양화사quantifier로 해석될 수 있다. 따라서 문장 what John is eating what은 'for which thing x, John is eating the thing x' 같은 의미를 가질 수 있게 된다.

　이런 관찰들은 광범위한 범주를 포함하는 구조를 일반화하는 계기가 되기도 한다. 이에 대한 결과들은 정확하게는 의미적 해석을 위해 필요한 일이기는 하지만, 해석이 존재한다고 해서 반드시 영어의 음성표기로 나타나야만 하는 것은 아니다. 사실 guess what John is eating what은 있는 그대로 발음되는 것이 아니라 마지막 what이 제거된 상태로 guess what John is eating으로 음성화되고 있다. 이것이 바로 이동이라는 속성을 가진 표현의 공통적인 특성이다. 물론 여기에는 소규모의 (그리고 흥미를 유발하는) 양화 작용을 부여하는 일이 필요하기도 하지만 우리의 논의에서는 잠시 제외한다. 이런 특성은 우선 앞서 진행되는 연산작용의 효율성이라는 기본적인 원리를 따르는 것이기도 하다. 실질적으로 순차적 운동은 연산작용 측면에서 보면 매우 커다란 비용을 요하는 사안인데, 이는 양손 및 구강 안면의 조음 행위 같은 운동을 가능하게 하는 순수한 뇌의 운동피질 양만 알면 확인되는 것이다.

　what John is eating what이라는 표현을 뇌리 속에서 생성한 다음 이것을 다시 외재화하기 위해서는 우선 주어진 바로는 what을 반드시 두 번 반복해서 발음해야 한다. 하지만 평균적인 복잡성을 지닌 표현들과 내적 결합에 따라 이동의 실질적 속성을 생각할 경우 이처럼 발음을 하는 것 자체가 연산작용에 매우 높은 수준의 부담을 주게 될 것이다. 그러나 두 개의 what 가운데 하나를 억누른 채 발음한다면 연산작용에 대한 부담이 크게 감소할 것이다. 하나만 취해 발음하는 것은 가장 훌륭한 방향이며, 이때 선택되는 what은 바로 내적 결합에 의해 생성된 외곽 위치의

what이어야 한다. 그렇지 않을 경우 지금까지 언급한 결합 작용이 적용되어 정확한 의미 해석을 낳을 수 있다고 제시하는 것이 불가능하게 된다. 지금까지의 과정을 기반으로 하면 결국 언어능력 자체가 외재화 진행을 목표로 삼아 연산작용의 효율성을 갖춘 일반적 원리를 선별해 팀을 구성한다고 생각할 수 있는 여지가 있는 것 같다.

이동과 연관되어 발생하는 요소 가운데 하나만을 제외한 채 전부를 억제하는 것은 연산작용 측면에서는 효율적이기는 하지만 의사소통을 기반으로 하는 해석 자체를 생각했을 때는 적지 않은 부담을 주는 요인이 될 수 있다. 문장을 듣는 청취자는 이동된 요소가 해석에 참여하는 위치인 공백이 어디인지를 알아낼 수 있어야 한다. 이는 일반적으로는 매우 커다란 문제로, 구문 분석 프로그램에서 친숙하게 볼 수 있는 문제이기도 하다. 즉, 음성의 억제가 연산작용의 효율성과 해석-의사소통 효율성 사이에 충돌을 일으키게 된다. 보편적 측면에서 언어는 이 같은 충돌 사이에서 주로 연산작용의 효율성을 택하는 성향을 띤다. 이런 사실은 언어가 우선 뇌리 안에서의 사고의 도구로 진화했지만, 아울러 두 번째 진행 과정으로 외재화를 포함하는 형태로 진화되었다는 점을 지체 없이 제시하는 것이라고 볼 수 있다. 이와 유사한 결론을 도출하는 언어적 도안 *language design*으로부터 양산되는 무수한 증거들이 존재한다. 그 예로 이른바 섬*island* 이론이라고 불리는 특성을 생각해볼 수 있다.

외재화가 이차적인 진행이라는 결론을 가능하게 하는 독자적인 이유들이 있다. 그중 하나는 수화 연구를 통해 알 수 있는 것처럼 외재화가 특정 양상에 치우치지 않는 독자적인 특성에 의해 표출될 수 있다는 점이다. 수화의 구조적 특성과 발화의 구조적 특성은 놀랍게도 유사성을 띠고 있다. 표현방식을 습득하는 과정에서도 동일한 과정을 발견할 수 있으며, 신경구조의 배치만 보더라도 서로 매우 가깝다는 것을 확인할 수 있다. 이런 유사점들은 언어가 외재화를 이차적 양상으로 두면서 사고 체계를 위해 최적화되어 있다는 결론을 강화해준다.

나아가, 청각에 의존한 양식에 관련된 외재화에서의 제약이 수화를 확인하게 해주는 시각에 의존한 양식에도 적용된다는 사실을 알아둘 필요가 있다. 그럼에도 한 손으로 John likes ice cream을, 그리고 다른 손으로 Mary likes beer을 표현하는 '말하기 행위'를 제재하는 물리적인 제약은 없다. 양손 중 한 손이 우위를 차지하면서 시간의 흐름에 따라 (소리로써 문장을 표현하는 외재화가 선형적 구조로 구현되는 것처럼) 왼쪽에서 오른쪽으로 문장을 유도해가고(제스처를 통해 표현), 나머지 손으로는 강조, 형태적 정보 등과 유사한 특수 표기를 더하지만 말이다.

게다가 우리는 이 부분에 대해서 조금 더 강력한 견해를 서술할 수도 있다. 즉, 연관성을 보여주는 모든 생물학과 진화론에서의 연구가 외재화 진행을 이차적인 것으로 결론 내리고 있다고 말이다. 이런 결과에는 최근 상당 부분 많은 사람에게 알려진, 추정적으로 언어에 관련된 유전 요소들의 발견이 포함된다. 특히 FOXP2 조절 (전사 인자) 유전자가 해당된다. FOXP2는 상당 부분 이른바 언어의 통합 운동장애 같은 유전 결함 현상과 연관된다. 이 유전자가 발견된 이래 진화적 관점에 기초해 FOXP2의 연구들이 심도 있게 진행되었다. 우리는 인간의 FOXP2의 정보화를 위한 단백질, 그리고 인간 외의 포유류와 영장류를 위한 단백질 사이에 두 개의 아주 작은 아미노산에서 차이가 있음을 잘 알고 있다. **FOXP2**에서 이루어진 변화가 언어의 출현에 수반되었으리라는 추정이 양성적 자연선택의 주요 목표로 받아들여지고 있는 상황이다(Fisher et al., 1998; Enard et al., 2002). 원래부터 양성적 자연선택 아래에 있었다고 간주되는 두 지역에서 현대인, 네안데르탈인, 데니소바인 등의 **FOXP2**는 동일한 것으로 나타나고 있다. 이런 사실을 통해 우리는 언어의 발생 시점이나 혹은 적어도 이와 관련된 게놈의 선행조건에 대해 알 수 있다. 그렇지만 이 같은 결론에는 아직도 논란의 여지가 남아 있으며, 이 부분은 1장과 4장에서 논의되고 있다.

우리는 또한 이 유전자가 언어에서 중심 역할을 하는지 아니면 조금 더 논리적으로 보이는, 외재화 진행의 일부 역할을 하는지에 대해서 의문을 가져야 한다. 지난 수년 동안 새들이나 쥐들로부터 찾은 발견들은 전사 인자 유전자가 협소한 언어능력에 해당하는 통사론의 내부 구조화를 위한 청사진 역할을 수행할 수 없다는 '합의점'을 제시하고 있다. 이와 관련해 가장 확실한 것은 (오직 하나의 유전자가 안구의 색이나 자폐증을 야기하지는 않는 것과 마찬가지로) 일부 가상적인 '언어 유전자'가 역할을 수행하는 것으로 보지 않고, 그 대신 외재화에 연관된 조절장치의 일부가 해당 기능을 수행한다고 보는 편이 나을 것이라는 점이다(Vargha-Khadem et al., 2005; Groszer et al., 2008). **FOXP2**가 순차적인 소규모 근육운동 통제의 발달과 연관되어 있으며, 여기서 양성된 능력을 주축으로 하나의 '음성' 또는 '제스처' 등을 한 번에 하나씩 배열할 수 있는 기능을 갖게 된다고 할 수 있다.

이런 측면에서 위에서 언급한 유전자 결함을 별도로 분리할 수 있었던 KE 가족 일원들[•]이 구강 안면 근육 외에도 일반적으로 통합적 운동장애를 보이고 있다는 사실은 반드시 짚어볼 필요성이 있다. KE 가계에서 발견된 유전적 결함을 복제하도록 설계된 돌연변이 **FOXP2** 유전자들을 다시 실험 쥐들에게 주입하는 실험을 한 최근의 연구들을 통해 다음과 같은 사안을 확인할 수 있다.

> 우리는 FOXP2-R552H 이형접합의 쥐들이 신속한 움직임을 위한 운동기술을 습득하는 데 미세하기는 하지만 꽤 눈의 띌 정도의 손상 상태를 보인다는 사실을 발견했다. 이 자료들은 인간의 발화 능력이 더 오래된 운동 습득을 위한 신경구조 회로들을 활용한다는 제안과 일치한다는 점을 보여준다(Groszer et al., 2008: 359).

앞서 1장에서도 **FOXP2**와 연관성을 가지는 변화된 신경구조의 발달이 어쩌면 서술적 기억에서 절차적 기억으로 지식이 전환되는 데 연관되었을 것이라는 점을 제안하는, 이식 유전자의 쥐들을 통해 얻은 최신의 증거들이 재검토된 바 있다(Schreiweis et al., 2014). 이런 과정은 또다시 운동의 연속성의 습득에 관한 관점에 들어맞기는 하지만, 그것은 더 말할

• 언어장애를 가지고 있는 가족으로, 학자들은 그 원인에 대해 유전자 돌연변이 또는 FOXP2 유전자를 중심으로 유전자 분석 기반의 조사를 진행했다.

것도 없이 인간언어가 아니다. 만약 이런 관점이 옳은 궤도에 있는 것이라면, FOXP2는 일종의 청사진으로서 컴퓨터 시스템에 적용해볼 때 핵심적인 중앙처리장치 자체를 구성하는 기반이 되는 데 도움을 준다기보다는 차라리 프린터처럼 컴퓨터의 입출력 체계가 적절하게 기능을 수행할 수 있도록 구성을 도와준다고 할 수 있다. 이런 관점으로 보면 KE 가족 일원들의 감염은 언어와 관련된 핵심 능력에 손상을 입히는 것이 아니라 어쩌면 컴퓨터의 '프린터'에 버금가는 외재화 체계를 빗나가게 하는 것이라고 할 수 있다. 이것이 사실이라면, 전사 인자를 약 10만~20만 년 전에 양성적 자연선태 범주 속에 존재하던 것으로 제시하는 진화론적 분석이 통사론 및 '의미적(개념-의도 체계)' 접합부에 대한 연결 등 언어능력의 핵심 부문의 진화에 대해서 아직 충분한 결론을 내리지 못하고 있다고 볼 수 있다. FOXP2 유전자와 이로 인한 결과에 대해 순차적인 인과관계를 결정하는 것도 쉬운 일이 아니다. 즉, FOXP2와 높은 수준의 순차적 운동 협응coordination 사이의 연결고리는 그 양상이 무엇이든 상관없이 진화 측면에서는 아주 흔한 사안이다. 이런 관련성은 한편으로는 외재화를 위한 기회주의적 전제조건의 하부 기층으로 간주할 수 있지만, 다른 한편으로는 일단 결합된 다음에 효율적 외재화라는 '해결방법'을 위해 나타나는 자연선택의 영향력의 압박을 통해 귀결된 결과로 생각할 수 있다. 두 경우 가운데 무엇을 선택하든지 FOXP2는 항상 핵심 통사론과 의미론의 영역에서 벗어나 외부 체계에 속한다고 할 수 있다.

마이클 코엔(Coen, 2006; 개인적인 논의에 기초)의 연구에는 단계별로 독립적인 발성에서 나타나는 순차적 연결 과정들의 협응에 관한 증거들이 더 많이 산재되어 있다. 여기에서 순차적이란 바로 모든 포유류와 전체 척추동물의 행동에서 공통적으로 발견할 수 있는 기질基質•을 시사하는 것이다. 이를 바탕으로, **FOXP2**에 대한 설명, 그리고 동작을 수반한 외재화 모두가 일반적으로는 핵심 통사론과 의미론의 진화에 대한 전체적인 윤곽에서 멀찌감치 떨어져 있다는 사실을 알 수 있을 것이다. 이는 실제로 볼 수 있는 포유류(인간, 개, 고양이, 물개, 고래, 개코원숭이, 타마린드 원숭이, 쥐 등)와 포유류에 속하지 못하는 척추동물(까마귀, 되새, 개구리 등)이 모두 인간의 외재화 체계에 따른 특성을 동일하게 소유하고 있다는 사실을 통해 확인할 수 있다. 이들 생명체에게서 나타나는 공통점은 바로 소리를 개별 단위로 설정해 목록처럼 갖고 있다는 것이다. 이런 목록에는 **제한된** 수의 독립적인 위상을 갖춘 '음소들'(조금 더 추상적으로 말하면 조류의 경우에는 '울음소', 개의 경우에는 '짖음소'라고 할 수 있을지도 모른다)이 포진되어 있다. 코엔의 가설에 의하면, 각 생명체가 속한 종들이 나름 제한된 수의 조음 생산물(예를 들어 음소들)을 소유하고 있다. 이 음소들은 유전적으로 소리가 발성되는 동안 에너지의 최소화, 물리적 제약 같은 원리를 반영해야 하는 것과 같이 생리학에 의해 유전적으로 제한된다. 이런 상황은 케네스 스티븐스(Stevens, 1972, 1989)가 발화 생성의 속성인 연속성을 묘사한 내용과 유사하다.

　이런 관점에서 보면 어느 종이든 그 범주에 속하는 개체들은 공통적인

•　결합 조직의 기본 물질 또는 특질.

소리를 생성하기 위해 해당 종에만 속하는 가장 기본적인 소리의 하부 집합체를 갖추고 있다고 할 수 있다. (다만 이 동물들이 항상 집합체 내에 주어진 소리들을 모두 사용하는 것은 아니다. 이런 현상은 인간이 소유하고 있는 음소 모두를 반드시 활용하지 않는 현상과 동일하게 생각할 수 있다.) 이런 관점에서 보면 앞서 가정했던 화성인의 경우 지구의 생명체가 자신들의 소리 집합 안에서 지엽적인 소리로써 외재화를 실행한다고 해도 결론적으로 화성인은 인간의 언어는 단 한 가지이며, 개도 단 하나의 소리를 소유하고 있고 개구리는 물론 이와 유사한 동물들 모두가 한 가지 소리만 소유하고 있다고 생각할 수 있을 것이다. 1장에서 설명했듯이 코엔이 주장하는 내용은 오늘날 코민스와 젠트너(Comins & Gentner, 2015)의 연구에 의해 최소 한 종류의 조류를 대상으로 한 실험을 바탕으로 확증되었다고 볼 수 있을지도 모른다.

정리하면, 수많은 증거가 **FOXP2**가 언어학적으로 설명적 타당성을 기반으로 살펴봐야 하는 인간의 언어능력에 관한 의혹들을 설명하지 못하고 있는 상황에서 우리는 이런 상태를 이른바 겸상적혈구빈혈, 적혈구의 왜곡으로 귀결되는 유전적 결함이 직접적으로 일탈 형질로 변하는 비정상적인 헤모글로빈 단백질을 형성하는 현상과는 완전히 다르다는 사실을 명심해야 한다. 만약 이런 사실을 그대로 인정할 때 핵심적인 언어 표현형을 **위한** 설명은 르원틴(Lewontin, 1998)이 서술한 것보다 훨씬 간접적인 난해한 내용으로 전락될 위험이 발생할 수 있다.[4]

사실 **FOXP2**와 통합 운동장애에 대한 초점은 여러 측면에서 고려해볼 때 '의사소통으로서의 언어'에 대해 거의 널리 보편적으로 수용되고 있는 초점과 꽤 비슷해 보인다.[5] 이들 두 가지 요인에 대해서는 오직 외재화 진행에 특화된 특성들을 대상으로 삼아 조사가 이루어지고 있다. 알다시피 여기에서 외재화란 언어능력 자체를 가리키는 것이 아니다. 이렇게 이해할 경우 지금까지 언급한 우리의 논의는 아마도 그릇된 방향으로 가고 있으며, 인간 정신 또는 뇌에 들어 있을 내재화된 연산작용을 외연적으로 보여주지도 못하게 된다. 향후 여러 신진 연구에서는 내재적 통사론과 외재화 사이의 차이를 설명함으로써 비로소 길이 나타날 것이고, 동물의 발성기관을 이용한 소리 생성에 관련된 여러 예에서 알 수 있듯이 생물학적 관점으로 특별히 제기될 수 있는 새롭고 구체적인 검증으로 말미암아 가능성을 지닌 예측들이 마침내 미래로 향하는 길을 찾을 수 있을 것이다.

언어의 핵심 원리를 다시 돌아볼 때 '결합 단계(이것을 통해 이동도 고려할 수 있다)'의 무한한 작동은 분명히 뇌 회로에서의 소규모적인 재배선 *rewiring*을 통해 나타났다고 볼 수 있을지 모른다. 이처럼 뇌를 서술하는 것은 4장에서 더 확실하게 제시될 대뇌피질 속 '배선망 구조'를 어느 정도 확장한 것이라고 볼 수 있다. 이런 유형의 변화는 실질적으로 라무스와 피셔(Ramus & Fisher, 2009: 865)가 다음과 같이 전개한 관점에 매우 가깝다고 할 수 있다.

비록 인지적 감각에서 볼 때 실제로 언어가 새로운 것이라고 한다면, 이런 인식 자체는 생물학적 측면에서는 새로운 대상이 아닐 수도 있다. 예들 들어, 독립적으로 오직 분자(하나의 수용체, 경로 등) 하나만 생산하는 유전자에서의 변화는 이미 존재하는 뇌의 두 영역 사이에 새롭게 연결고리를 창출할 수 있다.

우리는 새로운 뇌 영역에서도 수정된 전사 인자들로 하여금 생명체의 탄생 이전에 대뇌피질 속에서 영역들을 다시 정의하거나, 이전에 존재하던 영역들을 이리저리 재배치하거나, 브로드만Brodmann의 개념을 중심으로 대뇌피질의 새로운 형태화를 위한 분자 조건을 창출하는 등의 작용을 가능하게 함으로써 진화에 가담할 수 있을 것이라고 가정해볼 수 있다. 이전에 우리가 알고 있던 브로드만의 개념에서는 뇌 구조를 여섯 개의 기본 층위로 분류했다. 이 층위들은 상호 상대적인 비중을 보이면서 내재적 또는 외재적 연결 상태에서 차별화된 패턴을 갖추고 층위에 걸친 신경들이 서로 다른 유형의 배치를 보이는 것으로 알려져 있다. 근본적으로 이것은 일반적인 구성 계획 범주 아래 새로운 양적 변이라고 할 수 있으며, 다만 유전적 자료를 근거로 보면 새로움 자체를 요구한다고 보기는 어려울지도 모른다. 그렇지만 이 분야는 어떤 상황에도 불구하고 이전에 볼 수 없었던 입력과 출력이라는 특성을 제시할 수 있다. 이런 특성은 입력과 출력 사이의 적절한 연결성과 함께 언어 자체에서는 무엇보다 중요할 수 있는 완전히 새로운 정보 처리 기능을 수행하는 것을 가리킨다고 할 수 있다.

1장에서 논의한 것처럼 혁신적인 형질로서 뇌 내부의 형태는 우선 적은 수의 복사체들 속에서 나타났을 것이다. 뇌 내부의 형태적 구조화를 소유한 채 태어난 개인들은 아마도 복잡한 사고하기, 기획하기, 해석하기를 가능하게 하는 수용 능력에 관한 수많은 이점을 지니고 있다고 가정해볼 수 있다. 짐작하자면, 수용 능력은 부분적이나마 후손에게 전달될 수 있으며, 이처럼 세대를 통한 과정에서 부여되는 선택적 이점들 덕분에 그러한 능력이 곧장 소규모의 번식 그룹을 지배할 수 있는 것인지도 모른다. 그렇지만 1장의 내용을 상기해보면, 신종 돌연변이와 형질을 위해 특정 변이의 복사체 수가 애초에 적었음에도 불구하고 어떤 식으로 확률적인 선택적 이점에 대한 손실을 피해갈 수 있었는지에 관해 문제점은 항상 존재하고 있다.

일단 이득이 되는 형질이 인간 집단에서 퍼져나가면서 외재화를 위한 이점이 될 수도 있다. 이에 따라 수용 능력이 이차적 진행 과정에서 특별한 경우로 의사소통을 포함하는 외재화와 상호작용에 도움을 주는 감각 운동 체계로 연결될 수 있다. 이런 내용을 어떤 형태로든 가정하지 않고서는 인간의 진화를 설명하는 것은 상상조차 어려운 일이 될 것이다. 이후 첨가되는 가정이 무엇이든 간에 아무리 찾기가 어렵다고 하더라도 관련 증거와 논리적 근거 모두가 필요할 것이다.

대안들 대부분은 실제로 또 다른 가정을 설정해야만 하는 상황에 맞닥뜨릴 수 있다. 이는 '의사소통으로서의 언어'라는 관점에 기반을 두고 있고, 이미 앞서 살펴보았듯이 외재화에 연관된 것으로 추측해볼 수 있다. 사마도와 슈저트흐마리(Számado & Szathmáry, 2006)는 그들이 생각할 때 인간언어의 출현을 설명하는 주요 대안 이론들을 목록화했다.

(1) 언어를 수다 또는 험담으로 간주하는 이론

(2) 언어를 사회적 치장으로 간주하는 이론

(3) 언어를 수렵 협동의 결과로 간주하는 이론

(4) 언어를 아기를 돌보는 '엄마의 말투'로 간주하는 이론

(5) 언어를 자웅선택*sexual selection*을 위한 것으로 간주하는 이론

(6) 언어를 상호 상황 정보의 교환을 위한 필요조건으로 간주하는 이론

(7) 언어를 노래의 수단으로 간주하는 이론

(8) 언어를 도구 생산의 필요조건 또는 도구 생산의 결과로 간주하는 이론

(9) 언어를 제스처 체계로부터 발달한 결과로 간주하는 이론

(10) 언어를 마키아벨리가 제시한 기만 술책으로 간주하는 이론

(11) 언어를 '정신 영역의 내재적 수단'으로 간주하는 이론

언어를 정신 영역에서의 내재적 수단으로 보는 이론을 살펴보면, 해당 이론만 명시적이든 암시적이든 언어의 핵심 기능을 외적으로 의사소통을 수행하는 것으로 가정하지 않는다는 점을 확인할 수 있다. 그러나 동물의 신호 보내기가 의사소통으로서 충분조건을 갖추고 있다는 견해로 보면 이런 관점은 적응에서의 역설적 모순과 맞닥뜨릴 수 있으며, 월리스는 이미 이 같은 문제점을 지적했다. 그리고 사마도와 슈저트흐마리(Számado & Szathmáry, 2006: 697)는 다음과 같이 언급했다.

이론들 대부분은 주어진 상황에서 **전통적인** 동물의 신호 보내기를 활용하는 대신에 관습적인 의사소통의 활용을 북돋울 수 있었던 자연선택의 힘을 깊이 생각하지 못한 것 같다. …… 그래서 기존의 훨씬 간단한 의사소통 체계보다는 상징적 측면을 반영하는 의사소통의 복잡한 수단이 요구되는 상황을 납득시킬 수 있도록 증거를 제시하면서 설명하는 이론이 없는 것이다.

더 나아가, 사마도와 슈저트흐마리는 언어를 정신적 도구로 간주하는

이론은 앞서 인용문에서 제시한 것처럼 결함을 지니고 있는 것은 아니라 는 말도 남겼다. 그렇지만 이들의 연구는 같은 분야의 다른 연구들과 마 찬가지로 확실한 추론을 이끌어내고 있지는 못한 것처럼 보인다. 그 대신 외재화 혹은 의사소통에 대한 초점을 그대로 유지하는 저력을 보여주고 있다.

내재 언어의 최고 지위를 인정하려는 제안들은 해리 제리슨이 이미 언 어를 '내재적 수단'이라고 보았던 것과 유사하게 저명한 진화생물학자들 을 통해 제시된 것들이다. 노벨상 수상자 살바도르 루리아(Luria, 1974)는 1974년에 생물언어학 국제학회에서 의사소통의 요구는 "언어 같은 체계 의 발생을 위한 엄청난 자연선택의 압력"을 마련해주지 못할 것이라는 견 해를 가장 강력하게 피력한 학자였다. 이런 주장은 언어가 '추상적이거나 생산적인 사고행위의 발달'에 연관성이 있다는 생각과 맥락을 같이한다. 프랑수아 제이콥(Jacob, 1982: 58)은 이와 동일한 의견을 받아들이면서 "언 어의 역할을 개인들 사이의 의사소통 체계로 보는 것은 단지 이차적인 관 점으로 받아들여야 하며 …… 언어 자체를 독특하게 여기게 하는 언어의 질적 성향은 행동을 위한 의사소통의 지시 사항" 또는 동물들의 의사소통 과의 공통적 특성들 속에서 언어의 역할을 보는 대신에 차라리 "언어의 역할을 상징화 과정 속에서 또는 인지적 이미지를 불러일으키는 상황에 서" "주어진 상징적 요소들을 무한대로 조합하는 것"을 허용하면서 결과 적으로는 "가능성을 보여주는 세계를 정신적으로 창조하는" 언어의 독특 한 특성을 기반으로 현실에 대한 의식의 외형적 틀을 구성하거나, 사고와 기획의 토대인 사고력과 기획력을 바탕으로 한 인간의 능력을 생산하는 것과 관련이 있는 것이라는 견해를 남겼다. 이러한 견해들은 17세기에 발달한 인지 변혁까지 거슬러 올라갈 수 있으며, 여러 면에서 1950년대부터 시작된 발전의 전조 현상으로 볼 수 있다.

그렇지만 우리는 앞서 보았던 추측성 설명에 멈추지 않고 이들의 한계점을 넘어설 수 있을 것이다. 언어의 도안에 대한 조사를 통해 언어와 감각운동 체계 및 사고 체계들의 연계성에 관련된 증거들을 생산할 수 있다. 이미 이동이라는 결정적인 예를 통해 보았듯이 우리는 앞서 언급한 연계성이 논리적으로 비대칭성이라고 자연스럽게 결론을 내릴 수 있게 해주는 엄청난 증거들이 존재하고 있다고 판단한다.

외재화는 그리 간단한 과정이 아니다. 이를 통해 두 개의 독립적인 체계가 서로 연관을 맺어야 한다. 그중 하나는 감각운동 체계인데, 이는 마치 수십만 년 동안 기본적인 부분에서 전혀 누구도 손을 대지 않은 채로 있었던 것처럼 보인다. 또 다른 하나는 새롭게 출현한 사고의 연산작용 체계로, 강력최소주의이론이 옳은 내용이라는 전제로 보면 거의 완벽한 구조를 갖춘 것으로 여길 수도 있다. 이에 따라 통사적 대상을 감각운동 체계로 접촉할 수 있는 독립체로 전환하는 데 참여하는 형태론과 음운론이 매우 복잡하면서도 다양할 뿐만 아니라 때때로 우연히 발생하는 역사적 사건들의 대상이 될 수 있다고 기대해볼 수도 있다. 따라서 매개변수화와 다양화는 전체적으로 외재화에 제한된 것들이라고 할 수 있다. 이것이 바로 우리가 찾은 것들 가운데 꽤 큰 부분을 차지한다. 즉, 연산작용 체계가 기꺼이 역사적 변화까지 접근을 허용하면서도,[6] 복잡하고 매우 변동이 큰 양상의 외재화에 기인해 다양함을 포함하는 의미론/화용론 접합부에 의해 해석될 수 있는 표현들을 효율적으로 생성한다는 사실이다.

앞서 제시한 설명이 일부분 정확하다고 여길 수만 있다면, 이 장 앞부분에서 제시된 두 개의 기본 질문 가운데 두 번째 질문인 '왜 우리는 그렇게도 많은 언어를 소유하고 있는가?'에 대한 답을 구할 수 있을지도 모른다. 우선 그 이유를 생각해보면, 시기적으로 최초의 인류가 세계의 다른 지역으로 산개하기 이전 혹은 이후 어느 시점에서든 외재화 문제가 많은 수의 차별된 독립적인 방식으로 해결될 수 있다는 데서 시작해볼 수 있다. 그러나 외재화 문제를 해결하기 위해 게놈의 변화를 가리키는 진화상 변화를 반드시 가정할 필요는 없다. 오히려 다른 방향이나 다른 시기에서 바라보면, 외재화는 현존하는 인지적 진행에 의해 다루어질 수도 있는 사항이다. 우리는 종종 안타깝게도 진화적 (게놈) 변화와 역사적 변화를 혼동하는 경향이 있다. 두 변화 사이에는 전혀 관련성이 없는데도 말이다. 이미 언급했다시피 약 6만 년 전에 아프리카 대륙에서부터 인류가 대이동을 시작한 이래로 (수화에서 볼 수 있는 것처럼) 외재화라는 모델의 발명과 같이 엄청난 변화가 의심할 바 없이 존재했음에도 불구하고, 언어능력에 대해서는 연관된 진화가 전혀 발생하지 않았음을 증명하는 강력한 증거가 제시되었다. 이런 문제와 관련해 혼동하는 현상은 은유적 개념의 '언어의 진화', '언어 변화' 같은 표현을 조금 더 정확한 표현인 '언어를 사용하는 생명체들의 진화', '이들 생명체가 진화하는 방식들 속에서의 변화' 등으로 대체하면 어렵지 않게 극복할 수 있다. 바로 이 같은 더욱 정확한 용어들이 있기 때문에 언어능력의 출현이 진화를 포함하게 된 것이고, 반면 (끊임없이 지속되는) 역사적 변화에는 진화가 포함되지 못하는 이유를 이해할 수 있게 된다.

다시 말해, 앞서 말한 내용은 아주 간단한 가정이라고 할 수 있다. 그리고 우리는 이런 가정을 부인할 이유를 딱히 찾을 수도 없다. 또한 이런 가정의 내용이 올바른 방향성을 갖고 있다면, 외재화는 진화의 대상이 되지 못하며 오히려 인간 외의 다른 동물들이 스스로 지닌 인지적 능력을 사용하면서 문제를 해결하는 진행 과정으로 볼 수 있다. 생물학적 관점 속에서 진화는 결합과 기본 특성을 생산하는 변화에 국한될 수 있다. 물론 여기에는 강력최소주의이론, 그리고 외재화의 인지적 문제에 대한 해결책에 존재할 수 있는 언어-특수적 제약들 측면으로는 이의를 제기할 수 있는 여지가 있다. 따라서 의사소통, 감각운동 체계, 또는 구어 등의 통계적 특성에 초점을 맞추는 '언어의 진화'에 대한 어떤 접근방식이든 심각한 오해를 불러일으킬 수 있다. 이런 판단은 꽤 광범위한 영역에 걸쳐 영향을 미치고 있으며, 따라서 해당 분야의 문헌에 친숙한 사람들은 이런 부분을 인식하게 되리라고 생각한다.

최초 두 개의 질문으로 돌아가서 어떻게 하나의 언어가 발생했고, 왜 언어들이 아주 다르게 변모하는지에 대해 우리는 나름 타당성이 있다고 생각하는 몇몇 제안을 가지고 있다. 두 번째 질문은 부분적으로는 착각일 수도 있다. 이는 마치 생명체에서 분명하게 나타나는 무한한 변화를 생각하는 것에 바탕을 두고 있는 것이다. 이 말은 심층적 보존 요소들이 (언어, 그리고 연산작용의 효율성 경우에서) 자연법칙에 의해 제약을 받고 있는 외형적인 결과를 생성할 수밖에 없기 때문에 이들 요소가 마치 무한정의 개체들을 발생시켰다고 생각하는 실수를 범하지 말아야 함을 가리킨다.

다른 요소들 가운데, 아직까지는 알려진 내용이 많지 않지만, 특히 뇌의 특성들이 언어의 도안에 강한 영향력을 미칠 수 있다. 이 부분에 대해서는 하고 싶은 말이 매우 많아서 언급할 내용 역시 매우 많다고 할 수 있다. 그렇지만 이런 질문을 밀고 나가기보다는 단순하지만 어휘 항목들로 돌아가서 이 항목들을 이해하는 데 도움을 주는 사고의 개념적 핵심 인자들과 이들을 다양한 방법에 의해 궁극적으로 외재화에 이르게 하는 것 등을 생각해본다.

개념적 구조는 다른 영장류에서도 발견된다. 아마도 행위자-행위-목표 도식, 범주화, 가능한 단수-복수 구분 등이 이 구조에 포함된다. 언어 사용에 속하는 개념적인 원천 자료가 매우 풍부하더라도 이들 개념은 짐작하건대 언어를 위해 선발되었다고 볼 수 있다. 특히 연산작용의 '핵심 인자' 그리고 어휘 항목/개념 등은 인간에게만 유일하다고 볼 수 있다.

중요한 것은 인간의 언어와 사고 각자에 연결된 단어와 개념이 동물이 행하는 의사소통의 특성으로 보이는 정신-무소속 개체들과 관련성을 나타내지 않는다는 점이다. 동물의 의사소통은 정신 또는 뇌의 처리 과정 그리고 [동물 인지에 관한 주요 논집을 소개하는 인지 신경과학자 랜디 갤리스텔(Gallistel, 1991: 1~2)을 따르면] "동물의 행동을 조정하는 그러한 처리 과정의 환경적 측면" 사이의 일대일 관계에 토대를 두고 있다. 야생 침팬지를 근접 거리에서 관찰한 제인 구달(Goodall, 1986: 125)은 동물들에게는 "적절한 감정적인 상태를 **갖지 못한 채** 소리를 발성하는 것이 거의 불가능한 일인 것 같다"라는 말을 남기기도 했다.

인간의 언어와 사고의 기호들은 극명한 차이를 보여준다. 기호를 사용하는 형태가 자동적으로 감정적인 상태의 열쇠가 되는 것은 아니며, 기호들만으로는 외부 세계 속에서 정신-무소속 대상●이나 사건을 집어내기가 쉽지 않다. 언어와 정신에 관한 프레게*Frege*, 퍼스*Peirce*, 타르스키*Tarski*, 콰인*Quine* 등의 관점과 동시대의 철학 개념을 중심으로 봤을 때 인간의 언어와 사고에는 **의미적 지칭** 관계가 존재하지 않는 것처럼 보인다. 우리가 강, 사람, 나무, 물, 등을 이해하고 있다는 사실은 17세기의 연구자들이 '인식력'이라고 명명하던 방식의 창안에서 지속적으로 드러났다고 알려져 있다. 이 방법은 복잡하게 연계된 관점들을 중심으로 외부 세계를 지칭할 수 있는 수많은 수단을 마련해준 조사와 연구라고 할 수 있다. 당시 영향력 있는 신플라톤주의를 따르던 랄프 커드워스(Cudworth, 1973: 267)는 정신이 "모든 외부적 개체를 알고 이해하는 것"은 바로 "내재적 인식력"으로부터 생성된 "내부의 개념"에 의해서만 이루어진다고 언급했으며, 그의 설명은 이후 칸트에게 영향을 미치기도 했다. 데이비드 흄*David Hume*이 100여 년에 걸친 연구 결과를 총망라했듯이, 인식력에 의해 구성된 사고의 대상은 우리가 눈앞에 두고 말하는 사물과 관련해서 '유일한 자연 부속물'로 축소될 수 없다. 이런 관점에서 내부의 개념적 기호는 마치 음절처럼 정신을 대변하는 음성 단위와 유사하다고 볼 수 있다. 이처럼 정신적 대상을 외재화하는 모든 개별적인 행위는 정신-무소속 개체를 양산할 수 있다. 그러나 앞에서 예를 보였다고 해서 [ba]라는 음절에 바로 상

●　인간의 정신세계와 전혀 연계되지 않는 것.

응할 수 있는 정신-무소속 구성체를 찾는 것은 무의미한 일일 것이다. 의사소통은 마치 물리학자가 행하는 패턴처럼 단순히 청자가 세상으로부터 무언가를 선택할 수 있게 해주는 몇몇 정신-외적 개체를 생성하는 문제에 그치는 것이 아니다. 의사소통은 화자가 외부적 사건을 말로 생성하고 청자가 자신의 내적 원천 자료 가운데 할 수 있는 한 가장 근접한 것을 찾아내는 근사치 과업이라고 할 수 있다. 이런 면에서 가장 간단한 예를 들어보더라도 단어와 개념은 아주 비슷하게 보인다. 의사소통은 바로 이런 공유된 인식력에 의존하고 있다. 의사소통은 정신적 구성, 배경, 관심, 추정 등을 공유하고 있다는 차원에서만 성공을 기약할 수 있으며, 공통적인 지각력을 (어느 정도는) 획득할 수 있도록 기회를 마련해주기도 한다. 어휘 항목들이 이런 특성을 지니고 있다는 것은 인간의 언어와 사고에서만 나타나는 독특한 현상이며, 어느 수준에서는 인간의 언어와 사고의 진화에 대한 연구를 통해 설명되어야만 하는 사안이기도 하다. 하지만 그 누구도 이런 측면에 대한 견해를 갖고 있지 못하다. 이는 '단어-대상(정신 외적인 요소)'의 연관성이 존재한다고 주장하는 지칭주의*referentialism*가 강력하게 지배하고 있는 환경적인 결과 때문이며, 이로 인해 사실 문제가 있는 것조차 거의 인식하지 못하는 상황이다.

인간의 인식력은 동물들이 경험하는 것과는 아주 다른 경험의 세계를 우리에게 마련해주기도 한다. 인간의 능력이 출현하면서 인간은 사색적인 창조물이 될 수 있었기 때문에 우리는 경험이 무엇인지 이해하려고 노력하고 있다. 이런 노력은 신화, 종교, 마술, 철학으로 불리기도 하며, 또는 근대 영어 어법으로는 과학이라고 불리기도 한다. 과학의 경우 기술적 이해에서 지칭의 개념은 규범적 이상이다. 여기에서 우리는 **광자**_photon_ 또는 **동사구** 등 새롭게 고안된 개념들이 현재의 세상 범주 속에서 실제로 존재하는 대상물을 지칭하게 되리라는 기대감을 항상 갖고 있다. 그리고 당연히 지칭 대상의 개념은 그것이 근대 논리학에서 고안되었던 맥락에서는 주어진 역할을 잘 수행하고 있다. 이때 근대 논리학이란 형식 체계로, 그 안에서는 **지칭**의 관계가 설정된다. 예를 들면 수사적 개념과 숫자 자체의 관계를 들 수 있다. 그렇지만 인간의 언어와 사고는 방금 들었던 숫자의 예처럼 작동하지 않으며, 오히려 그런 차이점으로 인해 끝없는 혼동이 발생해왔다.

지금부터는 앞서 잠시 미루어둔 조금 더 크고 흥미로운 주제로 들어가본다. 인간의 언어와 사고의 통일성 및 다양성에 대해 최근에 가장 훌륭한 추측을 간략하게 정리해보자. 부분적으로 우리 조상들은 전혀 알려지지 않은 방법으로 인간적 개념을 발달시키기도 했다. 기호라는 대행물로 판단해보건대 지금으로부터 가장 근접한 시기로 볼 수 있는 약 8만 년 전의 어느 시점에 동아프리카에 거주했던 작은 규모의 인류 조상들에 속했던 개인들이 결합이라는 작용을 제공하던 소규모 생물학적 변화를 겪기 시작했다. 결합은 인간적 개념을 연산작용의 핵심 인자로 취하고 이를 토대로 체계적인 방식을 통해 개념 체계를 근거로 해석할 수 있는 구조적 표현을 양산하며 풍부한 사고 언어를 제공해준다. 이런 과정은 연산작용 측면으로는 완벽하거나 그에 가까운 정도까지 갈 수 있다고 할 수 있고, 이런 이유로 인간과는 상관없는 물리적 법칙의 결과라고 할 수 있다. 이런 혁신은 분명히 장점을 갖고 있는 동시에 작은 그룹을 관장할 수도 있었다. 이후 단계에서 사고에 대한 내재 언어는 감각운동 체계와 연결되었고, 이런 작업은 매우 복잡해서 아주 많은 방법과 여러 시점을 걸쳐 이루어졌다. 이 같은 사건들의 과정에서 인간의 능력이 구색을 갖추게 되었고, 윌리스의 표현대로라면 '윤리적·지능적 속성'의 대부분을 생성하는 결과를 불러왔다. 그 결과들이 매우 다르게 나타나고는 있지만, 내적으로는 통일성을 갖추었다고 할 수 있으며, 이것은 인간이 가장 근본적인 측면에서는 모두 동일하다는 사실을 가리키는 것이기도 하다. 마치 우리가 앞부분에서 상상으로서 제시했던 가상의 외계 과학자가 지구상의 언어들을 본다면 주로, 아마 전적으로, 외재화의 측면에서 한 언어에서의 방언의 변이형과 같이 최소한의 차이를 지닌 것으로 여기며 결국 모든 언어를 하나의 일체형으로서 판단할 것이라고 생각할 수 있을 것이다.

결론적으로 지금까지의 서술이 대부분 유효하다고 간주하고 또한 이런 설명이 사실과는 거리가 있다고 보였던 커다란 구멍을 어느 정도까지 채워나갈 수 있다고 할지라도, 수백 년 동안 제기되었던 풀리지 못한 문제들이 여전히 잔존하고 있다는 사실을 우리는 반드시 기억해야 한다. 이런 문제들 가운데는 어떻게 18세기 공식에서 '정신이라고 명명된' 특성들이 '뇌라는 유기적 구조'에 연관될 수 있었는지에 대한 의문점, 데카르트 방식의 과학 논리의 주요 관심 대상으로서 언어의 창조적·일관적 사용에 대한 훨씬 알기 힘든 문제 등이 남아 있다. 그리고 이 같은 문제점들은 오늘날까지도 탐구조사 지평에조차 들어서지 못하는 처지에 놓여 있다.

LANGUAGE ARCHITECTURE AND ITS IMPORT FOR EVOLUTION

III

언어 구성양식 그리고 진화를 위한 수용

일부 체계의 진화에 대해 논리적인 탐구조사를 진행하기 위해서는 연구 대상의 속성에 관해 확실하게 이해하고 있어야 한다. 분명하게, 체계의 근본 속성을 깊게 이해하지 못하면 연구의 실현은 완전히 붕괴될 것이고, 변화가 심화되며, 일반적인 특성을 찾는 것도 힘들 수 있다. 그 결과 체계의 진화에 대한 연구는 더 이상 진지하게 수행되기가 어려울 것이다. 물론 이 같은 탐구조사는 진화의 역사에 대해 알려진 내용이 있고 이에 대해 파악이 가능하다면 충실해야 한다. 이처럼 진리성을 확보한 후에야 다른 생물학적 체계와 마찬가지로 인간의 언어능력에 대한 연구를 손에 넣을 수 있을 것이다. 문헌에서 나타나는 제안들에 관한 평가는 방금 언급한 기본 조건을 얼마나 충실하게 지키는지에 따라 진행될 수 있다.

언어 진화의 문제는 20세기 중반에 한꺼번에 발생했으며, 이 시기에 관련 주제를 설명하기 위한 최초의 연구들이 두 측면으로 시도되었다. 하나는 언어가 생물학적 대상으로서 사람들 각자에게 내재화되었다는 설명의 구축이고, 다른 하나는 인간언어의 기본 특성이라고 부를 수 있다고 생각한 사안의 포착이다. 여기서 말하는 언어의 기본 특성은 각 언어가 외재화를 위한 감각운동 체계, 그리고 추론·해석·계획화·행동의 조직화·비공식적으로 '사고'라고 불리는 항목들에 연관된 개념 체계라는 내부적인 두 체계의 상호작용 속에서 기본 짜임새를 갖춘 큰 틀을 기반으로 의미의 해석을 위해 상하계층 구조를 갖추면서 디지털 방식으로는 무한수의 배열 형태의 구조를 생성하는 것으로 정리할 수 있다. 이 같은 언어 표현의 생성양식을 수용하는 일반적인 접근방식을 생물언어학 프로그램이라고 부른다.

최근의 전문용어를 따르면, 언어를 내재적 혹은 내재 언어*I-language*라고 부른다. 이 용어들은 언어 자체를 이해하는 데 핵심적인 역할을 한다. 약 1세기 전 위대한 인구어학자였던 윌리엄 드와이트 휘트니(Whitney, 1908: 3)의 논지를 인용하면, 기본 특성이라는 속성에 준해 내재 언어 각자를 "사고를 위한 청각적 기호" 체계라고 부를 수 있다. 비록 오늘날 우리 저자들은 외재화가 반드시 조음-청각 양상으로 한정될 필요●는 없다고 생각하지만 말이다.

정의만 따르자면 내재 언어이론이 바로 생성문법이고, 내재 언어의 일반적 이론은 전통적 개념을 새로운 상황을 위해 조절하는 보편문법이다. 보편문법은 특수한 내재 언어를 습득하고 사용할 수 있도록 하는 내적 역량에 해당하는 언어능력의 유전적 부위를 다룬 이론이다. 이 같은 이론을 통해 기본 특성을 충족하는 생성적 과정들의 집합형태와 함께 연산작용에 입력될 원소들의 구성이 결정되기도 한다는 사실을 확인할 수 있다.

● 외재화를 인체의 감각적 양상으로 이해하는 것.

여기서 지칭하는 원소들은 상당히 심대한 의문의 대상이 되기도 한다. 단어형태이기는 하지만 반드시 단어라고 보기는 어려운 인간언어의 최소 의미-보유 요소는 동물 의사소통 체계에서 알려진 요소와는 아주 다른 모습을 나타낸다. 우선 의미-보유 요소의 기원에 대해 분명하게 제시할 내용이 없으며, 특히 언어라는 측면에서 인간의 인지 역량의 진화와 관련해서도 결정적인 문제점을 발생시키고 있다. 이에 관해 현재까지 확실한 설명은 존재하지 않지만, 이런 관점들은 소크라테스 이전의 시대를 필두로 초기 근대의 과학혁명과 계몽주의의 저명한 철학자들에 의해 발전되었고 오늘날 더욱 많은 진보가 이루어지는 환경에서 되짚어볼 수 있다. 사실 이처럼 중대한 사항이 이전부터 명백하게 인식되고 이해된 것은 아니었다. 주의 깊게 살펴보면 앞서 제기한 의미-보유 요소의 속성에 대한 주장으로 널리 알려져 있는 개념들이 별로 수긍할 만하지 못하다는 사실을 확인할 수 있다. 그 당시 이런 주장의 논지는 단어가 결정적으로 정신 외적 대상을 직접 선택한다고 보는 지시론 주창자들의 생각이다. 이 논의 주제에 대해서 하고 싶은 말이 많이 있지만 지금은 잠시 접어두려고 한다. 다시 한 번 정리해서 말한다면, 인간의 인지 진화에 관한 문제점은 지금까지 알려진 바로만 보아도 아주 심각한 처지에 놓여 있음을 분명하게 인식할 필요가 있다.

보편문법의 두 번째 부분인 생성진행과정이론은 20세기 중반 이래 연구 대상으로는 가장 처음으로 진행이 꽤 가능하다고 여겨졌다. 당시까지 괴델Gödel, 튜링, 처치Church 등 학자들의 연구 등이 이론상 단단한 기반을 구축했으며, 아울러 이들은 생성문법의 연구 범주에 어떤 것들이 연관될 수 있을지에 대해 아주 확실하게 이해한 다음 연구조사를 진행했다. 내재 언어를 구성하는 생성적 진행 과정은 특정한 실험적 상황을 반드시 만족시켜야 했는데, 실험적 상황에는 우선 일부분이라도 학습이 가능하다는 측면과 내재 언어의 습득 및 활용이 눈에 띄게 발전했다고 보는 측면이 포함된다.

학습이 가능하다는 첫 번째 측면에서 내재 언어의 습득은 두 사항에 기반하고 있다. 즉, (1) 보편문법에서의 유전적 제약 (2) 언어와 무관한 원리다. 렌네버그(Lenneberg, 1967)가 50년 전부터 지속적으로 발견하고 논의한 내용[이에 대한 검토는 Curtiss(2010) 참조]을 따르면, 인간의 언어역량은 인간의 다른 인지능력과 판이하게 다르다는 점이 이전부터 알려져 있었다. 언어의 특성에 대한 세밀한 조사와 함께 이런 상황이 우리로 하여금 앞서 제기한 (2)의 내용에 대해 다른 인지의 진행과는 달리 생명체 자체에 연관되어 있지 않으면서 명실상부하게 존재하는 원리가 실제로 존재하지 않을까 하는 기대감을 갖게 할 수 있다. 또한 이 같은 원리들은 내재 언어 같은 연산작용 체계를 위해서는 자연법칙 안에서 연산작용으로서의 효율성을 갖추고 있다고 생각할 수 있다. 그리고 학습 가능성에 대한 연구에서는 아동들이 매우 신속한 학습 형태를 보이는 상황을 살펴볼 때 성장 측면에서 정상적인 특성을 보여주는 아이들 대부분이 생물학적 체계에 따른 신체의 외형적 성장과 비교해서 정보를 수용하는 양 자체가 엄청나게 앞서는 모습과 반드시 마주한다.

진화로 다시 돌아가서, 진화해온 것이 무엇인지 확실하게 짚어둘 필요가 있을 것이다. 이는 물론 언어 자체의 발달보다는 언어능력의 진척을 가리키는 것이며, 사실상 보편문법을 의미한다. 언어 자체의 변화는 어쩌면 진화라고 불리기 어려울지도 모른다. 제임스 허포드*James Hurford*의 설명을 따르면, 언어가 생물학적으로 진화화든 비생물학적으로 진화하든 그것은 연구에 큰 도움이 되지 못한다. 또한 비생물학적 진화는 진화 자체로 보기도 어렵다. 따라서 우리는 이 같은 조건을 감안하면서도 비록 종종 오해의 여지가 있기는 하지만 여전히 전통적으로 수용해왔던 '언어의 진화'라는 표현을 그대로 사용한다.

꽤 확고하게 보이는 언어의 진화에 관련된 사실 하나를 살펴보면 인류의 조상이 아프리카를 벗어난 이래로 6만 년 혹은 그 이상의 시간이 지나지 않았다는 것을 알 수 있다. 렌네버그(Lenneberg, 1967)가 지적하고 앞서 1장과 2장에서 언급한 내용을 생각하면, 현대 인류와 이전의 인류 사이에는 일반적으로 언어역량이나 인지능력에서 큰 차이가 나타나지 않는다. 또 다른 사실은 인간의 이동이 시작되기 바로 이전에는 언어가 존재하지 않았을 수도 있다는 점이다. 물론 이에 대해서는 아직까지 확신을 갖기에는 부족한 부분이 있다. 지금으로서는 보편문법을 주축으로 언어를 살펴봐야 한다. 어쩌면 언어의 출현 시기도 진화적 시간대에서 약 8만 년 전 근방의 매우 협소한 시간대이고, 그 이후에는 발전을 나타내는 진화 과정을 전혀 거치지 않았다는 추정이 나름 이치에 맞을 수도 있다. 언어의 진화에 대한 수많은 저서에서는 이러한 추정이 때로는 '반反다윈주의' 또는 진화이론의 거부 주장으로 지칭되기도 한다. 그렇지만 이런 비판은 1장과 4장의 내용에서 알 수 있듯이 현대 생물학에 대한 심각한 착오 때문에 발생하는 것이다.

앞서 언급된 매우 확고하거나 혹은 가능성만을 나타내는 두 가지 제안 외에 어떤 유효한 기록도 실제로 우리에게 많은 내용을 알려주지 못하고 있다. 또한 일반적으로 인간의 복잡한 인지 부분에 대해서도 이와 동일한 상황을 발견할 수 있다. 이런 상태는 우리가 언어의 진화를 연구하기 위한 기반으로 삼기에는 너무 미천한 상황이라고 판단한다. 그렇지만 이런 연구 환경에서도 여전히 우리는 한 가지 사안을 제안할 수 있다. 보편문법의 진화는 핵심에 초점을 맞추면 그 결과가 매우 간단할 수 있다는 것이다. 이 생각이 옳다면 언어에서 나타나는 복잡하고 다양한 양상은 인간들이 공유하고 있는 역량의 진화를 가리키는 변화로부터 발생한 것이다. 그리고 이 같은 변화는 진화 과정과 깊숙한 연관성을 갖지 않는 체계들 가운데 비교적 지엽적으로 국한된 부위에서 나타나는 경향이 있다. 앞으로 이 문제에 대해서 다시 한 번 논의하는 과정이 있을 것이다. 과학 분야에서 복잡성과 다양성이 출현하는 상황은 우리의 이해 정도가 충분하지 못한 상태를 반영하는 것이다. 또한 이런 상황은 우리에게 매우 친숙한 모습일 수도 있다.

20세기 중반에 생성문법을 구성하려는 최초의 노력이 시행되자마자 이전부터 연구된 내용들을 감안하더라도 언어에 관련되어 알려진 내용이 거의 없다는 사실을 곧바로 인식할 수 있었다. 게다가 자세한 연구를 통해 밝혀진 특성들 가운데 다수가 심각한 혼란을 일으켰을 뿐만 아니라 그중 일부는 지금도 꾸준하게 발굴되는 새로운 대상과 더불어 여전히 어려움을 가중하고 있다.

바로 이 시점에서 언어의 실증적 현상과 선명하게 나타나는 다양함을 잡아내기 위해서는 엄청난 복잡성을 보편문법에 의한 결과로 볼 필요가 있다. 그러나 우리는 이런 관점이 정확하지 못하다는 사실을 항상 잘 인식해왔다. 보편문법은 진화 능력이 작용하는 조건에 맞아야 하며, 보편문법에서 추정되는 특성이 더 복잡한 형상으로 나타날수록 해당 문법이 진화해온 방법에 대한 미래의 설명에는 더 많은 부담이 가중될 수 있다. 이 부담은 언어의 진화에 관한 일부 소수의 유효한 사실들이 가리키는 과정에서 감지할 수 있듯이 그 정도가 매우 심각한 정신적 책무를 가리킨다.

이런 이유로 논리적 탐구에 대해 일반적으로 고려하려는 바와 함께 내재 언어와 보편문법에 대한 연구는 시작부터 계속해서 내재 언어와 보편문법의 속성과 다양성에 연관된 추정들이 보여주는 복잡성의 무게를 감량할 돌파구를 찾는 데 목표를 두고 있었다. 하지만 여기에서는 역사적 시점을 중심으로 순차적 방식을 토대로 설명을 진행하지는 않을 것이다. 특히 1980년에 변형생성문법의 새로운 틀인 '원리매개변인이론'이 확고해지는 과정을 제시하지 않는다. 그렇지만 이 이론의 틀은 언어학적 관점에서는 이전부터 그다지 바람직하게 보이지 않았던 장벽 설정에 전혀 의존하지 않으면서도 언어 습득에 대해 설명할 수 있는 길을 열어주었을 뿐만 아니라 아주 심오한 연구 대상이 되었던 유효한 실험 자료의 양적 부분을 방대하게 확장할 수 있도록 기회의 장을 마련해준 발판이었다.

1990년 초까지 많은 연구자가 보편문법을 간략하게 축소하는 과정에 대해 다른 방향의 가능성을 추구할 필요가 있다는 사실을 인지하기 시작했다. 즉, 하나의 가장 이상적인 경우를 만들어내면서도 언어 자체가 그 이상적 수준에 가장 가깝게 다가설 수 있는 방법을 묻는 것으로, 외적으로 분명하게 나타나는 차이점을 극복하기 위한 길을 찾으려는 노력이다. 이 노력은 총체적으로 최소주의 프로그램이라고 불렸으며, 초기의 생성 문법에서부터 현재의 이론적 발달까지의 여정을 이음새를 전혀 보이지 않는 매끄러운 직물 형태로 비유해서 생각해볼 수 있다.

보편문법이 연산작용의 효율이라는 조건에 따라 작동한다고 보는, 최 단연산작용 원리로 축소하는 방식이 가장 최적의 상황일 것이다. 이런 추 정은 종종 강력최소주의이론이라고 불리기도 한다. 몇 년 전까지 강력최 소주의이론은 상당히 이질적인 발상으로 여겨지기도 했다. 그러나 최근 몇 년 동안 이 이론이 나름 상당한 수준의 장래성을 갖고 있다고 판단할 수 있는 정도의 증거들이 축적되었다. 만약 이 이론이 제대로 구축될 수 만 있다면 놀랍고도 돋보이는 발견이라고 할 수 있을 것이다. 그리고 이 런 과정을 토대로 언어의 진화에 대한 연구를 다루는 방법을 개척했다고 할 수도 있을 것이다. 우리는 이 점에 대해 언어의 진화에 대한 동시대적 인 연구들이 제안하는, 이전의 역사적 상황과 관련한 설명 일부를 제시한 다음에 본연의 해당 주제를 다룬다.

이미 언급했듯이 보편문법의 진화 문제는 60년 전 생물언어학의 시작 과 더불어 발생했다. 이것은 언어를 생물학적인 내적 존재로 간주했던 시 점을 기반으로 꽤 오래전부터 논의된 내용이다. 언어가 이 같은 관점으로 논의되지 않았다면 진화는 상당히 진지하게 고려되지 않았을 것이다. 19 세기 인구어학자*Indo-Europeanist*들도 생물학적 특성으로서 인간 개인들의 언어에 대한 내적 존재 여부를 고민했다. 그러나 그들에게 진화에 대한 측면은 많은 장애를 포함한 대상이기도 했다. 시작 초기 우리가 언급했던 최소한의 조건들을 기억해보면 그렇게 만족할 만한 상황은 아니었다. 특히 기본 특성 항목을 만족시킬 수 있을 정도로 진화의 진행 체계의 속성을 속속들이 이해하지 못한 상태이기도 했다. 1886년 프랑스의 언어학회는 당시 저명한 학자였던 휘트니(Whitney, 1893: 279)의 "언어의 기원에 관해 말로 그리고 글로 수행된 내용들 가운데 아주 많은 부분이 알맹이 빠진 이야기에 불과하다"는 견해를 수용하면서 언어의 기원을 주제로 다룬 논문을 배제하기도 했다. 사실 이 같은 내용은 지금도 주의를 기울여볼 만한 사안이라고 할 수도 있다.

이런 학문적 흐름 속에서 이어서 발생한 사안에 관해 누구나 인정하는 설명이 바로 진 애치슨*Jean Aitchison*에 의해 잘 정리되었으며, 해당 내용은 허포드, 스튜더트케네디, 나이트(Hurford, Studdert-Kennedy and Knight, 1998)가 편집한 『언어의 진화에 대한 접근들*Approaches to the Evolution of Language*』에 나와 있다. 애치슨은 언어의 진화에 관련된 주제가 금지된 상황을 인용하면서 스티븐 핑커*Stephen Pinker*와 폴 블룸*Paul Bloom*의 논문으로 인해 그녀의 표현에 따라 "모든 상황이 바뀌었다"고 말할 수 있는 시점인 1990년대의 연구 풍토로 아예 넘어가버렸다. 또 그녀는 허포드(Harford, 1990: 736)가 핑커와 블룸의 업적을 "진화와 언어 사이의 연관성을 이해하는 데 발생하는 장애 요인들을 말끔히 씻어냈다"라고 판단하면서 이에 대한 지지를 호소하는 내용을 인용했다. 계속해서 애치슨은 핑커와 블룸의 논문에 대해 "정상적인 진화 장치에 의해 언어가 진화한 것이며, 아울러 '이전에 전혀 통합적인 구성을 보이지 못했던 언어의 진화에 관련되는 새로운 과학적 정보가 매우 풍성하다'(Pinker & Bloom, 1990)"라고 논평했다. 우리가 생각하건대, 이 책을 바탕으로 언어의 진화 분야가 새롭게 이륙하는 계기를 얻을 수 있었고, 하나의 연구방식으로 꽃을 피울 수 있는 바탕이 마련되었다.

앞에서 언급한 연구 과정은 우리 저자들 관점으로는 다르게 보이기도 한다. 그러나 이런 관점이 휘트니의 제재가 확실한 정당성을 보였다는 데 원인이 있다고 보지는 않는다. 휘트니 이후 구조주의 시기에 언어는 일반적으로 생물학적 대상에 포함되지 않았다. 그래서 언어 자체의 진화가 문제점으로 부각되지도 못했다. 유럽의 구조주의에서는 언어를 사회적 독립 요소로서, 주로 소쉬르가 언어를 바라본 견해를 (일종의 관련된 의미로) 받아들였다. 소쉬르(Saussure, 1916: 31)는 단어의 이미지가 "일종의 상호 계약"이라는 개념에 근거해 사회적 구성원들 전체의 뇌 속에 축적되어 있다고 본다. 미국의 구조주의는 레너드 블룸필드*Leonard Bloomfield*의 관점을 표준으로 받아들이고 있다. 블룸필드는 기존에 사용하던 음성을 토대로 상황에 대처하거나 또는 해당되는 음성에 대응해 행동으로 대처하는 습관을 모아 놓은 배열로서 언어를 정의하고 있다. 다르게 말하면, 언어를 '언어공동체에서 발생한 발화의 총체적 집합'으로 볼 수 있다. 이런 견해를 따르면, 언어에 관해 앞서 언급된 독립적 단위 요소가 무엇이든 앞서 말한 요소들을 생물학적 대상으로 가정하려는 시도가 적절하다고 보기는 어려울 것이다.

기본 특성을 만족시키려는 차원에서 내재 언어를 연구하던 시기인 20세기 중반은 상황이 많이 달라지는 시점이었다. 앞서 언급한 적이 있듯이 언어의 진화에 연관된 문제가 한꺼번에 나타나기 시작했다. 그러나 이런 문제가 중요하게 다루어진 것은 아니었다. 초기의 연구들을 살펴보면 다양한 언어를 탐구하면서 발견된 사항들을 기술하는 것이 충분하게 여겨질 정도로 많은 자료가 발굴되었고, 이를 토대로 이론의 정립이 시작되던 분위기였다. 그렇지만 이런 과정에서 언어들 사이에 보편성을 가리키는 보편문법이 발전할수록 진화의 가능성을 보아야 한다는 부담이 점점 가중되었다. 실제로 이런 환경에서는 연구 성과가 나타나지 못했다.

우리 저자들이 1장에서 논의했듯이 이런 어려운 시점에서 과감하게 앞으로 발을 내딛은 학자가 바로 에릭 렌네버그였으며, 그의 책『언어의 생물학적 기초』는 언어의 진화에 관한 연구의 초석이라고 할 수 있다. 이책에는 언어역량에 관한 진화에 대해 생물학적 기준에서 진화의 비연속성을 옹호하는 입장을 토대로 여러 중대한 통찰력 및 꽤 높은 강변 수준을 갖춘 내용이 포함되어 있다. 그러나 보편문법에서 나타나는 근원적인 문제인 무한성과 복잡성은 여전히 지속되고 있었다.

이 같은 연구가 제시된 이후 생물학자, 언어학자, 철학자, 인지과학자들을 총망라한 국제학술회의와 국내학술회의가 무수히 개최되기 시작했다. 이 회의들을 통해 진화에 관해 많은 논의가 이루어졌지만, 여전히 보편문법의 광범위성에 연관된 문제 때문에 그다지 성공적인 결론을 내리지 못했다. 학술회의에 참석한 촘스키는 1970년대 메사추세츠 공과대학을 주축으로 생물학자 살바도르 루리아와 함께 언어의 생물학에 관해 강좌를 열었다. 수많은 학생이 자신들의 희망을 위해 그곳에 모여들었다. 강좌의 주요 의제는 언어의 진화와 관련되었지만, 정작 당시까지도 할 말이 그렇게 많지는 않았다.

역사학자들을 포함해 당시까지 의견을 개진하던 사람들은 초기 생성 문법에서 언어의 진화에 대한 참고 자료를 찾는 것이 그리 쉬운 일이 아님을 확인했다. 그 이유는 정확하게 알려지지 않았지만 생성문법에 관련된 역사적 조사에 대한 당시의 사정이 사실이었음을 확인할 수 있다. 1950년대 초기부터 1967년 무렵까지 렌네버그의 저서 및 과학 분야의 기타 학문적 회합을 통해 참고 자료의 희귀성에 대한 많은 논의가 있었다. 그렇지만 여러 이유만으로는 충분한 결론을 내릴 수 없는 상황이었고, 참고 자료는 여전히 부족한 상황에 놓여 있다.

1990년도까지도 '언어의 진화에 대해 누구에게나 인정될 만한 새로운 정보'가 거의 나타나지 못했다. 하지만 언어의 진화에 대한 입장이 '완전히 붕괴될' 만큼 '지적 장애요인'이 널린 상황도 아니었다. 바로 그때 변화의 조짐들이 나타나기 시작했다. 그중 첫 번째는 보편문법에 대한 꾸준한 연구 발전 속에서 나타난 강력최소주의이론이 정확한 출구일 가능성을 제기한 것이다. 이것은 언어의 진화를 연구하는 데 절대적인 장벽을 넘어서는 중대한 요건이다. 두 번째는 진화생물학자 리처드 르윈틴(Lewontin, 1998)의 결정적 논문의 출현이다. 이 논문에는 당시까지 널리 수용되었던 방법을 토대로 특히 언어에 연관해 인지의 진화를 연구하는 것이 어떤 이유로 적절하지 못한지 그 이유가 상세하게 제시되고 있다. 세 번째는 르윈틴의 주의력 깊은 주장에도 불구하고 엄청난 수의 논문들과 저서들이 쏟아지기 시작했다는 사실이다. 물론 이 연구 결과물들은 대부분 언어의 진화에 관한 연구에 최소한이라도 길을 열어줄 것이라고 여기던 보편문법을 이해하려는 시도를 피해 갔다. 그리고 바로 이런 상황이 보편문법에 대해 제시된 의견들을 크게 해치는 단계까지 간 것은 아닌지 염려되는 부분이다.

사실 마이클 토마셀로(Tomasello, 2009)는 보편문법의 존재를 애초부터 부인했다. 이런 입장을 그대로 수용할 경우 보편문법의 진화 또는 언어 자체의 진화를 모두 부인해야 할 수도 있다. 차라리 언어의 출현 자체를 인지 진행 과정에서의 진화 정도로 강등해야 할 것이다. 르윈틴이 제시한 이유들을 근거로 삼으면 언어가 심도 있는 조사 대상이 되지 못한다고 보는 것이 맞는 일이라고 할 수도 있다. 하지만 이런 논리가 옳다고 한다면 언어역량과 다른 인지 과정을 분리할 수 있다고 지지하던 많은 증거도 무시되어야 할 것이다. 이와 더불어 인간에게만 존재한다고 믿고 있던 태생적인 보편문법의 존재도 부인되어야 마땅할 것이다. 새롭게 태어나는 신생아를 보면, 그들은 자신이 처한 환경에서 언어에 연관된 자료를 즉각적으로 선별해내는데, 이것은 매우 뛰어난 솜씨다. 동일한 소리가 인간 신생아와 유사한 청각 체계를 갖춘 다른 유인원들에게는 거의 잡음 정도로 들리는데도 말이다. 신생아는 인간에게만 있는 독특하면서도 일반적인 학습 체계가 제시할 수 있는 수준을 넘어 단어 습득부터 문장구조 및 의미적 해석까지 다가서는 과정을 보인다.

이 분야에서의 커다란 팽창은 과학 세계에 흥미로운 의제 몇 가지를 던지고 있다. 하지만 이런 의제들에 대해 높은 합의를 이끌어낼 수 있는 상황에서 벗어나 있기 때문에 우리는 이 문제는 잠시 제쳐두고, 해당 의제에 대한 생산적인 접근으로 볼 수 있는 방식들을 살펴본다.

강력최소주의이론이 수용되는 차원에서 우리는 언어역량의 진화 문제

를 일관적인 논리와 잠재적인 효용성 속에서 나름의 설명방식을 수립해
보려고 한다. 우선 강력최소주의이론이 대략적이라도 현실성이 있다는
가정에서 언어와 언어의 진화에 대한 결론에 과연 어떤 문제가 발생하는
지 물어보고자 한다.

　모든 연산작용은 두 요소인 X와 Y에 적용되는 작용이 일찍부터 형성
되는 과정과 함께 이런 과정을 통해 새로운 합성 요소 Z를 구성하는 과정
안에 내재되어 있다. 이 작용 과정을 통틀어 **결합**이라고 부르자. 강력최
소주의이론에서는 가능한 범위에서 결합이 아주 미미한 지도력을 가지고
있다고 본다. 즉, X와 Y를 하나로 묶는 결합에서는 두 요소 자체에 대한
어떤 인위적인 작용이 배제되며, 나아가 두 요소의 순서에도 관여하지 못
하는데, 순서에 관련된 부분은 나중에 다시 살펴본다. 따라서 결합은 형
성만 하는 것이고, 이를 바탕으로 X와 Y는 결과적으로 {X, Y}라는 결과물
로 나타난다.

　이런 특성에서 결합은 바로 가장 간단한 연산작용에 속할 수 있는 가
정 적절한 후보로 볼 수 있다. 때로는 연속으로서 요소들의 병렬적 조합
이 더 간단한 개념이라고 주장되기도 한다. 그러나 이 주장에는 문제점이
있다. 연속으로서의 조합에는 문맥자유문법이 내부 구조에서 부분별로
명칭이 주어진 수형도로부터 최종적으로 하위 요소만으로 구성된 단어
배열 연속체를 결정하는 규칙들과 동일하게 상호 순서 및 원리를 수반하
는 결합 과정에서 단계별로 참여하는 요소들의 구조를 삭제하는 현상이
요구되고 있다. 우리는 연산작용의 진행을 기존의 통사론 규칙과 유사하
게 생각할 수도 있다. 우리에게도 **독립된 요소들이 존재하는 어휘부**에 접

근할 수 있으며 구성 과정에서 생성되는 새로운 대상을 포함할 수 있는 작업 영역이 존재한다. 연산작용을 지속하기 위해서는 이 작업 영역에서 요소 X가 선택되어야 하며, 이어서 또 다른 요소인 Y가 선택되어야 한다. 이렇게 제시된 X와 Y는 작업 영역에 속했던 개별 요소로 볼 수 있으며, 이는 마치 어휘부에서 read books라는 구를 구성하기 위해 하위 조건으로 read와 books를 선택한 다음 두 요소를 하나로 결합한 것으로 볼 수 있다. 이 과정을 외적 결합이라고 부른다. 또 다른 유일한 논리적 가능성으로는 다른 규칙을 토대로 할 때 Guess which books he will read 혹은 Which books will he read의 기저 구조라고 할 수 있는 which books he will read which books를 구성하기 위해서 he will read which books라는 구절과 which books를 하나로 조합하는 내적 결합을 생각해볼 수 있다. 이때 내적 결합의 작업 과정은 아주 흔히 볼 수 있는 특성의 예로서 이동이라고 할 수 있다. 이동이란 특정한 구들 가운데 최종적으로 발음에서 차지하는 위치와 의미적으로 해석되는 위치가 일치하지 못하는 경우를 말한다. 이동이라는 특성은 오랜 기간 언어에서 이상할 만큼 불완전한 성격으로 여겨지던 부분이기도 하다. 하지만 반대로 생각하면 가장 기초적인 연산 과정의 자동적인 특성으로 볼 수도 있다.

앞서 제시한 내용을 다시 반복하면, he will read which books와 which books를 결합하면 which books he will read which books처럼 내부적으로 which books가 두 번 이상 반복되는 구조를 얻게 된다. 이런 구조가 나타나는 이유는 결합 작용이 반드시 해당 요소들을 있는 그대로 두어야 하기 때문이다. 이것이 바로 결합의 최적의 특성이다. 이런 특성은 나중에 매우 중요한 기반 요인으로 밝혀진다. 내적 결합에서 보여주는 두 요소의 반복은 복사 현상으로, 이 작용은 이동에서 아주 광범위하면서도 중요한 범주에 걸쳐서 발생하는 발음의 위치와 의미 해석의 위치의 차이를 해결하는 데 결정적인 역할을 수행한다. 우리는 예를 들어, **Which books will he read**라는 문장을 **which books**의 위치에 따라 다른 의미로 의미적 기능을 가리키는 "for which books **x**, he will read books **x**"로 이해할 수 있다. 이는 제시된 문장구조를 해석하면서 드러나는 복잡한 해석을 연산작용이라는 최적의 가정을 기반으로 단번에 해결하는 실마리를 찾을 수 있다는 것을 가리킨다.

이에 대해 조금 더 간단한 예를 들면 '소년들 각자가 또 다른 소년들과의 만남을 기대한다'는 의미를 지닌 **The boys expect to meet each other**이라는 문장을 생각해볼 수 있다. 일단 이 문장을 **I wonder who**라는 구와 묶어서 **I wonder who the boys expect to meet each other**이라는 문장으로 구성해보자. 새롭게 구성된 문장을 보면 바로 앞에서 제시한 해석이 적용되지 못한다는 사실을 알 수 있다. 새로운 문장에서는 **each other**이 가까이 위치한 **the boys**보다는 그 앞에 위치한 **who**와 의미적 연결성을 맺게 되기 때문이다. 이 같은 상황이 발생하는 이유는 해석이라는 과정이 소리에 의존하는 대신에 사고 과정에 의존하게 되면서 **the boys**가 의미적 해석인 **I wonder who the boys expect who to meet each other** 구조에서 두 번째 **who**에 더 가깝게 위치하고 있다고 판단하기 때문이다. 이런 해석은 바로 내적 결합의 과정에서 발생하는 복사 현상으로 인한 결과라고 할 수 있다.

이제 수위를 조금 높여 복잡한 예로 Which one of his paintings did the gallery expect that every artist likes best라는 문장을 생각해보자. 우선 이에 대한 답으로 모든 예술가들과 완전한 별개로 his first one을 생각해야 한다. every artist 같은 양화사를 포함한 구는 which one of his paintings라는 구 내부에서 his라는 대명사와 결속되어 있다. 그렇지 만 이 같은 해석은 One of his paintings persuaded the gallery that every artist likes flowers 같은 문장에서는 기대하기 어렵다. 이는 이동 을 가리키는 내적 결합의 복사 현상이라는 특성 때문이다. 의미적 해석을 가능하게 하는 사고 과정으로 볼 때 Which one of his paintings did the gallery expect that every artist likes which one of his paintings best와 같이 반복 부분이 포함된 의미구조에서 관찰이 가능한 Every artist likes his first paintings best가 있어야만 every artist처럼 양화사를 포함한 구 가 바로 다음에 위치한 대명사 his와 정상적인 결속 관계를 맺을 수 있게 되는 것이다.

문장이 복잡해질수록 더 많은 복잡다단한 결과들이 도출된다. 이 결과 들은 귀납적 방식, 빅데이터에 의한 통계적 분석, 또 다른 메커니즘으로 취득되기보다는 오히려 여러 경우의 풍성한 다양함 속에서 강력최소주의 이론을 가정하는 언어의 근원적 시스템 구성을 통해 도출되는 것이라고 할 수 있다.

만약 앞서 살펴본 의미구조에서 나타났던 복사된 결과들이 모두 실제 발음에 참가하게 된다면 인식 자체는 훨씬 쉽게 이루어질 수도 있다. 그 러나 실제 상황에서 인식에 연관된 이론과 기계 파싱 및 해석 프로그램들이 맞닥뜨릴 주요 문제들 가운데 하나는 바로 최종 발음 자체에 나타나지 않는 공범주의 위치를 찾는 이른바 공범주 채우기다. 복사 현상으로 제기된 두 개의 반복 요소들이 모두 발음에 나타나지 못하고 오직 하나만 실행되는 이유로는 바로 연산작용을 생각해볼 수 있다. 즉, 의미상 동일한 대상을 가리키는 요소들을 있는 그대로 모두 발음하는 것은 곧 가장 간단한 경우의 수만을 찾으려는 연산작용에 어마어마한 복잡성이라는 부담을 지우는 결과를 가져온다. 따라서 이런 과정에서 연산작용의 효율성과 사용 자체의 효율성 사이에 충돌이 발생할 수 있지만 결국 연산작용의 효율성이 수월하게 승기를 잡는다. 알려진 바에 의하면 모든 언어의 구조에서 연산작용의 효율성이 승리하는 것은 진리로 받아들여지고 있다. 이 부분을 더 깊이 다루는 데 시간이 부족한 상황이기는 하지만 연산작용의 효율성과 사용 자체의 효율성(파싱●의 능력, 의사소통 등) 사이에 발생하는 경쟁과 관련해 여러 예가 존재한다. 그러나 대부분 사용 자체의 효율성이 희생 대상이 되고 있으며, 특히 언어의 설계는 주로 연산작용의 효율성에 초점을 두고 있다. 이런 예들을 주변적인 것으로서 결코 미미하게 보지 말아야 한다. 예를 들어 바로 앞에서 다룬 경우가 바로 파싱의 능력 및 인식에 대한 핵심적인 문제다.

감각운동 단계에서 발생하는 외재화는 부수적인 진행이라고 할 수 있다. 여기에서 외재화는 마치 발화와 기호를 위한 각자 다른 배열화로, 감

● 문장 분석.

각 양상의 특성을 반영하는 것이다. 이런 내용에서 알 수 있는 것은 의사소통을 언어의 '기능'으로 간주하려는 최근의 주장을 오류로 바라보고, 언어를 사고의 수단으로 보는 전통적 개념이 정확성에 더 근접한다고 보는 입장이다. 전통적 관점을 표현한 휘트니의 표현을 빌리면 근본적인 방향에서 언어를 무엇보다도 확실하게 '생각의 청각적 기호'의 체계화라고 말할 수 있을 것이다.

의사소통을 언어의 '기능' — 이것이 정확하게 무엇을 의미하든지 간에 — 으로 간주하는 최근의 개념은 아마도 언어가 동물의 의사소통으로부터 진화했음이 '틀림없을' 것이라는 그릇된 믿음에서 시작된 것 같다. 이 같은 생각은 렌네버그가 반세기 이전에 이미 논의한 내용과 마찬가지로 진화적 생물학에서 크게 환영받는 결론이 아닌데도 말이다. 관련된 증거들이 이런 생각이 오류임을 잘 보여주고 있다. 실질적으로 모든 중요한 관점, 단어의 의미로부터의 기본 특성, 습득 및 활용 등에서 인간언어가 동물의 의사소통과는 판이한 체계로 나타나고 있다는 사실을 확인할 수 있다. 사람에 따라서는 이 같은 근래의 개념이 이론적·실제적 측면에서 어떤 장점도 보여주지 못하는, 이리저리 헤매는 모습을 보이는 행동주의자들의 관점에 그 원인이 있다고 여기기도 한다. 그 이유가 무엇이든 간에 증거로만 보면 근원적으로 언어가 사고의 체계라고 보는 전통적 관점을 선호할 수 있다.

이 같은 결론을 지지하는 상당수의 견고한 증거가 존재한다. 다시 한번, 최적의 연산작용인 결합이 어떤 상황에서도 묶음 대상이 되는 요소들 사이에 순서를 결정하지 않는다는 사실에 주목해보자. 이 사실은 언어에 연관된 정신적 작용과 감각운동 체계에만 반영될 법한 순서에 대한 관점이 어떤 관련성도 갖지 않는다는 점을 나타낸다. 구절 안에서 단어들 사이에 나타날 순서는 발화를 진행하는 경우에만 순차적 배열로 나타날 수 있다. 결국 감각운동 체계가 결합을 거치는 대상들이 병행적으로 생성을 진행하거나 구조를 생성하는 등의 상황을 허용하지 않는다는 것이다. 감각운동 체계는 상당 부분 언어 자체가 나타나기 이전부터 존재해왔고, 어떻게 보면 언어 자체와 연관성이 거의 없었다고 볼 수도 있다. 앞서 언급한 적이 있듯이 인간과 거의 비슷한 청각기관을 가진 유인원들은 인간의 언어를 접할 때 단순히 잡음 정도로 들었을 공산이 크다고 할 수 있을지도 모른다. 그러나 인간의 신생아들은 오직 인간 뇌 속에 깊이 뿌리를 내리고 있을 언어능력을 사용해 마치 다른 동물들에게는 잡음으로 들릴 수 있는 소리들 중에서 언어에 연관된 자료를 즉각적으로 정확하게 선별하는 과정을 보여준다.

일부 예를 살펴보면 이런 결론이 이미 친숙한 내용이라는 것을 알 수 있다. 그래서 동사-목적어 구조 또는 목적어-동사 구조를 갖춘 언어들은 동일한 의미 역할을 부여한다. 또한 이런 측면을 포함해 더 많은 내용을 포함하는 일반성을 보여주기도 한다.

이 같은 관찰들은 흥미로운 실험적 결과들을 포함한다. 1장에서 제시한 예들로 birds that fly instinctively swim 그리고 the desire to fly instinctively appeals to children이라는 두 구절을 다시 살펴보자. 자세히 보면 이 구절들은 이중적인 의미 해석이 가능한 구조를 포함하고 있다. 부사 instinctively가 바로 앞에 위치한 동사에 연관되거나(fly instinctively) 부사 바로 다음에 위치한 동사들과 연관된다(instinctively swim, instinctively appeals)고 할 수 있다. 수차례 확인했듯이 주어진 구절에서 부사 instinctively를 추출해 다른 위치로 이동시킨 다음 instinctively, birds that fly swim이나 instinctively, the desire to fly appeals to children으로 구절의 외형적 구조를 바꾸어보자. 이런 상황을 다시 한 번 살펴보면 부사의 이동을 전제한 후에 나타나는 구조에서는 이중적 의미 해석이 더 이상 나타나지 못한다는 사실을 확인할 수 있다. 결국 부사의 이동이 포함된 구절 속에서 instinctively는 의미적 측면에서 오직 동사 swim 또는 appeals와 연관성을 가진 채 의미 해석을 가능하게 하며, 해당 부사에 근접한 다른 동사 fly와의 관계가 완전히 사라진다는 점을 확인할 수 있다.

이 같은 예를 통해 우리는 규칙들에서 발생하는, 구조적 정보에 의존하는 공통적인 특성을 발견할 수 있다. 즉, 언어의 연산작용 규칙이 단어들이 늘어서는 순서를 무시하면서 때로는 바로 이어서 위치하고 있지 않더라도 구조적으로 거리를 둔 다른 단어들과 연관성을 보이는 복잡한 성격을 유지한다는 점이다. 이처럼 이상한 수수께끼 같은 상황은 정확한 문법을 구성하려는 초기의 노력들 속에서 확연하게 알 수 있다. 또한 수차례에 걸친 시도들 속에서 이런 노력의 결실이 수많은 자료와 경험적 수치들에 기인할 수 있다는 가능성이 나타난다. 그러나 모든 시도는 실패했고, 이는 그렇게 놀랄 일이 아니다. 앞서 언급한 것처럼 아이가 언어를 배우는 과정 속에서 순차적 배열을 희생하면서까지 두 요소가 바로 이어서 위치하고 있지 않더라도 멀리 있는 요소들 사이에 관계가 성립할 수 있다고 보는 복잡한 특성을 굳이 선택할 이유는 무엇인지 설명할 증거가 없다는 사실에 주목해야 한다. 그럼에도 불구하고 여러 실험에서 나타나듯이 아이들이 세 살 무렵에는 이미 언어 규칙들이 구조-의존적 성격을 띤다는 점을 이해하고 있을 뿐만 아니라 이전에 해당 규칙에 대해 접촉한 적이 전혀 없어도 적용 과정에서 실수를 거의 하지 않는다는 사실을 발견할 수 있다. 이 모든 사실은 강력최소주의이론을 가정하면서 동시에 언어의 연산작용이 아주 간단하다는 사실을 인정해야 수반될 수 있다.

문법적 측면에 대해 이전의 수많은 시도 가운데 일찍부터 자주 논의되었던 경우지만 대표적인 실패 사례로 조동사 순서 도치 그리고 관계대명사 구를 생각할 수 있다. 인위적인 작업에 의존하는 방식의 한계성은 연구자들로 하여금 외부로 나타나는 현상이 곧 인상*raising* 과정을 주도하는 규칙과 연관을 맺고 있고, 이에 관해 아이에게 유용한 자료가 존재할 수 있으며, 그 관계구조 안에 이미 추정할 수 있는 가능성이 존재하고 있다고 믿도록 그릇된 길을 제시했다. 이런 측면에서도 이전의 시도들은 이미 완전한 실패로 귀결되었다고 볼 수 있다. 하지만 우리는 앞서 예시한 내용과 동일한 모습을 보이는 규칙들의 구조적 형태들로부터 제시되었던 이전의 예시들을 넘어설 수 있을 때 비로소 이 예들이 우리 저자들이 추구하려는 요점과는 무관할 수 있다는 점을 확실하게 이해할 수 있을 것이다.

그렇다면 이처럼 오늘날 유일하게 더 많은 조사를 필요로 하는 수수께끼와도 같은 현상을 설명할 수 있는 것은 무엇인지 생각해봐야 한다. 이와 관련해 우리는 보편문법의 속성에 대한 최적의 가정으로 볼 수 있는 강력최소주의이론을 기반으로 할 때 원하는 결과를 기대해볼 수 있다.

일부 연구자들이 이 현상들을 조금이라도 설명하기 위해 부단히 노력한 반면에 또 다른 연구자들은 자신들이 보는 내용이 수수께끼라는 사실을 이해하지도 못했다. 예를 들어, 프레더릭 뉴메이어(Newmeyer, 1998: 308)는 구조 의존 규칙들의 원인을 "**모든** 정보를 포함하는 복잡한 시스템을 상하계층 구조로 만들려고 하는 것"에서 찾을 수 있다고 주장했다. 사실 연산과정이 상하계층 구조를 갖추게 하는 이유에 대해 더 간단하면서도 설득력 있는 설명들이 있기는 하지만, 이들 설명조차 수수께끼 자체를 완전하게 파헤치지 못했다. 상하계층 구조화 및 순차적 배열은 여전히 존재하고 있다. 구조 내부에서 바로 앞뒤의 위치를 무시한 채 멀리 위치한 요소들 사이에 관련성이 생기는 복잡한 작용을 선호하는 보편적인 상황이라고 할 수 있는 수수께끼는 여전히 남아 있다. 그렇다고 해서 상하계층 구조를 갖추는 것이 나름 효용성이 있다는 주장이 적절한 설명이 되는 것은 아니다. 순차적 배열에 대해서도 마찬가지다. 이 같은 상황은 차라리 최근에 제시되고 있는 기술적인 논문에서 흔히 발견할 수 있는 실수라고 할 수 있다.

이 같은 실수를 포함한 논문들이 출판된다는 사실은 앞서 살펴보았던 자료에 관련된 논쟁의 초기의 설명을 비판하려는 목적과는 무관하게 발생하는 일련의 오류라고 할 수 있다. 즉, 이런 실수는 이전에 우리 저자들이 인용했던, 언어의 진화에 연관된 호기심을 유발하는 논문집의 저자들이 내세운 결론의 기반을 약화하는 것으로 볼 수 있다.

여기에서 제시한 **호기심 유발**이라는 표현은 매우 적절한 표현인 것 같다. 가끔 나타나는 오역이 때로는 아주 많은 호기심을 유발하기도 한다.

그중 하나는 진화 그리고 자연선택 사이에서의 혼란이라고 할 수 있다. 이런 혼란은 다윈이 강조했듯이 진화에서 **하나의** 요인이기도 하지만 **핵심적인** 요인은 아니라고 보아야 한다. 또 다른 사항은 여전히 이상하다. 그래서 애치슨(Aitchison, 1998: 22)은 언어는 "상대적으로 보면 마치 '툭 불거짐'과 같이 순식간에 나타난 것일 수도 있다"라고 말하면서 언어의 기원을 (그 학자가 표현했듯이) "잠시 불거지는 가설"이라고 가리키며 나름 대로 논의를 진행했다. 애치슨은 이런 가설의 불합리성을 예시하기 위해 우리 저자들 가운데 촘스키를 인용하면서 한쪽 날개만으로는 비행이 유효하지 않다는 생각을 개진했다. 하지만 그녀의 시도는 이미 오류를 토대로 시작된 것일 뿐만 아니라 곤충의 날개들이 애초에 온도 조절장치로서 진화되었다고 제안하는 기술적 출판물을 인용했다는 사실도 언급하지 않았다. 유감스러운 점은 이런 설명들이 언어의 진화에 관련된 문헌자료에서 예외적인 사안이 아니라는 사실이다. 그러나 이 책에서는 이런 문제를 지체할 이유가 전혀 없다. 1장과 4장에서 진화에서 특히 주요한 변천 이행 중에 상대적으로 신속하게 발생한 변화들의 명백한 출현 빈도수는 물론이고 이와 관련해 진화적 변화의 상대적 '속도'에 대한 쟁점과 더불어 진화적 변화가 어느 수준의 속도로 진행되어야지만 이미 알려진 고대 고고학의 시간적 개념에 들어맞는지가 함께 논의되고 있다.

다시 주요 의제로 돌아가서, 언어의 명백한 다양성 및 복잡성과 함께 언어가 변화에 적응하는 능력 등은 대부분 또는 어쩌면 전체적으로 외재화에 근원을 두고 있으며, 기저 구조의 표현을 생성하면서 동시에 이들을 또 다른 정신적 작용 단계인 개념 단계로 보내는 체계적인 상황에 근원을 두고 있지 않다는 사실을 의미심장하게 살펴봐야 한다. 이런 양상은 모든 언어에서 공통적인 형태로 나타나며, 크게 놀랄 일이 되지 못한다. 그 이유는 보통 수준의 복잡성을 내포한 예들에서도 아이들은 외재화의 다양화 그리고 내재적 개념 단계의 간결성 등에 관련되는 직접적 증거를 사실상 거의 받지 못한 채 언어를 습득하기 때문이다.

어떤 상황에서도 외재화를 부수적인 측면으로 보는, 즉 언어를 의사소통이나 다른 형태의 상호관계 맺기로 간주하는 신경학적·실험적 증거들이 존재한다. 10년 전 밀라노에서 안드레아 모로*Andrea Moro*에 의해 시작된 연구조사에서는 보편문법 원리를 유지하는 차원에서 넌센스 체계의 예들*을 바탕으로 연구를 진행함으로써 뇌 속의 언어 부위가 정상적으로 작동하고 있음을 보여주었다. 이 연구는 보편문법이 아니라 배열 순서를 따르는 좀 더 간단한 방식을 이용하는 경우에 활동 영역이 훨씬 넓게 번지는 것을 보여주었으며, 이런 결과는 실험에 참가한 피실험자들이 자신들에게 제시된 넌센스 체계의 예를 오히려 수수께끼 자료로 인지하고 처리하려는 성향을 보인다는 점을 암시한다(Musso et al., 2003). 네일 스미스와 이언티마리아 심플리(Smith & Tsimpli, 1995)의 연구는 인지적 능력에서는 결핍을 보이지만 언어학적으로 능력을 갖춘 실험 대상자들을 조사하는 과정에서 확정적인 증거를 보여주었다. 그들의 연구는 일반적인 능력을 갖춘 실험 대상자들이 실험 자료가 수수께끼로 제시되는 경우

● 무의미한 말의 예.

에는 문제를 해결할 수 있는 가능성을 보이지만, 언어능력을 활성화한다고 가정하면서 실험 자료가 언어로 제시되는 경우에는 해당 문제를 해결하는 가능성을 보이지 못한다는 사실을 제시하는 등 흥미를 더하는 결과를 보여주었다. 우리는 이런 종류의 연구에서 신경과학과 실험 심리언어학에서 추진될 수 있는 매우 흥미로운 방향들이 나타난다는 사실을 확인할 수 있다.

앞서 언급한 내용을 간략하게 정리하면, 언어의 속성에 관련된 최적의 결론은 언어에 연관된 원리들이 최소화되면서도 이 원리들이 어쩌면 연산작용 체계에 확실하게 들어맞는다는 사실로 귀결될 수 있을지도 모른다. 바로 이것이 20세기 중반부터 생성문법이 줄기차게 연구 대상이 되었던 이래로 항상 추구하려는 최종 목표 지점이라고 할 수 있다. 이런 목표가 초기에는 그다지 가능하게 보이지 않았으며, 지금도 크게 달라지지는 않았다. 하지만 앞서 언급한 최적의 가정은 일부이지만 꽤 흥미로운 실험적 결론을 가능하게 하는 요건이기도 하다. 우리는 이동이 사실 일종의 수수께끼처럼 비정상적으로 보이는 것과는 아주 다르게 완벽한 언어를 위해서 기대되는 특성으로 생각해볼 수 있다. 게다가 최적의 설계 모형이 이동 같은 복사 과정의 특성을 만들어줌으로써 꽤 풍부하고 복잡한 의미적 해석을 가능하게 할 수 있다. 이와 관련된 사안들을 적절하게 설명하기 위해서는 우리는 단순한 배열구조에만 의존하는 접근방식을 제외하고 아울러 복잡한 상황을 즉각적으로 분석할 수 있는 설명방식을 제시해야 한다. 즉, 현재 우리 연구자들이 모든 언어와 그에 연관되는 여러 구조에서 발견할 수 있는 복잡성에 대해 단어들의 배열이 포함된 구절을 분석할 때, 단어들이 위치상 앞뒤로 연속성을 보이지 않더라도 여전히 상호 연계성을 보이는 수수께끼 같은 현상을 설명해주는 방법을 강구하는 것이다. 또한 언어에서 발견되는 다양성, 복잡성, 유연성 등을 우리가 언어 구조 및 의미적 해석의 핵심적인 내적 진행에 비교할 때 이들 속성이 대부분 혹은 전체적으로 외적 체계로서 부수적 부위에 해당된다는 사실에 대해서도 역시 확실한 설명방식을 가져야 한다.

만약 이 같은 방향이 모두 옳다고 한다면, 언어가 연산작용의 효율성 그리고 사고의 표현 등을 위해 아주 적절하게 기획되어 있다고 할 수 있다. 하지만 이러한 관점은 언어를 의사소통 같은 언어 활용 측면에 초점을 맞추게 될 때 문제점에 부딪친다. **기획**이라는 용어는 단지 은유적 표현임을 명심해야 한다. 이 용어가 의미하는 것은 인간언어의 기본 특성에 버금가도록 가장 간략한 형태로 진화하는 과정에서 외부로부터 최적의 결과를 도출할 수 있도록 어떤 방해도 존재하지 않는다는 전제에서 사고 및 이해 체계를 산출한다는 것이다. 이처럼 기획을 거친 대상을 토대로 생성 과정을 통해 발생하는 결과는 연산작용의 측면에서 보면 효율성을 갖추고 있는 성과로 판단할 수 있을 것이다.

진화의 역사에 대해 언급되었던 두 가지 사실로 다시 돌아가보면, 뇌속에서 작은 수준의 재배선이 기본 특성이라는 핵심 요소를 제공한다고 그럴듯한 추측을 해볼 수 있다. 여기서 핵심 요소는 최적의 연산작용 진행 과정으로, 상하계층 구조를 갖춘 표현을 무한하게 생성해 모아 놓은 집합체를 양산하고, 또한 이 표현들이 다른 인지 체계들과의 개념적 상호관계 속에서 해석을 거치도록 하는 경과 단계를 말한다. 이와 같이 뇌 속에서의 변화처럼 생물학적으로는 상대적으로 미미한 변화일지라도 그 결과가 장대한 경우에 대해서는 라무스와 피셔(Ramus & Fisher, 2009)의 연구를 인용해 1장과 4장에서 그 윤곽이 서술되고 있다. 언어와 같이 작은 변화 단계가 무한한 범위의 결과를 생성하는 또 다른 예들이 발견되지 못하고 있기 때문에 앞서 언급한 내용에 대해 다른 가능성을 상상하기가 쉽지 않다. 이런 변화는 개별적으로만 발생하며, 운이 좋다면 부모의 한쪽 또는 (거의 드물지만) 양쪽으로부터 전달되어 형제들에게도 나타나기도 한다. 여기서 언급했듯이 유전적 특성을 지닌 개체들은 이점을 갖기도 하며, 아마도 그 특성적 능력은 소규모 번식 그룹을 통해 여러 세대로 퍼지면서 확산될 수도 있을 것이다. 그리고 어느 측면에서는 외재화가 유용할 수 있을지도 모른다. 그러나 이런 가정은 심각한 인지적 문제를 일으킨다. 즉, 연산작용의 효율성이 그 자신과는 전혀 관련성이 없는 감각운동 체계와 연계되어야만 한다는 사실이다. 이 문제는, 제약이 없는 것은 아닐지라도, 표면적 다양성과 복잡성을 양산하고 아마도 진화적 측면은 거의 또는 전혀 포함하지 못하는 많은 방법으로 해결될 수 있다. 이런 상황은 우리가 관찰한 내용과 잘 들어맞으며, 우리 저자들에게 [비록 르원틴(Lewontin, 1998)의 추론방식을 따르고 있지만] 언어의 외형적 용도를 중시하는 관점을 따른 추정 결과는 크게 비중을 두고 싶지 않은 사안이다.

지금까지 언급한 내용은 표면 정도의 깊이에 국한된 내용일 것이다. 강력최소주의이론을 새로운 방향으로, 또한 우리가 생각하건대 미래가 밝아 보이는 방향으로 탐구를 진행하는 연구들이 최근에 나타나고 있다. 자연적으로는 언어 현상의 방대한 집합체에 대한 논제가 여전히 설명을 기다리고 있지만, 이는 아직 조사 단계에도 이르지 못한 상황이다. 그러나 전체적으로 이 장에서 펼친 이야기는 지금까지 우리가 제시한 가장 타당성 높은 내용이면서도, 아울러 향후 유익한 연구와 조사를 위해 많은 기회를 제공하는 방법이 될 수 있을 것이다.

IV

뇌 내부에 존재하는 삼각 구조

자연선택의 범위를 넘어서면 과연?

자연선택을 주축으로 진화이론을 주창한 공동발견자 알프레드 러셀 월리스는 '필수 유용성'이라는 엄격한 적응주의 원리 안에서 마음과 영혼의 존재를 굳게 믿었다. 즉, 생명체의 **모든** 부위가 **어떤 쓸모가 있다**는 생각이다. 그렇지만 언어, 음악, 예술 등 인간 정신의 최고의 능력들이 과연 어떤 방식으로 인간 조상들에게 유용할 수 있었는지에 대해서는 충분한 설명을 내놓지 못했다. 셰익스피어의 소네트, 모차르트의 소나타 등이 번식 성공률에 어떤 방법으로 기여할 수 있는가? "자연선택이 인간 원시인들에게 다른 유인원들보다 조금 더 나은 정도의 능력을 지닌 작은 뇌만을 부여해줄 수 있었던 점을 감안하면 이 원시인이 능력 측면에서 지금의 사회를 형성하고 있는 현대 인류에 비해 그다지 크게 처지지 않는다는 사실을 알 수 있다(Wallace, 1869: 392)." 월리스가 주창한 포괄적인 범적응주의●는 다윈(Darwin, 1859: 6)의 주장을 넘어서는 내용이었다. 그리고 다윈은 『종의 기원』에서 다음과 같은 말을 남겼다.

자연선택이 생명체에서 발생하는 변형에 영향을 미치는 주요 요인이기는 하지만 또한 이런 변화를 일으키는 유일한 작용이 아니라는 점에 대해 나는 나름대로 확신을 갖고 있다.

다윈의 말을 참고하면 월리스는 진화 현상을 설명하면서 선택이라는 현상의 영역을 '자연'선택에 국한하지 않고 그 이상으로 확장하도록 유도하는 범죄를 저질렀다고 볼 수 있다. 다윈은 다음과 같은 말을 남기면서, 경악했던 자신의 마음을 감추지 않았다.

그러므로 우리는 인간 종족의 발달 과정에서 우리의 능력을 초월하는 궁극의 지혜를 소유한 자가 조금 더 숭고한 목적을 위해 [변이, 증식, 생존]이라는 동일한 법칙을 인도한 것은 아닌지에 대해 그 가능성을 인정해야만 할 것이다 (Darwin, 1869: 394).

다윈은 월리스에게 개인적으로 다음과 같은 말을 전하기도 했다.

나는 당신이 자신의 그리고 나의 자손들을 완전하게 박멸하지 않았기를 진심으로 바라는 바입니다(Marchant, 1916: 240).

- 적응 만능주의.

우리 저자들은 윌리스가 저지른 '범죄'가 최종적으로는 모든 사람을 비탄에 잠기게 하는 죄악이 되지는 않는다고 생각한다. 윌리스의 주장은 단지 다윈주의가 진화적 측면에서 과거로부터 점진적 연관성 – 인간의 조상들과 현재 인간들 사이에서 '다수이면서 연속적이지만 그 크기가 미미할 수 있는 변화' – 을 너무 철저하게 요구하고 있다는 것을 지적한 것에 지나지 않는다. 하지만 이런 점진적인 연속성에는 우리 인간들이 보여주던 현상과 동물들이 보여주던 현상 사이에 입을 딱 벌어지게 하는 차이점이 '존재한다'는 사실을 명심해야 한다. 바로 언어가 그들 사이에 위치한다는 것이다. 그리고 여기에는 진정한 수수께끼가 포함되어 있다. 따라서 우리는 다른 종류의 수수께끼들과 마찬가지로 누가, 언제, 어디서, 무엇을, 어떻게, 왜에 해당하는 '추리소설'의 근간이 되는 질문에 적절한 답을 찾는 일에 최선의 노력을 경주해야 한다.

이 장에서 우리 저자들은 여섯 가지 의문점에 대한 답을 찾기 위해 노력한다. 인간언어에 대해 우리가 찾으려는 답들은 다음과 같이 정리할 수 있다.

- '누가'의 대상은 바로 침팬지, 고릴라, 명금 등이 아니라 현대에 살고 있는 우리 인간이다.
- '어디서'와 '언제'라는 두 가지 의문점은 다음의 두 지점들 사이에 관련된 내용이다. 첫째, 약 20만 년 전 남부아프리카에서 현대 인간의 구조를 갖춘 흔적이 처음 발굴되었다. 둘째, 약 6만 년 전 아프리카 대륙에서부터 인류가 대이동을 시작하기 이전 시기에 관한 것이다.

- '무엇이'라는 의문점은 인간언어의 기본 특성에 초점을 맞출 수 있다. 여기에서 기본 특성은 상하구조를 갖추고, 개별적으로 독립되어 있으면서 또 다른 조직 체계와의 접합점에서 의미가 확실하게 제시되는 명확한 해석을 가능하게 하는 특성을 갖춘 무한한 표현들을 포함하는 집합체를 구성하는 능력 자체다.[1]
- '어떻게'라는 의문점은 기본 특성에 연관된 신경구조에서의 수행에 관한 것이다. 이에 대해서는 아직 알려진 부분이 많지 않으나, 최근 실험을 통한 조사에서 밝혀진 증거들에 의하면 일부이기는 하지만 우리 저자들이 다른 글에서 언급했던 것과 마찬가지로 '인간 뇌에서의 아주 미미한 재배선화'에 해당된다고 볼 수 있을 것이다.
- '왜'라는 의문점은 인간의 사고능력에 포함된 언어 활용과 연관된다. 이때 언어는 마치 인간의 여러 수용 기관과 정보-처리 인지 체계를 하나로 묶어주는 인지적 접착제로 생각할 수 있다.

지금까지 제시한 내용을 보면 인간언어의 진화에 대한 전체적인 조망이 자연선택에 의한 진화를 마치 편의적 성향을 따르는 **브리콜라주**brico-lage• 형식으로 작품을 완성하는 과정으로 바라보는 제이콥과 모노드의 관점과 잘 들어맞는다고 볼 수 있다. 우리 저자들은 인간언어에 포함된 모든 요인이 이전부터 제자리에 놓여 있었다고 주장한다. 이미 존재하던 대뇌피질 속에서의 회로들은 다른 목적을 위해 재구성화되었다고 믿고

• 도구를 닥치는 대로 써서 만든 것 또는 만들기.

있다. 게다가 비록 미미한 게놈에서의 변화라고 해도 인지라는 측면에서 엄청난 규모의 변화를 유발할 수 있다. 정확하게 말하면 앞서 2장에서 인용한 라무스와 피셔(Ramus & Fisher, 2009)에 의해 제시된 내용이다. 그리고 다른 사람들과 달리 우리 저자들은 구글 지도의 플라이스토세*Pleistocene* 형태가 어떤지, 선명하게 나타날 수 없는 문화적 진화는 무엇인지 같은 소문 수준의 주장을 여기에서 굳이 언급해야 하는지에 대해서는 회의적이다.

무엇이?

앞서 1장에서 언어의 세 가지 하위구성을 언급하면서 '무엇이'라는 질문의 내용을 시작하려고 한다. 언어의 하위구성 가운데 첫 번째 부위로 중앙처리장치로서 언어의 'CPU'는 주어진 요소들을 하나로 조합하는 작용을 가리키는 결합 과정을 총망라한다. 또 다른 두 하위구성에는 감각운동 체계와 개념-의도 체계에 해당하는 접합부들이 포함되어 있으며, 결합 과정을 통해 조합된 대상들은 '외재화' 그리고 '내재화' 양방향으로 나타난다. 우선 외재화는 발화, 제스처 언어, 발화-문자 언어들의 파싱 등에 연관된다고 볼 수 있는 형태음운론, 음성학, 운율 체계 등과 함께 여러 분야에 대해 관련성을 나타낸다. 내재화는 결합을 토대로 조합된 상하계층 구조를 갖춘 구성요소들을 추리, 추론, 기획 등의 유관된 분야에 연관시켜주는 역할을 수행한다.

최소주의 프로그램을 위한 가장 기초적인 동기에 따라 결합 과정이 논리적 관점에서도 그렇게 복잡한 사안이 아니라는 사실을 가정해보자. 우리 저자들은 2장과 3장에서 결합 과정을 요소 두 개를 조합해 하나의 구성소를 생성하는 이항적 과정으로 제시했고, 통사론에서도 이 같은 방식을 수용해 두 개의 통사적 요소를 선택해 하나의 논항으로 구성하는 방식을 제시했다. 예를 들어, 어휘부에서 단어의 자격을 갖춘 **read**와 **books**라는 원소들을 선택해 하나의 새로운 통사적 대상으로 조합하면서 동시에 두 단어의 원래 형태를 유지하게 만드는 과정으로 돌입하는 상황을 생각해볼 수 있다. 더 간단한 경우를 보면 결합을 조합의 결과물을 생성하는 형성 과정으로 보는 것이다. 따라서 선택된 요소들은 결합을 거치면서 새롭게 상하구조를 갖춘 통사적 구조 대상으로 거듭나게 되고, 여기에 들어맞는 결과로는 **the guy read books**를 예시할 수 있다. 이런 방식으로 결합은 재순환적으로 상하계층 구조를 갖춘 표현들의 무한정 배열 집합체들을 구축하게 된다.

결합의 또 다른 측면으로 우리가 알아야 할 점은 단어라는 원소 대상을 조합하는 것이 매우 중대한 요인이기도 하지만 이 조합 과정이 인간언어의 진화적 혁신의 핵심 원인이라는 사실일 것이다. 앞으로 우리가 논의하려는 내용에서뿐만 아니라 '누가'라는 질문을 해결하기 위한 내용에서도 인간 외의 동물들 역시 아주 제한적이기는 하지만 주어진 두 개의 요소를 하나로 엮고 시차를 두면서 이런 작용을 지속적으로 반복하는 현상이 존재한다는 사실을 발견할 수 있을 것이다. 님*Nim*이라고 불리던 침팬지는 최소한 '단어' 두 개의 조합을 기억할 수 있지만, 그 이상의 진척 단계라고 할 수 있는 상하계층 구조를 갖춘 가장 간략한 문장구조를 구성하는 것에는 전혀 접근하지 못했다(Yang, 2013). 2장에서 언급한 제이콥의 설명을 되짚어보면, 이 결합 과정은 인간언어를 단순한 동물들의 의사소통 체계 이상의 수준으로 상승시키는 효과를 발생시켰으며, 동시에 인간언어로 하여금 '단어를 포함해 제시할 수 있는 상징들을 무한정의 수로 조합하기'를 허용하면서 '인간 주변에 실현 가능한 세계를 정신적으로 창조할 수 있는' 능력을 갖출 수 있도록 독특한 특성을 갖추게 하는 지평을 열어주었다고 할 수 있다.

1장의 내용을 기억해보면 결합 과정이 두 개의 통사적 대상 X와 Y에 적용될 경우에는 두 가지의 논리적 가능성을 생각해볼 수 있다. 하나는 우선 X와 Y 모두를 완전하게 독립된 개체로 볼 수 있는 경우이고, 또 다른 하나는 X와 Y 가운데 하나가 상대의 내부에 위치하는 경우다. 우리는 첫 번째 경우를 외적 결합, 두 번째 경우를 내적 결합이라고 부른다.

외적 결합은, 비록 중요한 부분에서 차이점이 없는 것은 아니지만, 외형적으로는 문맥자유문법 또는 제2유형문법*에서 상하구조를 정의하는 방식과 얼핏 비슷하게 보일 수도 있다. 이처럼 외적 결합이 문맥자유문법과 비슷한 모습을 보이는 것은 분명한 사실인 듯하다. 예를 들면 결합 과정이 두 단어 **read**와 **books**에 적용되었을 때 보통의 경우 문맥자유문법에서는 VP → verb NP로 표기되는 것을 알 수 있다. 이 같은 표기는 동사

---

* 촘스키가 분류하는 문법 유형으로, Type 0~3에서 Type 2에 해당.

구*Verb Phrase: VP*를 정의할 때 화살표 왼쪽의 표기를 기준으로 동사가 있고 명사구*Noun Phrase: NP*가 이를 뒤따르는 모습을 가리키며, 이런 방식에 따라서 두 요소 **read**와 **books**는 결국 **read books**로 나타난다. 여기서 통사적 대상인 동사 **read**와 명사 **books**는 결합 과정을 토대로 화살표 오른쪽에 표시되면서 전체 구조가 변경되는 과정을 겪게 된다. 그렇지만 우리는 여기에서 중요한 핵심적 차이점 세 가지를 인지할 필요가 있다. 첫째, 문맥자유문법에서 두 요소 **read**와 **books**를 하나의 구조로 조합하는 과정은 결과적으로 동사구를 구성하는 데 있다고 말할 수 있다. 그러나 이런 관점은 결합 과정에서는 다르게 보아야 할 것 같다. 어쩌면 결합 과정에서는 문맥자유문법에서 취하는 방식과 같이 동사, 명사구를 차례로 나열했을 때 이들 둘 모두를 가리키는 '동사구'라는 명칭을 제시하는 표지 정하기 알고리즘을 따르는 것이 아니라, 단순히 조합을 시행하면서 결과로 도출된 통사적 대상의 핵심요소가 무엇인지를 결정하는 방법을 따르는 표지 정하기 알고리즘을 따르는 것 같다.[2] 둘째, 문맥자유문법 형식에서는 어떤 것도 PP→verb NP(전치사구 'PP'는 내부 구성요소로, 동사와 명사구를 토대로 '결합' 과정을 거치게 된다)로 표기될 수 없다. 셋째, 이후에 자세하게 언급하겠지만 문맥자유문법에서는 화살표 오른쪽에 위치한 구성요소들이 어떤 순서로 배열되어야 하는지를 규칙 내부에 규정하고 있는 반면 결합 과정에서는 조합에 해당되는 요소들 사이에 별도로 순서를 정하기보다는 후일로 미루어둔다.

최근까지 제기된 여러 언어학 이론들을 보면 내부적으로는 문맥자유 이론을 핵심으로 여기고 있었다. 이런 사실이 그리 놀랍지 않은 이유는 무한정으로 전개되는 모습을 보이면서도 상하계층 구조를 갖춘 수많은 표현이 인간언어 통사론에서는 당연한 결과이며, 의심할 여지가 전혀 없는 사안이기 때문이다. 이전의 언어학자들 가운데 핵중심구구조문법*Head-Driven Phrase Structure Grammar: HPSG*, 어휘기능론적문법*Lexical Functional Grammar: LFG*을 주창한 학자들은 자신들의 이론 틀에 문맥자유문법을 분명하게 포함하고 있다. (물론 핵중심구구조문법에는 관활에 관련된 관계 그리고 순위에 관련된 관계를 다른 것으로 보려는 등 다양한 설명방식을 대변하는 여러 종류의 버전들이 있다.) 또한 트리결합문법*Tree-Adjoining Grammar: TAG*에서는 단어 같은 최소 요소들을 바탕으로 기본적인 상하계층 구조를 초기 단계로 미리 구성한 다음에 이들 구조를 반복적으로 합체하기 위해 **첨가** 과정을 덧붙이는 모습을 발견할 수 있다. (이런 모습은 사실 **일반 변형**이라고 불리는 변형생성문법의 초기 버전에 재순환이라는 방식을 새롭게 덧붙인 결과로 생각해볼 수 있다.) 여전히 결합범주문법*Combinatory Categorial Grammar: CCG* 같은 다른 이론들을 보면 문맥자유문법 부분이 빠져 있는 것을 발견할 수도 있다. 하지만 문맥자유문법에서는 결합과 유사한 작용으로 '결합 연합' 작용을 설정해 단어 원소들을 상하계층 구조로 접합하는 역할을 담당하게 했고, 이것은 버윅과 엡스타인(Berwick & Epstein, 1993)이 초기에 제기한 최소주의 체계와 밀접한 관계를 보여준다. 따라서 우리 저자들은 인간언어의 진화에 관해 언급한 몇 가지 사항들 가운데 일부는 앞서 제시한 이론들 모두와 상관없이 지속적으로 다룰 것임을 밝혀둔다.

그렇지만 앞서 언급한 여러 이론들 그리고 결합에 기초한 이론적 설명 사이에 나타나는 결정적인 차이점을 보면 결합에서는 구조 안에 속한 요소들 사이에 선형적인 구조 또는 이런 구조에서 나타나는 우선순위와는 관련성이 없다는 사실이다. 따라서 우리는 결합을 통해 도출되는 결과물을 일종의 삼각형 구조로 그려볼 수 있다. 삼각형 구조란 결합에 참여하는 두 개의 요소들을 꼭짓점을 마주보는 '기본' 선의 양쪽 점에 위치시킨 다음에 이들을 상위 방향에서 만나게 되는 두 개의 하부 선으로 여기고, 이들 두 요소들이 하나로 결합되면서 최종적으로 구성될 단위의 명칭을 삼각형의 **꼭짓점**에 표기하는 방식을 가리킨다. 그러나 이처럼 이미지로 나타내는 방식이 반드시 옳은 것은 아닐 수도 있다. 결합을 통한 표기가 삼각형 구조와 근본적으로 다른 점이 있다면 바로 아래 하부선 양쪽의 요소들 사이에 우선순위가 결정되지 말아야 한다는 것이다. 그 이유는 앞서 제기한 하부선 양쪽의 두 요소들의 결합은 집합 속에 존재하는 요소들 사이에 우선순위가 없는 것과 동일한 특성을 지니고 있기 때문이다. 결과적으로 두 요소 **read**와 **books**는 순서를 토대로 하나의 구조로 고착된 것이 아니라 순서에 의거한 제약에서 서로 자유롭고, 따라서 기존의 통사론에서 제기한 구 이상의 단위 속에서 요소들이 왼쪽에서 오른쪽으로 순서가 규정되는 것과 무관해야 한다. 하지만 이처럼 우선순위와의 무관함은 형태음소론, 음운론, 음성학에서는 상황이 전혀 다르며, 무관함 자체가 고려 대상이 될 수 없다는 측면도 명심해야 한다.

앞서 1장과 3장에서 언급했듯이 인간언어에서 통사론의 대표적 특성 중 하나는 단어 분포에 대해 문장의 외적 구성에 의해 왼쪽에서 오른쪽으로 흐르는 일직선 구조의 연결체로 보는 대신 상하계층 구조를 활용한다는 사실이다. 이것은 사람들이 언어의 진화를 바라보는 관점을 알려주는 것이라고 할 수 있다. 그 이유는 상하계층 구조와 일직선 구조 모두가 별개로 진화했음을 보여주는 대표적인 표현으로 볼 수 있기 때문이다. 하나의 선을 구성하는 일련의 일직선 구조는 인간언어에서의 외재화는 물론이고 명금과 다른 비인류 동물들에게서도 발견할 수 있다. 인간의 외재화는 아마도 부분적으로나마 신체의 운동 제어의 일직선 구조 현상에서 찾을 수 있을지도 모르겠다. 이런 관점에서 보른케셀-슐레제브스키 등 (Bornkessel-Schlesewsky et al., 2015)에 의해 제기되고 발전된 언어에 대한 신경생물학에서의 설명들이 언어에서 상하계층 구조로 구성된 표기들의 역할을 부정한다는 측면에서 볼 때 인간언어의 진화에 대해 아주 심대한 오류를 저지르고 있다고 할 수 있다. 이 학자들의 제안이 인간과 동물 사이의 진화상의 거리를 붕괴시키는 결단을 내렸다는 점에서는 성공적이었는지 몰라도 상하계층 구조가 인간언어의 핵심이라는 근원적 사실을 자신들의 이론적 서술에 포함시키지 못했기 때문에 실증적인 토대를 중심으로 실패한 주장이라고 할 수 있다.

이는 비단 보른케셀-슐레제브스키 등에만 국한되는 것은 아니다. 분명한 것은 단순히 '일직선 구조 연결체'라는 견해는 동시대의 인지과학의 설명 자료들에 두루 퍼져 있는 사안이라는 점이다. 또 다른 예를 생각해보면 프랭크 등(Frank et al., 2012)의 『런던 왕립 학회 프로시딩*Proceedings of the Royal Society of London*』에 수록된 논문에서는 '언어 활용에서 비상하계층적*nonhierarchical* 모델'의 외형적 윤곽을 설명하고 있으며, 이런 설명은 보른케셀-슐레제브스키의 주장과 같은 맥락이다. 프랭크 등(Frank et al., 2012: 4528)은 "간결함과 진화의 지속성에 대한 고려는 우리로 하여금 인간언어의 처리 과정_processing_을 위해서 근본적으로 일직선 구조를 받아들이게 만든다"라고 제안하고 있다. 이들의 말처럼 동물들 전체가 진화를 겪는 과정이 유일하게 일직선 구조로서 순서가 정해져 있어야 한다고 볼 수 있다면 진화라는 요소를 한결 간단하게 볼 수 있을 것이다. 하지만 이것은 틀린 생각이다. 우리는 상하계층 구조로서의 표기방식이 인간언어의 통사론에 널리 분포되어 있다는 사실을 알고 있어야 한다.

실제로 프랭크 등은 '일직선 구조'를 갖추고 있다고 판단되는 put your knife and fork down이라는 구에서 처리 과정을 시행하는, 실질적으로는 보이지 않는 상하계층 구조로서의 표기방식을 묵시적으로 받아들이고 있다. 그렇다면 그들의 제언은 과연 무엇일까? 프랭크 등(Frank et al., 2012: 5)은 put your knife and fork down이라는 구조의 예에서 단어들의 앞뒤 순서에 연관된 처리 과정이 "병렬적인 일직선 구조의 흐름 속에서 앞뒤 전환 시행을 바탕으로" 이행될 수 있다고 주장한다. 여기에서 처리 과정이라는 흐름은 바로 단어들을 '덩어리로 묶는 것'을 가리킨다. 즉, 한 가지 흐름은 단어 put(궁극적으로 단어 down과 하나로 합침)을 위한 것이고, 또 다른 흐름은 단어 your을 위한 것이다. 그리고 세 번째 흐름으로는 단어 knife와 fork를 위한 것이라고 할 수 있다. 이 흐름들을 토대로 처리 과정의 주체가 왼쪽에서 오른쪽으로 put your knife and fork down에 포함된 단어들을 하나씩 짚어나가도록 한다. 그렇게 되면 무엇보다 병렬적인 흐름의 궤가 먼저 나타나게 될 것이다. 이런 과정에서 첫 번째로 볼 것은 하나의 흐름이 단어 put을 선택하게 되고, 이어서 단어 put에 연관된 흐름은 그대로 진행시키면서 별도의 일직선 구조 흐름이 단어 **your**을 위해 만들어지기 시작한다는 것이다. 그리고 끝으로 문장구조의 처리 과정 주체는 단어 **knife**와 **fork**를 위한 세 번째 흐름을 동시다발적으로 열어가기 시작할 것이다. 이 같은 세 가지 흐름에 연관된 궤적들은 단어 **down**을 **put**과 접하게 한 다음 마지막으로 분석 과정 내부로 포함함으로써 큰 틀 속에 엮어 들어가는 모습을 보인다. 이런 과정을 통해 사실상 문장을 구성하는 일련의 단어들을 세 종류의 병렬구조로 분리한 '구성성분단위'를 설정하게 되며, 이것은 결국 각자의 '구성성분단위'로 하여금 암묵적으로 별도의 명칭을 갖도록 유도하게 된다. 개별적으로 명칭을 배분하는 것이 흐름들 자체를 서로 매우 다른 상이한 조직으로 만들 수밖에 없기 때문이다.[3] 결국 **put down** 같은 '덩어리 묶기' 각각은 실제로 문장을 구성하기 시작할 때부터 임의적인 대상으로서 다른 요소들과는 애초부터 서로 연관성을 갖지 않기 때문에 마치 하나의 독립된 단어처럼 보인다. 이처럼 덩어리 자체를 임의성에 기초해서 생각할 경우 앞에서 제기한 **put down**처럼 하나의 '덩어리 묶기'로 되어간다고 보는 관점과 상반되는 문제점이 나타날 수 있다는 사실을 간과하지 말아야 한다.

프랭크 등(Frank, 2012: 6)이 상위계층 구조의 불가능성을 주장하면서 "문장구조에서 단어들의 덩어리 묶기 과정은 철저히 일직선 구조만을 갖게 되는 것이며, 상하계층 구조를 절대로 따르지 않는다"라고 언급할 때 나름대로 꽤 애를 먹었을 것이라고 생각하지만 이런 과정에는 오류가 내재될 수밖에 없다. 왜냐하면 **instinctively birds that fly swim**을 적절하게 설명하기 위해서는 **반드시** 상하계층 구조를 적용해야 하기 때문이다. 다시 한 번 상기하자면 이 구문에서 **instinctively**는 의미상 **fly**가 아니라

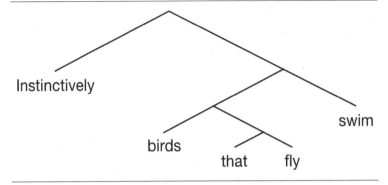

인간언어의 통사 구조는 왼쪽에서 오른쪽으로 흐르는 일직선 구조가 아니라 상하계층 구조에 기초를 두고 있다. 이 도식에서 **instinctively birds that fly swim**의 구조를 예시하고 있다. 이 문장구조는 부사 **instinctively**가 **fly**가 아니라 **swim**을 수식하면서 발생하는 중의적 해석을 나타낸다. 문장 속에서 단어들이 열거된 일직선 구조로는 부사 **instinctively**를 동사 **swim**보다 **fly**에 더 가깝게 위치한 것으로 볼 수도 있다. 사실 부사 **instinctively**는 위에 주어진 구조를 토대로 하위구조의 형태로는 동사 **fly** 대신 동사 **swim**에 더 근접하고 있음을 알 수 있다. 그 이유는 동사 **swim**은 부사 **instinctively**로부터 하위 방향으로 한 단계 아래에 내포되어 있지만, 동사 **fly**는 부사 **instinctively**로부터 하위 방향으로 두 단계 아래에 내포된 모습을 보이고 있기 때문이다.

swim을 수식해야 한다. 그런 상황에서 부사 instinctively의 수식 범위는 상위계층 구조에서 swim을 수식하려면 **하위 방향**으로 한 단계 내려가면 되지만, fly를 수식하려면 **하위 방향**으로 두 단계를 내려가야만 한다. 〈도식 4.1〉에서 볼 수 있듯이 구조적 표현에서 거리를 보았을 때 부사 instinctively는 실질적으로 fly보다는 swim에 더 가깝게 위치하고 있음을 발견할 수 있다. 분명한 것은 이런 설명방식을 전개할 때 일직선 구조 대신 상하계층 구조를 따라야 비로소 구조적 거리를 알 수 있다는 점이다. 이런 특성은 모든 언어가 관련된 구조를 갖추는 과정에서 당연하게 나타나는 현상인 동시에 어쩌면 이미 앞서 언급했듯이 가장 최상으로 설계된 체계에 깊숙이 내재된 원리라고도 할 수 있다.

프랭크 등의 주장에서 '흐름' 체계라는 개념에 대해 이야기할 때는 그들이 제시한 예에서 바로 put과 up 같은[•] 두 가지 요소를 함께 고려해야만 한다. 그렇지만 처리 과정 주체를 위한 제어가 instinctively와 fly를 하나의 묶음으로 보는 대신 앞서 언급한 것처럼 instinctively와 swim으로 묶는 것이 옳다는 사실을 어떻게 알 수 있는가? 이에 대한 유일한 답을 찾을 방법은 상하계층 구조를 통해 '하위 방향 거리(심도를 계산하는 방식)'를 추정해 가장 근접한 측면을 확인하는 것이다. 그래서 이런 방식을 따르는 체계는 암시적 표현이라는 구성요인에 기반을 두고 있어야 하며, 우리는 이런 여건을 토대로 문장구조 내부에 포함된 단어들 사이의 상호 의존성을 확실하게 재구성할 수 있어야 한다. 따라서 이런 과정에서는 일단 임의적 특성을 지닌 단어들이 문장구조 내부에 들어서게 되면 이들은 상하계층 구조로 이들을 볼 수 있는 정보를 응용하고 단어들을 포함하는 구성요소들을 형성해가는 다양한 흐름을 조종한다는 사실을 알 수 있다. 또한 단어들이 비록 떨어져 있는 상황에서도 서로를 연결할 수 있도록 통괄하는 제어동작이 존재한다는 사실도 확인할 수가 있다. 이 같은 사실은

[•] 아마도 이 예는 바로 앞에서 제시된 put과 down을 가리키는 것이라고 생각된다.

단어들의 묶음을 결정하는 과정을 보여주는 설명 체계에 상당한 수준의 연산 능력을 부여하는 것이 가능하다는 점을 나타낸다고 할 수 있다. 여기에서 연산 능력이 의미하는 것은 바로 다중 테이프 튜링 기계*Multi-tape Turing Machine*에서 구현되었던 것을 가리킨다.

(의도한 것은 아니지만) 이처럼 설명을 위해 모든 사안이 하나로 집약되는 현상은 우리에게 과제 두 가지를 안겨준다. 첫 번째 과제는 인간의 언어지식을 표현하려고 할 때 우리는 항상 상하계층 구조 표현이라는 측면을 피할 수 없다는 사실이다. 그 이유는 매우 간결한데, 바로 인간언어가 상하계층 구조로 **되어 있다**는 특성에 기인하기 때문이다. 이런 구조 자체는 그 진행 과정이 암묵적이면서 절차를 따른다고 하더라도 반드시 표현 속에서 구현되어야 한다. 두 번째 과제는 앞서 제기한 사안이 상하계층 구조 처리 과정을 위한 실행방식이 프랭크 등이 그렇게 피하고자 노력했던 '후입 선출 포개 넣기' 방식을 간접적으로나마 일부 반영한다는 사실이다. 이 방식의 한 가지 이점이 있다면 상하계층 구조 처리 과정을 위해 제기된 연산방식의 이행이라는 특성이 약간은 간접적으로 보일 수 있는 수많은 방식을 제기한다는 측면이다. 우리는 향후 이 점을 다시 한 번 다룰 것이다.

언어의 특징을 깊이 조사하자마자 곧 상하계층 구조가 여전히 다른 방향에서도 근원적인 요인이라는 사실이 확연해진다. 먼저 크레인(Crain, 2012)이 제기한 다음의 예를 생각해보자. 문장 **He said Max ordered sushi**에서 대명사 **he**는 **Max**와 동일한 사람일 수 있는가? 전혀 그럴 수 없다. 학교문법의 규칙에 따르면, 대명사 **he**와 연관된 **Max**가 문장구조

속에서 대명사 뒤에 위치하고 있는 경우에 두 요소는 상호관계를 맺을 수 없도록 하고 있다. 이 부분은 어느 정도 이해될 수도 있을 것이다. 그렇지만 **Max said he order sushi?**라는 문장에서는 과연 어떨까? 여기에서는 **Max**가 대명사 **he**를 앞서고 있기 때문에 이제는 두 요소의 상호관계가 성립될 수 있을 것이다. (여기에서는 대명사 **he**를 **Max**가 아닌 다른 사람으로 설정할 필요가 없다.) 이런 상태에서는 구성과 해석에서 크게 문제될 것이 없어 보인다.

하지만 실제로 학교문법에서의 규칙들이 효과적으로 작동하는 것은 아니다. 예들 들어, **While he was holding the pasta, Max ordered sushi**라는 문장을 생각해보자. 이제 대명사 **he**는 비로소 **Max**를 가리킬 수 있게 된다. 물론 이 문장에서 대명사 **he**는 **Max**를 앞서고 있는데도 말이다. 그렇다면 앞서 우리가 살펴본 문법규칙에 무슨 일이 벌어진 것일까? 다시 한 번, 정확한 규칙이란 바로 '세모꼴'로 나타나는 상하계층 구조를 기반으로 하면서 왼쪽에서 오른쪽으로 나열되는 일직선 구조를 배제하는 것임을 알아둘 필요가 있다. 여기서 바로 제약이라는 요소가 고려되어야 한다. 즉, 대명사 **he**를 포함한 첫 번째 세모꼴에서는 이 대명사가 가리킬 명칭 또는 명사를 포함할 수 없다. 따라서 〈도식 4.2〉를 토대로 대명사 **he**와 명칭 **Max**가 상호 연관되도록 묶는 방법이 무엇인지 생각해본다. 우선 〈도식 4.2〉에는 도형 세 가지가 예로 제시되어 있다. 이 예시에서 나타난 회색은 '대명사를 포함하는 세모꼴'을 가리킨다. 첫 번째 도형(a)에서 대명사 **he**를 포함하고 있는, 회색 세모꼴은 명사 **Max**도 함께 포함할 수 있다. 따라서 대명사 **he**와 명칭 **Max**는 서로 연계되지 못하는

도식 **4.2**

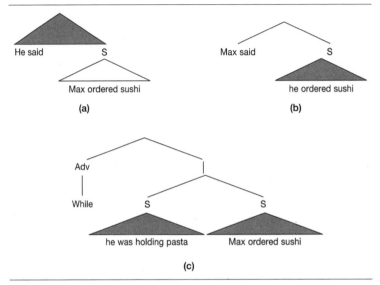

He said   S

Max ordered sushi

(a)

Max said   S

he ordered sushi

(b)

Adv

While   S   S

he was holding pasta   Max ordered sushi

(c)

이 도식에서 대명사 **he**와 명칭 **Max**는 인간언어 통사 구조에서 왼쪽에서 오른쪽으로 흐르는 일직선 구조를 따르지 않고 상하계층 구조를 따르는 분석 속에서 상호 연결이 가능하다는 사실을 알 수 있다. 도식에서는 색이 있는 세모꼴이 대명사 **he**를 지배하는 상하계층 구조를 가리킨다. 대명사 **he**와 명칭 **Max**는 세모꼴이 명칭 **Max**를 지배하지 않는다는 조건 아래에서는 서로 연계성을 맺을 수 있다. (a)에서는 색이 있는 세모꼴이 명칭 **Max**를 지배하지 못하며, 따라서 대명사, 명칭 사이에 연결은 불가능하다. (b)와 (c)에서는 대명사 **he**와 명칭 **Max**는 이들이 문장 내부에서 앞뒤 순서가 어떤 상황에 놓이든지 대명사 **he**를 포함한 색이 있는 세모꼴이 결과적으로 명칭 **Max**를 지배하지 못하기 때문에 두 단어들 사이에 연결이 가능한 것으로 나타나게 된다.

자료: Crain(2012).

상황에 놓인다. 두 번째 도형(b)을 보면 대명사 he를 포함하고 있는, 회색 세모꼴은 명칭 Max를 포함하고 있지 못하다. 그 대신 이런 상황에서 명칭 Max는 대명사 he가 가리키는 사람이 될 수 있다. 마지막 도형(c)에서도 명칭 Max와 대명사 he는 동일한 사람이 될 수 있다. 비록 이 예시에서 일직선 구조로 주어진 단어들의 연결구조를 봤을 때 대명사 he가 명칭 Max 앞에 위치하고 있는데도 말이다.

다시 한 번 우리는 인간의 뇌가 문장 내부의 통사적 분석을 위해서 왼쪽에서 오른쪽으로 나열되는 일직선 구조의 연산 과정을 철저하게 배제하고 있다는 사실을 확실하게 알 수 있다.[4]

만일 내부의 통사 구조를 조종하는 연산 과정이 동사 read가 명사 books를 선행한다는 사실, 명칭 Max가 대명사 he를 선행한다는 사실 모두를 무시할 경우 우리는 모든 언어에서 단어들의 배열 순서를 다양하게 변화시킬 수 있을지도 모른다. 또한 이런 상황은 우리가 기대하는 것이기도 하다. 일본어와 독일어에서는, 특히 일본어의 경우 hon o yomimasu (책을 읽는다)만 보더라도 동사가 문장 마지막에 위치한다는 사실을 알 수 있다. 결합이라는 과정이 마치 **집합들**처럼 상하계층 구조를 갖춘 구성들을 조합해 세우듯이 과정을 수행하기 때문에 일단 대상으로 떠오른 두 개의 요소들 각자가 의식 속에서 구성하게 될 세모꼴 같은 '기저'를 형성한다고 보면 결합에 참여하는 두 요소들 사이의 순서는 그다지 중요하게 여기지 말아야 한다. 그리고 언어들은 개별적으로 상하계층 구조로 정해진 구성들이 어떤 방식으로 외재화되어야 하는지에 대해 각자 다른 선택을 하게 될 것이다. 결국 이런 결과가 가능한 경우는 단어들을 최종적으로 발화 또는 제스처로 표면화하면서 소리 혹은 동작을 시간적 기준으로 왼쪽에서 오른쪽으로 열거해야만 하는 시점이라고 할 수 있을 것이다.

우리 저자들은 상하계층 구조화 그리고 일직선 구조화라는 두 작용의 확실한 구분이 인간언어의 저변에 진화적 접근을 두기 위해서 매우 중요한 결과를 가진 요인들이라는 점을 인지하고 있다. 즉, 우리의 견해는 인간만이 유일하게 결합이라는 수단을 통해 단어라고 여길 수 있는 요소들과 긴밀하게 협조하고 있다는 것이다. 이 같은 결과는 다른 동물들에게서는 전혀 기대할 수 없는 것이기도 하다.

상하계층 구조와 일직선 구조의 분리는 앞서 보았듯이 일직선 구조의 형식적 기술을 상하계층 구조 기술과 엄격하게 차별화함으로써 더욱 확실하게 제시될 수 있다. 이런 구분은 결과적으로 발화적 측면에서 소리 체계에 대한 제약을 일직선 구조로 놓는 연산 과정을 통사적 구조의 표현 방식과 대조하는 데 분명하게 반영되고 있다(Heinz & Idsardi, 2013: 114) 확실한 것은 인간언어의 소리 체계('음소배열론')가 일종의 제약 조건으로서 소리들 사이에서 어떤 소리가 앞서고 어떤 소리가 뒤따라야 하는지와 관련해 일직선 구조를 결정하고, 이로 인해 설정된 소리들의 나열 결과는 완전히 연합적인 상호 결합으로 기술된다는 사실이다. 이런 제약은 형식적으로는 **규칙적인 관계들**로서 설명 자료에 나타나 있다. 예들 들어, 영어 화자들은 plok에서는 음소들의 배열이 가능하다고 판단하지만, ptok는 가능한 배열을 갖추고 있는 것으로 보지 않는다. 이런 제약은 일종의 유한 상태 기계*finite state machine*•로 묘사될 수 있다. 지금부터는 이 기계가 외견상 어떤 모습으로 나타나는지 확인해본다.

하인즈와 이드사디는 언어학적으로 좀 더 실질적인 예로서 나바호어 (애서배스카 어족*Athabaskan*)에서 "오직 전방 조찰성 음성(예컨대 [s, z]) 또는 비전방 조찰성 음성(예컨대 [ʃ, ʒ])"만을 허용하는 것으로 확인되는 치찰음 조화를 인용하고 있다(Hanson, 2001; Sapir & Hoijer, 1967). 예들 들어, "나 바호어에서는 [······ s ······ s ······] 배열구조를 갖춘 단어들은 허용하지만 [······ s ······ ʃ······], [······ ʃ ······ s ······] 같은 배열은 허용하지 않는 것으로 알려져 있다"(Heinz & Isardi, 2013: 114). (여기서 조찰성 발음에 대한 음성적 특성은 영어 단어 **sh**oe에서 첫 음소 sh[ʃ] 그리고 단어 vision에서 s[ʒ]를 통해 확인할 수 있다.) 이런 상황이 의미하는 것은 [s], [ʃ] 두 소리들이 같은 단어 내부에서 앞뒤로 배열되지 못한다는 사실이다. 비록 앞의 예시에서 비어 있는 '······'로 표기된 위치에 다른 소리가 위치할 수는 있지만 [s]와 [ʃ] 두 소리들 사이에 연관된 상황에는 영향을 미치지 않는다. 예를 들어, **dasdolsis**(he has his foot raised, 그는 자신의 발을 위로 올렸다)를 보면 한정된 범주에서 동일한 **s**들이 분포하고 있기 때문에 적절한 구조를 갖추고 있다고 볼 수 있다. 그렇지만 **dasdoliʃ**처럼 다른 소리(**s**, **ʃ**)들이 포함된 예는 가능하지 못하다고 할 수 있다. 이 같은 예를 통해 알 수 있는 요점

• 이 장치에서 현재 상태(current state)란 임의의 주어진 시간의 상태를 말하고, 한 번에 오직 하나의 상태만을 가진다. 이 기계는 어떤 사건(event)에 의해 한 상태에서 다른 상태로 변할 수 있으며, 이를 전이(transition)라고 한다. 특정한 유한 오토마톤은 현재 상태에서 가능한 전이 상태와, 이러한 전이를 유발하는 조건들의 집합으로서 정의된다.

은 음성적 구성요소들의 옳고 그름에 대한 판단이 내부에 포진된 소리들의 일직선 구조 배열에 근거하고 있다는 사실이다. 즉, 어떤 소리가 앞서고 어떤 소리가 뒤따르는지를 관찰하면서 판단이 수행된다는 점이다. 물론 이런 사실은 통사론에서 제기된 결합이 이행되는 방식과 확연하게 다른 모습이다. 이미 언급했듯이 단어 두 개를 한 단위로 합치는 결합 단계에서는 이들 단어들의 앞뒤 순서는 전혀 고려 대상이 되지 않는다.

소리들의 선후 배열에 대한 제약은 유한 상태 기계의 작용에 의해 나타나는 기술 내용의 핵심 재료라고 할 수 있다. 결과적으로 일직선 구조 배열을 결정하는 제약은 **유한 상태 전이 네트워크**_finite state transition networks_를 토대로 기술할 수 있다. 이 과정의 내부를 들여다보면 제한된 수의 상태들을 통해 명칭이 부여되고 방향성이 표기된 그림 도식들, 명칭이 소리 자체 혹은 그에 상응하는 음성적 대상들을 가리키는 속에서 이들 상태들 사이에 주어진 방향성을 갖춘 원호 모양들, 그리고 지정된 출발점 및 종착점 상태들이 포함되어 있음을 확인할 수 있다. 이런 네크워크에 대해 시발점부터 겹선 원형으로 표기된 종착점까지 형성된 연결선들을 추적해 보면, 이들 상태들 표시들이 시작점 상태에서 종착점 상태까지 연결선들에 대한 일직선 구조로 나타나는 일련의 명칭들을 바탕으로 소리들이 일직선 구조로 배열될 수 있는 유효한 경우들이 모두 무엇인지를 확인할 수 있다.

〈도식 4.3〉의 상단에는 하인즈와 이드사디가 제시한 나바호어에서 s, ʃ 등이 같은 단위 내부에 분포하지 못하도록 하는 제약이 유한 상태 전이 네트워크로 제시되고 있다. 앞서 언급한 복잡한 내용을 간단하게 정리해

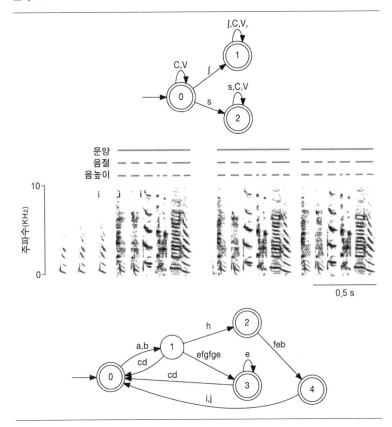

인간언어의 소리 체계와 벵골 되새류의 울음소리를 유한 상태 전이 네트워크로 분석한 결과를 보면 양자 사이에서 유사성이 나타나고 있다. 제일 위에 위치한 도식은 하인즈와 이드사디(Heinz & Idsardi, 2013)가 제시한 나바호어의 규칙적 단어들의 음소배열 제약을 묘사하는 유한 상태 전이 도식표로, 라벨 표식을 갖춘 (컴퓨터) 방향 그래프를 가리킨다. 여기서 제약은 s에 이어서 ʃ가 나타나는 배열 또는 ʃ에 이어서 s가 나타나는 배열이 허용되지 않고, 오직 s ⋯⋯ s 혹은 ʃ ⋯⋯ ʃ 배열만이 허용된다는 조건을 의미하는 것이다. 또한 C, V 전이란 s, ʃ 두 음소들 외의 자음 음소들 또는 모음 음소들을 의미한다. 겹선 원형 표식은 어떤 흐름이든지 마지막 단계 상황에 이르렀음을 가리킨다. 일단 단어가 주어지면 제시된 도식표 제일 왼쪽에서 '분석 과정이 수행되기' 시작한다. 이를 기점으로 단어를 구성하는 글자들을 하나씩 거치게 되고, 이런 과정을 지나면서 더 이상 글자가 없으면 과정을 멈추어야 한다.

중간의 그림은 금화조의 전형적인 울음소리를 분석한 음향 스펙트럼으로, 소리를 주파수별 층위로 나타내고 있다. 분석표를 보면 시작은 대체로 초기 음높이로 시작하지만, 나중에 하나 이상의 '반복적 문양' 패턴이 뒤따르는 것을 확인할 수 있다. 이것은 음운적으로는 음절들의 반복적 연결로 여길 수도 있을 것이다. 여기서 '음절'이란 '음높이'라고 명명된 일관된 시간별 주파수 기록들의 구성을 가리키며, 여기에서는 소리들 사이에 휴지기를 절대로 허용하지 않는다. 음향 기록에서 지속해서 나타나는 반복적 문양으로부터의 연주 결과는 일명 '소리의 향연'이라고 명명되기도 한다. 'a, b, ……j'로 표기된 음절들은 인간과 기계장치가 동원된 과정에서 인식 과정을 거친 결과다.

제일 아래에 위치한 도식은 음높이 표식(음표)들의 허용된 연결체 구성물 또는 음절들, 즉 여기에서는 벵골 되새류의 울음소리를 유한 상태 전이 네트워크로 나타낸 것이다. 이 도식에서 전이 과정은 가장 왼쪽에서 시작하며, 단선 원형은 다음 단계가 남아 있음을 가리킨다. 각각의 원형이 가리키는 상태들 사이의 연결선의 방향성은 악보에서 음표가 지속되는 과정처럼 표기되어 있다.

자료: Berwick et al.(2011). Elsevier사의 동의하에 게재.

보면 도식에서 V는 모음을 가리키고, C는 자음을 가리킨다. 나바호어에서 C는 조찰성 외의 소리로서 전방의 조음 위치를 소유한 자음(s, ʃ 등의 자음을 제외한)을 가리킨다. 이 같은 네트워크가 dasdliʃ, dasdolis 등에서 볼 수 있는 소리들의 배열을 통해 일직선 구조가 제대로 작동하는지의 여부를 수월하게 확인할 수 있다. (그 이유는 dasdliʃ에서는 s, ʃ 등이 하나의 단위 내부에 속하면서 제약을 어기고 있지만, dasdolis에서는 올바른 배열을 보이기 때문이다.) 유한 상태 기계는 이들 두 예시에서 첫 번째 경우가 옳지 않다는 사실과 두 번째 경우가 옳다는 사실을 판단하는 과정을 보여줄 수 있다. 우리 저자들은 이 부분에서 모든 사항을 세세하게 설명하지 않는다. 혹 관심이 높은 독자들은 이 책의 뒷부분에 나와 있는 미주에서 자신이 원하는 내용에 대한 이해를 구해볼 수 있을 것이다.[5]

여기서 중요한 점은 이처럼 간단한 3단계 형태의 유한 상태 기계를 통하면 s 소리와 그에 상응하는 s(혹은 상호 조화 관계에 어긋나는 ʃ) 소리 사이에 다수의 다른 소리들이 포진하면서 형성된 두 소리 사이의 거리가 임의적일 때조차 음성조화 현상을 정확하게 제어할 수 있다는 사실이다. 유한 상태 기계는 반드시 두 가지 요인을 필요로 한다. 즉, 특정 단어 내부에 전방 위치 조찰성 소리(1단계 상태)와 비전방 위치 조찰성 소리(2단계 상태)라는 두 요인이 구성요소로 포함되어 있는지의 여부를 가리는 것이다. 공식적으로는 앞서 살펴본 네트워크에 의해 수용되는 소리의 구성들(혹은 이런 구성들 모음을 언어라고 할 수도 있다)로부터 **정규 언어**를 형성한다고 할 수 있다. 그런 언어들을 볼 때 길이 자체에서 임의적으로 기다란 소리의 연결체들을 포함할 수 있지만, 반면에 좀 더 깊은 의미를 두고 생각해보면 앞서 제기했던 연결체들에 의해 확인된 패턴들이 길이에서 제한성을 보일 뿐만 아니라 한계성을 안고 있다는 점도 아울러 분명하게 알고 있어야만 한다. 여기에서 제한성, 한계성이란 조화 현상에 참여하는 두 개의 소리들 사이에 위치해 전체 소리연결체를 구성하는 것은 그 자체가 제한적이고 한계가 있다는 점을 나타내는 것이다. 즉, 특정 단어 내부에서 조화 음운 현상의 결과로 발생하는 한 쌍의 s 소리들은 바로 이어서 배열되기보다는 두 소리 사이에 조찰성 소리 계통의 자음 외에 다른 종류의 자음들이 배치되어 있는 구조에서 조화 현상이 적용되면서 동일한 소리 s로 나타나는 것이다. 그렇다면 어떤 단어 내부에서든 두 개의 조찰성 소리 사이에 자음들이 위치함에 따라 서로 떨어진 상황에서도, 자음의 수가 천여 개에 해당된다고 한들, 여전히 두 개의 조찰성 소리에 조화 현상을 적용할 수 있을 것이다. 따라서 소리들 사이에 거리를 형성하는 자음들의 배열구조에 제한성, 한계성을 규정하지 않는다면 어떤 상황에서든 한 쌍의 s 소리들을 결과로 기대하는 것이 가능할 수 있을 것이다.

그래도 언어 자체가 정규라고 불리게 되면, 인간언어에서 소리 체계를 묘사하는 데 그렇게 먼 거리를 두고 소리 조화의 상황을 찾아갈 수 있다고 보기는 정말 어려울 것이다. 하인즈와 이드사디(Heinz & Idsardi, 2013: 115)는 "정규적이라는 상태는 음운론적인 일반화를 위한 **필요조건**의 특성이 될 수는 있지만, 이 조건이 반드시 **충분조건**이 된다고 할 수는 없다"라고 강조하고 있다. 즉, 인간(그리고 다른 동물)의 소리 체계의 집합이 정확하게는 정규 언어에 포함된 하위 **부분집합**으로 기술될 수 있다는 것이다. 또한 달리 말해, 사실상 유한 상태 전이 네트워크에 관련된 집단의 하부에 속하는 것으로서 고도로 제약성을 받고 있는 결과물로 여길 수 있다. 이런 상황은 단순히 유한 상태 네트워크라는 이유만으로 이루어질 수 있는 것은 아니다. 또한 우리가 알고 있는 한 새의 울음소리에서도 동일한 결과를 생각해볼 수 있다. 〈도식 4.3〉 중간에 제시된 그림은 벵골 되새류의 소리를 실제로 녹음해 분석한 소노그래프sonogram다. 아래에는 이 소노그래프를 모델로 취하는 유사한 유한 상태 전이 네트워크가 제시되어 있으며, 여기에서 a, b, j 등은 소노그래프 내부의 표식을 가리키는 것으로 각각 울음소리의 토막을 지칭한다.

자연스러운 음소배열론 제약들을 확실하게 규정하기 위해서 추가적으로 요구되는 제약들은 무엇인가? 최소한 부분적으로 이 제약들은 특정 **국부성 조건**에 해당한다고 볼 수 있다. 국부성 조건에서 가능한 패턴들을 묘사하는 환경은 우리 저자들이 묘사하려는 방법 속에서 철저하게 한정적이다. 국부성 제약을 따르는 음소배열론 제약에 관한 유한 상태 전이 네트워크는 정규 언어의 두 부분집합 – (1) **철저한 변수 k 길이의 국부적** *k-local* 정규 언어이거나 그 외의 것, (2) **철저한 변수 k 길이의 구간적***k-piecewise* 정규 언어 – 가운데 하나에 속한다(Heinz & Idsardi, 2013). 본능적으로, 이처럼 제한된 환경의 정규 언어는 (1) k라는 길이로 고정된 특정한 연결구조 (영어의 경우 k로 규정되는 최대 길이인 k=2를 상정한 다음 여기에 참여하는 두 개의 요소가 연속적으로 조합하는 결과를 놓고 볼 때 pl 구조는 허용하지만 pt 구조는 제외하는 것) 또는 (2) 연속적으로 나타나지 않으며 최대 길이 k가 제시되는 연결구조(역시 k=2 조건을 준수하면서, 나바호어 내부에서 두 음성 요소의 외형적 배열을 관찰할 때 s ······ s 구조는 허용하지만 s ······ ʃ 연결체 구조는 제외하는 것) 패턴으로 나타난다. 조금 더 일반적으로, 두 가지 제약은 표현 그대로 문자열 자체 또는 '기억 속에 각인된' 것이 틀림없는 요소들의 '제한된 환경'이라는 원칙에서 작용한다.

통사론에서도 이와 유사한 유형의 제약 현상을 발견할 수 있다. 바로 내적 결합에 의해 도입된 의존 관계들이 무제한적이라고 할 수 있다.

how many cars did you tell your friends that they should tell their friends ······ that they should tell the mechanics to fix [x many cars].

여기서 제시된 [x many cars]는 외재화 과정에서 복사 과정을 겪으면서 삭제된 내용으로, 예문 중간에 '……'(물론 여기에는 수많은 내용으로 대체될 수 있는 여지가 있다)와 같이 실제적인 외형적 표현(발음 표현 등)에서 제외된 대상이다. 여기에 해당되는 [x many cars]의 의미 해석을 위한 영역은 문장 속에서 범위가 제한되지 않는 모습을 보인다. 그렇지만 상호 의존성이 순차적으로 구성된다는 것에 대한 많은 증거가 있다. 즉, 특정 부분에서 결합을 방해하는 장애물이 없다면 내적 결합을 통해서 내부 절들의 과정을 하나씩 밟아갈 수 있다는 것이다. 따라서 앞의 예문은 적절하지만 다음에 제시될 예문에서는 상당한 혼란이 가중될 것이다.

how many cars did you tell your friends why they should tell their friends …… that they should tell the mechanics to fix [x many cars].

이 예문에서는 의문사 **why**가 확실하게 [x many cars]를 비어 있는 '……' 위치에 연관시키는 것을 방해하면서 전체적인 의미를 해석하는 데 문제를 발생시킨다.

이 같은 유사성은 우연한 결과가 아닐 수도 있다. 즉, 이 유사성은 동일한 제약이 두 개의 상이한 유형의 범주 ― 하나는 선형적 구조에서 관찰하는 것이며, 또 다른 하나는 상하계층 구조에서 관찰을 진행하는 것 ― 에서 작용하는 최소한의 검색 과정에 적용된다는 측면을 예시적으로 보여주는 것일 수도 있다.

우리 저자들은 앞서 언급한 내용을 생각하면서 대상을 지나치게 형식적인 관점으로 보지 않으려고 한다. 그렇지만 이런 연구 대상들이 보여줄 지도 모를 언어학과 인지과학 양쪽에서 암시할 수 있는 것들이 상호 연관성을 가질 수 있다는 가능성에 대해서는 나름 관심을 가질 것이다. 앞서 언급한 바 있었던 철저한 국부적 정규 언어와 철저한 구간적 정규 언어에 대해서는 모두 연산적으로 보아 수적으로 가늠할 수 있는 수준의 긍정적 예들을 근거로 한다면 학습이 진행될 수 있는 가능성이 발견될 수도 있을 것이다(Heinz, 2010). 요점은 이들 두 가지의 국부 제약들이 명백한 '비자연적' 음소배열론 규칙을 더 이상 허용하지 않을 수 있을지도 모른다는 것이다. 여기서 제약이란 특정 언어에서 자음들이 나열된 상태에서 다섯 번째 자음은 반드시 특정한 유형을 띠는 자음이어야 한다고 규정하는 제약 조건을 포함하는 것이다. 이런 언어를 다르게 말하면 '계산 처리counting' 언어라고 부를 수 있다. 하지만 우리는 이 '계산 처리' 언어가 결코 자연적인 언어의 형태가 될 수 없다는 사실을 명심해야 한다.

분명한 것은 자음들이 음소배열과 유사한 형식을 따르는 모습이 새들의 울음방식에서도 발견된다는 점이다. 오카노야(Okanoya, 2004)의 연구에서는 벵골도요새들의 울음소리가, 버윅과 필라토의 연구에서 밝힌 k=2의 배열 조건에서 두 개의 요소가 순방향과 더불어 역순방형으로 배치되는 것을 허용하는 것은 물론이고 용이하게 습득될 수 있는 하위집합 구조를 보인다는 사실을 밝혔다. 우리 저자들은 다음 부분에서 이에 대해 좀 더 자세하게 다룰 것이다.

앞서 언급한 배열 등에서 나타나는 국부성 제약은 변형생성문법의 또 다른 버전에서 습득성 증거를 설정하는 데 중요한 역할을 수행할 수 있다. 이런 흐름을 수용하는 범주에서 나타나는 비슷한 결과들 가운데는 웩슬러와 컬리커버(Wexler & Culicover, 1980)의 연구가 포함되어 있다. 이들의 연구에서는 이른바 '제2급 습득성 이론'이 핵심적인 내용이다. '오류의 제한 급수'라는 개념에 근거한 이 이론은 1970년대의 변형문법이론이 제한성을 지닌 상하계층 구조에서의 **하위 방향 거리**에 연관된 급수에 대한 판단을 제시할 수 있는 확실하면서도 긍정적인 예시들을 토대로 언어의 습득성을 증명했다. 이와 유사한 연구로 버윅(Berwick, 1982, 1985)은 1980년대의 지배결속이론*Government-Binding Theory: GB*을 위한 습득성 여부의 결과를 설정하기도 했다. 특히 버윅의 연구는 확실하면서 긍정적인 예시들을 상하계층 구조를 중심으로 상호 결속 연관성을 보이는 경우로 집중해 살펴봤으며, 이 같은 관계성 여부는 변형문법을 위해 시행된 파서*parser*라는 환경에서 관찰된 것이었다. 이들 두 종류의 연구들은 '제한성의 결속적 상하계층 구조 환경'이라는 개념을 중심으로 하고 있다. 이런 개념이 중시된 이유는 바로 언어 습득자가 규칙의 가설을 설정할 수 있는 (가능하다면 오류를 포함한 상태로) 범주를 한정하기 위해서다. 일단 한정된 범주를 만들어 언어 습득자로 하여금 무한 수의 시행착오를 겪지 않도록 하고, 또한 정확한 가설을 수립할 수 있게 할 수 있다. 무한 수의 시행착오를 피한다는 것은 오류가 우리가 쉽게 인지할 수 있는 수량으로 나타나야 하며, 아울러 가설들 역시 수적으로 보아도 동일한 조건에서 정확하게 설정될 수 있어야 한다는 사실을 말한다. [최근 기계 학습에 관한 전문용어들을 보면 어쩌면 우리는 웩슬러-컬리커버 그리고 버윅의 제약을 기반으로 언어를 계상할 때 무한 수의 개념부터 (소규모) 유한 수 개념, 그리고 이것이 보장하는 습득성까지 총망라해 가능한 문법/언어 영역에서 Vapnik-Chernovenkis 혹은 VC-dimension 개념 모두를 삭제할 수 있다고 말할 수 있다.] 초기의 연구조사 에서는 지금까지 언급한 국부성 제약들이 아마도 결합 형식의 문법이론 을 위한 습득성을 설정하는 데 역할을 담당한다고 할 수 있는 제약을 언 급하고 있다.

어떤 경우든지 제한된 국부적 환경은 외재화를 위해 인간과 명금 모두 가 관여되는 소리 체계에서 나타나는 **자연적** 제약에 대해 최소 한 가지일 지언정 확실하면서도 인지적 측면을 **부분적**으로 반영하는 특성화 자체를 마련해준다고 할 수 있다. 아직은 유한 전이 네크워크가 뇌 내부에 어떤 방식으로 반영되는지에 대해서 알려진 사실이 많지 않다. 하지만 관련 주 제의 많은 연구에는 클린(Kleene, 1956)의 『신경망과 유한 오토마타에서 의 사건들의 형상화*Representation of Events in Nerve Nets and Finite Automata*』처럼 꽤 오래전에 시행되었던 연구도 있다.

그렇다면 과연 상하계층 구조에 연관된 연산작용이란 무엇을 의미하 는 것일까? 우리가 알고 있는 내용을 보면 지난 60년 이상 유한 상태 네 트워크는 이 구조에 영향을 미치지 못했다. 공식적으로, 유한 상태 네트 워크로 정의되는 언어의 대수*algebra*는 일직선상의 전후 연결구조 내부의 요소들의 연대적 관계를 **반드시 준수해야** 한다. 전후 연결구조 내부에서 의 연대적 관계는 나름 한계점을 안고 있으며, 이것은 실질적으로 상하계 층 구조를 묘사하기에는 적절하지 못한 태생적 한정성을 가리킨다. 여기 서 제시하는 내용을 이해하기 위해서 우선 부호 세 가지 c, a, t를 제시할 것이며, 열린 고리를 표시•하는 0 는 일직선상의 전후 연결구조 구성화를 가리키도록 한다. 그리고 전체 표식을 읽기 위해 소괄호 표시를 사용함으로써 전후 연결구조 내부의 요소들 사이에 존재하는 앞뒤 순서의 의미를 나타낸다. 이에 따라 유한 상태 전이 네트워크를 바탕으로 cat이라는 일직선상 구조를 보여주는 예시를 생각해본다. 우선 이 예에서 만약 세 개의 부호들이 늘어서는 상태를 공식적으로 표시하기 위해 먼저 c 다음에 a가 따르는 것을 보여주는 과정을 c 0 a로 알 수 있으며, 이들 두 요소와 마지막 t의 관계는 (c 0 a) 0 t를 통해 유한 상태 기계로 하여금 어떤 과정으로 cat을 도출할 수 있는지를 보여줄 수 있다. 이런 과정은 연대성이라는 개념만을 염두에 두면, 유한 상태 기계 **cat**을 도출할 때 왼쪽만이 아닌 오른쪽에서도 동일한 결과에 의한다면 첫 번째로 a 0 t 와 같이 a, t 사이의 연대 관계를 설정하고, 다시 c를 c 0 (a 0 t)와 같이 연계시켜서 결과적으로 앞서 유한 상태 기계가 시행했던 과정과 동일하게 **cat**을 도출하도록 한다. 지금까지 우리가 두 가지 예시를 보여주었던 이유는 연대성이라는 개념에 대한 재정의再定意에 목적을 두었기 때문이다. 지금부터는 조금 흥미로운 부분을 살펴보려고 한다. 만약 선형을 기초로 하는 전후 연결구조와 연대 관계 **모두**가 우리의 입장 전체를 대변하는 것이라고 한다면, 단어들의 나열을 포함하는 **deep blue sky**라는 연결체는 (deep blue) sky 그리고 deep (blue sky)처럼 어떤 연대성 구조를 생각해보더라도 구조학적 측면에서 절대로 애매한 상황으로 해석되지 않는다. 왜냐하면 앞

- 원형 내부가 비어 있음을 지칭.

서 제기한 두 종류의 조합구조에서 발견할 수 있는 순서들이 연대성을 기반으로 하는 전후 연결구조 아래에서 결과적으로 동일한 **deep blue sky**를 생성하기 때문이다. 만약 두 종류의 조합구조가 외형적으로 다르게 보인다고 하더라도 순서에 의해서는 차이점을 알 수 있는 방법이 없다면, 결과적으로 두 구조 모두에서 의미적으로 전혀 차이가 없다는 사실도 받아들여야 할 것이다. 이런 상황은 우리가 이미 알고 있는 개념인 **강력생성능력**_strong generative capacity_에 대한 실패라고도 볼 수 있다. 또한 이 같은 결과는 촘스키(Chomsky, 1956)가 가장 먼저 제시한 것처럼 유한 상태 체계가 궁극적으로 인간의 언어적 지식을 묘사하는 데 성공적이지 못했던 구조들을 구별하기 위해 표현하려는 시도가 실패한 상황을 반영한 것이라고 볼 수도 있다.[6]

형식에 기초한 관점으로 볼 때 상하계층 구조를 형성하기 위해 필요한 연산 기계장치는 촘스키(Chomsky, 1956)의 발표 이래로 널리 이해된 내용이다. 즉, 우리는 앞서 제시된 연구 결과를 토대로 상하계층 구조를 형성하는 데 요구되는 최소한의 조건들에 대해 알고 있다. 앞서 언급했듯이 X와 Y라는 두 요소를 결합하려고 할 때 이들 두 요소 사이에 논리적으로 두 가지 경우만이 가능하다는 사실을 반드시 기억해야 한다. 우선 X와 Y가 별개의 독립적 요소로 간주되어야 하거나 그렇지 않다면 두 요소 중 하나가 다른 요소의 하부에 속하는 모양새를 생각해야 한다. (여기서 X와 Y는 상호 동질적인 상태가 아닌 반드시 다른 개체로 간주되어야만 한다.)

만약 X와 Y가 별개의 독립적 통사 요소로 여겨질 수만 있다면 외적 결합이 적용될 수 있을 것이고, 버윅과 엡스타인(Berwick & Epstein, 1993)이 제시한 것처럼 이런 작용을 바탕으로 촘스키가 최초로 주창한 제2유형문법 혹은 문맥자유문법 같은 규칙을 토대로 해당 과정을 유사하게 그려볼 수도 있을 것이다. 그러나 동일한 작용을 반영하는 정규 언어, 문법 또는 기계의 경우에서처럼 언어가 문맥자유 기반의 대상으로서 이에 상응하는 문법도 문맥자유 방식을 준수하고 있다고 언급하는 것 자체가 기대만큼 강한 면모를 지닌 것은 아니라고 할 수 있을지도 모른다. 왜냐하면 바로 인간의 언어지식에 대한 묘사와 관련성이 없는 무수한 (대부분의) 문맥자유문법이 존재하고 있으며, 더욱 중요하게 문맥자유문법이 인간의 언어지식을 묘사하는 일에서 훌륭한 결실을 도출하는 데 그다지 효율적인 역할을 보여주기 못하기 때문이다. 이런 점은 촘스키(Chomsky, 1957, 1965)가 지적하고 다시 강조했다. 그리고 이후로도 계속해서 수차례 지적을 받은 사안이기도 하다. 이 부분에 대해서는 다음에 간략하게나마 설명을 제시한다.

만약 특정 통사 요소가 다른 구조의 일부라고 한다면 우리는 내적 결합의 한 가지 예를 보게 되는 것이다. 이때 여기에 해당되는 모든 경우에 어떤 연산작용이 필요할지 조금 더 많은 생각을 해야 할 것이다. 가능한 문장이나 그에 연관된 구조를 최소한 복사라도 한다는 차원에서 작용을 관찰할 수 있는 한 가지 외형적 확장으로서 **다중**문맥자유문법*Multiple Context Free Grammar: MCFG*을 들 수 있으며, 이 방식은 특히 스태블러(Stabler, 2011)가 제시한 것이기도 하다. 이 문법의 방식에 대해 자세한 내용을 모두 살펴보려는 것은 아니지만, 여기서 MCFG를 언급한 이유는 이 문법의 형식적 측면이 결합을 기반으로 한 이론을 모델로 설정하거나 동일한 체계를 위해 효율적인 파서를 구축하는 데 형식적 측면과 연산적 측면 모두에서 장애 요인이 전혀 없다는 사실을 확실하게 보여주기 위해서다. 사실이 같은 MCFG의 능력은 우리의 의도와 달리 이전부터 앞서 언급한 역할을 제대로 수행하는 데 적절하지 못하다는 비평을 종종 받아왔다. 이 문법은 이전에 언어학의 방법론들이 실험적 예를 총망라하는 수준과 유사한 능력을 보여주었으며, 여기서 제시한 문법방식과 더불어 모든 언어학 이론 HPSG*Head-Driven Phrase Structure Grammar*부터 LFG*Lexical Functional Grammar*, TAG*Tree Adjoining Grammar*, CCG*Combinatory Cartegorial Grammar*, 최소주의 체계까지 철저하게 연산작용이라는 측면에 국한되어 있다는 점을 명심해야 한다.[7] (그러나 반드시 알아야 할 점은 앞서 언급한 이론들은 실험적 측면은 물론이고 또 다른 부분에서 엄연하게 서로 차이점이 있다는 사실이다.)

MCFG 이론에서는 문맥자유문법을 발전시키면서 규칙 내에서 화살표(→)의 왼쪽과 오른쪽 양방향에 위치한 중간 교점의 성분 명칭 **내부**에 변수를 포함하는 것을 허용하도록 했다. 여기서 말하는 변수들은 어찌 보면 중간 교점의 성분과 동일한 것으로 간주할 수 있으며, 결합기반이론에서는 이들 중간 교점의 성분을 실제로 복사된 통사적 대상을 '지표화하는 것(지시하는 것)'으로서 사용할 수 있을지도 모른다. 이 내용을 다시 한 번 설명하면, VP → verb NP처럼 구구조규칙으로 형식을 갖추는 대신에 VP, NP 같은 두 개의 성분요소를 VP(**x**) → verb NP(**y**)와 같이 재구성할 수 있다는 것이다. 이처럼 새롭게 구성된 규칙에 주어진 변수 **x**는 경우에 따라서 **what** 같은 음소의 연결체를 변수 값으로서 적용할 수도 있다. 이 같은 과정을 토대로 일부 경우에서는 내적 결합이 수행하는 행위 및 결과를 도

출하는 과정을 모의실험 방식으로 시행하는 또 다른 능력이 가능할 수 있을지도 모른다.[8]

　지금까지 언급한 내용을 예를 통해 간략하게 살펴보자. **did John guess what**을(더 정확하게, 이것은 단어를 조합해 연결체로 구성한 집합기반의 통사적 대상이라고 할 수 있다) 살펴보면 내부적 구조를 바탕으로 **X=did John guess what** 그리고 **Y=what**으로 두 구성체를 설정해 내적 결합을 적용할 수 있다. 우리는 항상 이런 과정을 통해 예상할 수 있는 최종적인 통사적 대상을 양산할 수 있다. 여기서 최종적 대상 성분을 'CP'라고 부르며, 이는 모든 해당 단어가 포함된 최종적인 통사적 대상 내부 구조가 바로 **what did John guess what**으로 유도될 수 있다는 가능성을 저변에 포함한다. 이런 상황은 MCFG 이론에서 전통적인 문맥자유규칙을 적용해 CP 같은 보문구절을 내부적으로 '보문 표시 C'와 바로 이어서 굴절구문이 뒤따르는 CP → C IP 같은 구조로 재분석하는 양식(이에 관한 자세한 사안들은 접어두기로 한다)으로 내부 구조를 증가시킬 수 있다. 이 같은 전통적 문맥자유규칙의 방식을 MCFG 이론에 적용할 때는 중간 교점에 해당하는 CP, IP 두 개의 요소 내부에 최종 요소인 x와 y를 위치하도록 허용함으로써 전통적 문맥자유규칙과는 조금 다르게 CP(yx) → C IP(x, y)처럼 증가된 구조를 갖출 수 있다. 여기서 최종 요소에 해당하는 yx 표식은 x와 y를 조합한 결과이며, IP에 표시된 x와 y는 두 가지 변수로서의 요소들이 별도로 분리되어 있다는 사실을 가리키는 것이다. 만일 x=what 그리고 y=did John eat what 같은 두 구성체가 존재하는 것을 가정할 수 있다면, 두 구성체를 조합한 yx 자체는 바로 **what did John eat what**에 해당한다. 이 같은 결과물은 구조적 증가에 연관된 규칙을 통해 내적 결합이라는 방식에서 수행되는 '복사하기'를 그대로 모방하는 예문이라고 할 수 있으며, 여기에는 what이라는 대상이 나타나는 두 위치를 주시하면 된다. [우리 저자들은 바로 앞에서 언급한 과정이 어떤 단계를 밟아가는지에 대한 자세한 경위를 여기에서는 설명하지 않았다. 이와 관련해 자세한 내용을 알고 싶다면 Kobele(2006), Stabler(2012), Graf(2013)를 참고하기 바란다.]

지금까지의 설명을 토대로 문맥자유문법과 다중문맥자유문법 중 어느 것도 인간언어를 정확하게 묘사하는 데 정확하지 못하다는 점을 확실하게 짚고자 한다. 마치 유한 상태 네트워크 문법 혹은 그에 상응하는 언어에서 볼 수 있듯이 앞서 언급한 두 종류의 문법방식은 문헌적으로 확인할 수도 없는 수많은 언어까지도 너무도 용이하게 묘사하고 설명할 수 있다고 제시되고 있다. 그러나 중요한 사안은 이들 방식이 실제로 **문헌 중심으로 확인되어 있는** 언어들의 옳은 **구조**조차 충분하게 생성하지 못한다는 사실이다. 이런 점은 이미 앞에서 deep blue sky라는 예문을 보면서 확인한 것과 유사하다. 때로는 이들 방식이 설명을 제시하기도 하지만 여기에는 엄청난 수의 본질과 상관없는 외적 규칙을 동원한다. 이에 관한 예들이 있다.

버윅(Berwick, 1982, 2015)과 스태블러(Stabler, 2011, 2012)의 두 연구에서는 CFG, MCFG로 하여금 영어에서 발견할 수 있는 적절한 의문대명사 구문*wh-question*을 복제하도록 유도하기 위해서라면 설명 체계 상위에 **소급적 측면을 허용**하는 제약을 반드시 설정하는 것이 허용되어야 한다는 사실을 확연하게 보여주었다. 여기에서 핵심은 바로 **what did John eat**[•]

이라는 예문에서 가장 앞으로 이동한 의문사 what 그리고 동사 eat 바로 다음에 위치에 **암묵적**으로 존재하는 what이 있다고 가정되었을 때 두 요소 사이에 놓여 있는 다른 모든 요소는 일단은 CFG, MCFG가 설명을 제시하려는 목표점에서는 제외된다는 것이다. 이런 과정을 쫓아가게 되면 CFG, MCFG는 앞서 언급한 핵심 밖의 요소들은 단순히 외형적 요인들의 확장으로만 여기도록 한다는 결론에 도달하게 된다. 이에 대해서 이들 문법방식이 언어 자체의 내적 속성을 내보이려는 데 목표가 있기보다는 단순히 생성 과정에서 나열되는 부차적인 결과물을 제시하는 데 주된 목적을 두고 있는 경고 조치가 아닌가 하는 의혹을 가질 수 있을지도 모른다. 이런 유형의 제약들이 포함하는 정확한 일반화를 통해 이미 제기된 문장에서 의문사 what 그리고 동사 eat의 암묵적 목적어 대상 사이에 어떤 **특정한** 유형의 구들이 어떻게 늘어서는지를 굳이 설정할 필요는 없을 것이다. 그 이유는 내적 결합으로 형성된 (복사되는 상황의) 구를 볼 때 결합에 참여하는 핵심 요소 외에 중간에 나타날 기타 요소가 나름대로의 역할을 실행하는 상태를 전혀 보여주지 않는다면, 대략적으로 실제로 결합에 관련되는 시작점에 위치할 요소와 종점에 위치할 요소에 연관된 사항 외에는 다른 무엇에도 관심을 갖지 않음을 인식할 수 있기 때문이다. 여기서 중간에 위치한 요소들 가운데 일부가 역할을 보인다는 사실은 내적 결합

- 이 책의 원서에서는 예문을 what did John read로 들어 동사 read를 언급했지만, 문맥 전체의 이해를 위해서라면 실제로 동사는 eat으로 보는 것이 옳다고 판단된다.

이 더 이상 발생하지 못하도록 제한하는 상황을 가리키며, 이런 모습은 앞에서 언급했던 '메커니즘-자동차' 예의 관점으로 보면 이해할 수 있을 것이다. 간단하게 정리하면 제약이 핵심적인 역할이 아니라 추가적인 역할을 수행하는 조건으로 분석 체계에 포함되는 경우에는 이 조건을 포함하는 분석 체계가 촘스키(Chomsky, 1965) 방식의 논리 형태뿐만 아니라 버윅(Berwick, 1982, 1985)이 공식 형태로 서술한 **설명적 적정성**이라는 측면이 부족해지는 결핍 결과에 직면하게 된다는 사실을 명심해야 한다.

이처럼 후입 선출 포개 넣기를 위한 유한 상태로부터 포개 넣기 확장 기계까지의 연결 과정은 그것 자체만으로도 마치 진화 과정의 연결고리 묶음으로 볼 수 있을지도 모른다. 이런 사실은 기저상으로는 진화의 시나리오를 제안한다고도 볼 수 있을 것이다. 그러나 우리는 이런 외적 상황에 유혹되지 말아야 한다. 나아가 이런 제안을 과감히 거절할 수 있어야 한다. 이런 상황은 중세의 **자연의 사다리**_Scala Naturae, Scale of Nature_•라는 개념이 오늘날 이곳에 도사리고 있다고 상상하는 것과 마찬가지라고 할 수 있다. 이 개념에 따르면, 유한 상태 구조 내부의 가장 밑바닥에 아메바가 있으며, 그 위에는 영장류가 포개 넣기 형식으로 계단을 올라가며 최종적으로 또 한 번의 도약을 실행하는 과정을 거치며 평이한 수준의 문맥-인

• 아리스토텔레스가 주장한 '거대한 존재의 사슬(Great Chain of Being)' 개념이다. 거대한 사슬 밑바닥에는 박테리아와 원생생물 등 이른바 단세포생물이 있고 위로 오를수록 곤충, 어류, 양서류, 파충류, 포유류를 거치며 맨 꼭대기에는 인간이 존재한다고 생각했다.

식 단계에 오르는 과정을 통해 우리 인간들과 함께 'aspera per astra'●에 도달하는 상태에 이르게 된다. 일부 학자들도 이와 동일한 개념을 제안했다. 스티드먼(Steedman, 2014)이 유사한 내용을 언급했으며, 이 책에서는 뒷부분에 있는 〈미주 9〉를 통해 동일한 내용을 다룬다. 그렇지만 앞서 제기한 아메바로부터 천상에 이른다는 개념은 킹과 갤리스텔(King & Gallistel, 2009)이 강조한 튜링 머신을 생각해보면 의미가 없는 것도 아니다. 먹이를 찾은 장소에서 자신의 보금자리로 회귀하는 개미들의 추측항법 같은 곤충들의 운항방식은 단순한 테이프 유형의 기억화 방식을 따른 기억세포 '읽어들이기' 그리고 '위치에 기록하기' 능력 등을 요구하고 있으며, 이것은 튜링 방식을 따르는 기계를 위한 요구 조건들 모두에 해당한다. 이들 조건이 모두 확인된 사실이라면, 어쩌면 개미들은 이 장치를 기반으로 사다리 형태의 자연의 계층들을 상당 부분 올라갔다고 여길 수 있을지도 모르겠다. 이와 관련해 여전히 남아 있는 수수께끼가 있다면, 이처럼 여러 계단을 올라간 개미들이라고 해도 사람들이 의사소통을 수행하는 방식과 달리 언어 표현에서 복잡한 상하계층 구조를 갖춘 표현을 임의적으로 구축하지 못한다는 사실이 분명하다는 점이다.[9]

'무엇이'라는 질문에 대한 지금까지의 답변들을 정리해보면서 우리는 인간과 동물들 사이에 확실하게 나타나는 경계선을 설정할 수 있었다. 즉, 기타 동물들과 달리 인간은 결합이라는 개념을 갖추고 있으며, 이를

●　역경을 헤치고 별에 도달하는.

토대로 앞서 언급한 다른 동물들과 다르게 상하계층 구조를 갖춘 표현의 무한 수의 배열집단을 구성할 수 있다. 여기에 해당하는 배열구조에서는 어디든 조건이 허용된다면 일부 요소가 위치를 새롭게 배속될 수 있는 재배열의 특성이 있다. 다만 이런 재배열에 관련된 대상이 머릿속에서만 구성을 짐작할 수 있는 원자 같은 최소의 요소라면, 생성 과정에서 관련된 부위들의 상호 역할의 합일점 모두에서 선명한 의미 해석을 지니고 있다는 점을 잊지 말아야 한다. 이런 관점에서 알아야 할 것은 이처럼 단계를 거치면서 나타나는 생성 과정은 비록 그 자체가 우리의 머릿속에서 발생한다는 궁극의 추상적 특성을 지닌 것이기는 하지만, 각각의 과정들이 상하계층 구조를 갖춘 표현을 생산하기 위해서 연산작용이라는 시스템을 이용한다는 사실이다. 실제로 여러 사안이 연관된 과정이라는 점과 함께 머릿속은 본래 목적에서 용도가 상당 부분 재구성되면서 현재 인간이 소유한 대뇌피질이라는 '인간의 두뇌(컴퓨터 프로그램 또는 시스템)'다. 우리 저자들은 이후 이 장을 마무리하면서 앞서 언급한 언어 및 인간의 두뇌와 관련해 또 다른 추정 사항들이 필요하다는 점을 아울러 언급하고 싶다.

지금까지 설명했던 사안들을 다시 한 번 살펴볼 때 이들 모두를 마치 데이비드 마아(Marr, 1982)가 자신의 연구에서 제시한 정보처리 시스템 1단계라고 명명할 수 있는 것이 무엇인지에 대한 의문점의 답으로 여길 수 있을지도 모른다. 즉, 과연 어떤 문제점들이 해결될지에 대한 답이라고 생각할 수 있다. 앞서 언급했던 기본 특성은 연산작용을 수행할 때 어떤 방식을 취하는 것일까? 그렇지만 마아의 의문은 이런 질문의 수준을 훨씬 넘어서는 것이며, 그 내용은 크게 두 부분으로 분리해 알고리즘과 수행 과정으로 생각해볼 수 있다. 이런 의문점을 감안하면 우리 저자들은 이 장 앞부분에서 제기된 '무엇이?'라는 질문에 마아의 관점으로 답변할 수 있을까?

이처럼 답을 찾기 위해 널리 알려진 도전들을 생각했을 때 우선 알고리즘과 수행 과정의 종류가 매우 많다는 사실을 알아둘 필요가 있다. 그렇지만 바로 이 점이 우리에게 문제점으로 대두된다고 볼 수도 있다. 현재까지 알려진 인간의 인지능력에 대한 지식이 사실은 앞서 언급한 무수한 후보들 가운데 선택을 이행하는 데 엄청난 수준으로 명확성이 미치지 못하고 있으며, 진화적 측면으로만 보아도 인식능력의 불명확성은 커다란 부담을 안겨준다. 따라서 여기서 말할 수 있는 최대치가 무엇인지에 대해서 단지 일상적인 내용 이상이 되기는 어려울 것이다. 우리 저자들이 말할 수 있는 내용은 머릿속에서 단어들이 기본 특성과 함께 적용되면서 작동을 수행한다는 사실에 불과할 것이다. 따라서 우리 저자들이 개진하는 언어에 대한 논의에서는 이후에 제시될 인간의 뇌 내부에서 관찰하고 발견할 수 있으리라고 기대되는 것들 가운데 일부만을 다루는 것이 최선일 것 같다.

앞서 제시한 알고리즘과 수행 과정을 인정하는 한 리처드 파인만 (Feynman, 1959)에 의해 널리 알려진 관점이 크게 적용된다는 사실을 알 수 있다. 그 관점은 "최하위 지점에는 상당한 공간이 존재한다"는 것이다. 여기에서 가리키는 공간은 바닥에 국한된 것이 아닐 수도 있다. 도시의 구획만 보아도 건물의 중간층은 물론 최고층에서도 활용 가능한 공간을 얼마든지 발견할 수 있다. 이에 따라 신경생리학자들의 철학적 관점으로 보더라도 '최하위 지점'에는 누구도 상상할 수 없는 세계가 존재할 수 있는 것이다. 즉, 최하위 지점이라는 개념을 인간의 두뇌에 적용해보면 뇌 속의 무수한 회로들은 대략적으로 '연속 작동 기억', '희소 부호화', '신 파이어 사슬synchronous firing chain' 등으로 분류할 수 있다. 이런 하부들은 대체적으로 실질 연산 구조가 이끌어낼 수 있는 가능성 모두를 열거하는 작동을 시행조차 할 수 없다. 그 이유는 바로 데이터 흐름 아키텍처부터 파이프라인 방식 중앙처리장치 설계 과정까지 비동기식 처리를 수행하기 위한 체계화된 추상화 계층 회로 설계에 대한 지식수준이 매우 낮은 단계에 이르고 있으며, 따라서 이런 상황이 인지 과학적 모형화를 실행하는 데 충분하지 못하기 때문이다. 컴퓨터 아키텍처[예를 들어 Hennessy & Ratterson(2011)]를 다룬 표준 서적들을 잠시만 들여다보더라도 우리는 그속에서 무궁무진하게 많은 수의 설계 아이디어를 발견할 수 있다. 약 40년 이전에 우리 저자들 가운데 버윅은 언어학에 관련된 한 설명 내부에 고정된 평행론에 관한 가능성을 아주 근소하게라도 포함하는 것과 같이 가정의 내부를 아주 미세하게나마 건드리기만 해도 한때 절대로 동일할 수 없다고 여겨졌던 언어학 이론들을 동일한 심리언어학적 제언들로서 한 개의 커다란 단지 속에 모을 수 있다는 사실을 언급한 바 있다.

일단은 알고리즘 단계를 고려해보자. 다만 어떤 특정한 알고리즘을 전제하면서 가능한 결과들의 광범위한 배열은 잠시 옆으로 밀어둔다. 따라서 일단 평소 상위구조 표현에 대한 연산작용에 연관된 가장 간단한 알고리즘을 생각해보자. 문맥자유파싱을 다루는 표준 교재에서는 이런 과정에 대해 여러 가지 별도의 접근방식을 제시할 것이다. 가장 기초적인 방식으로서 우리에게 '후입 선출 포개 넣기' 같은 종류를 사용하도록 할 수 있다. 왜냐하면 그런 방식을 사용하는 것이 바로 표준 형식언어의 이론이 우리에게 알려주는 것이라고 할 수 있기 때문이다. 그렇지만 우리는 앞서 1장에서 생물에너지학적으로 실질적인 네트워크 내부에서 후입 선출 포개 넣기 방식을 수행하는 방안에 여전히 문제점이 나타나고 있다는 사실을 언급한 바 있다.

자연언어파싱을 다루는 교재들은 앞서 말한 수행 과정을 이행할 수 있는 방법에 관해서 자세한 설명을 제공하고 있다. 어쩌면 이미 말했던 문맥자유 형식의 연산작용을 위해 가장 넓게 활용되고 있는 알고리즘들이 명시적인 후입 선출 포개 넣기를 전혀 사용하지 않는다고 할 수도 있다. CKY 알고리즘•(Cocke, Kasami and Younger, 1967) 혹은 얼리*Earley* 알고리즘(Earley, 1970)같이 앞서 언급한 방식이 오히려 후입 선출 포개 넣기 방식과 동일한 정보를 제공하는 **간접적** 방식을 소유하고 있다고 볼 수 있을지도 모른다.

그렇다면 이 같은 알고리즘이 작동하는 방식은 무엇일까? 우선 n이라는 개수의 단어들로 구성된 문장이 있다고 할 때 보통은 늘 하는 방식에 따라 다소 이차원 행렬로 가로세로 n수 배열의 상반부와 유사한 대상을 구성하며, 이 과정에서 비트 하나하나에 특정한 셀들 속에 들어갈 수 있

• 고안자들의 이름을 따서 Cocke-Younger-Kasami 알고리즘이라고 불리며, 문맥자유문법을 위한 파싱 알고리즘을 가리킨다.

도록 '결합' 과정을 거친 레이블 요소들을 배정하는 '충당하기'가 수행된다. 여기서 말하는 충당의 실행 여부는 결합 과정에 해당되는 단계에 적절한 레이블이 설정되는 가능성 여부에 의존하고 있다. 예들 들어, **John read books**라는 문장에서 행렬 구조는 주어진 단어 숫자에 따라서 최대 3×3 구성의 셀을 갖춘 형태로 나타난다. 그리고 **read**와 **books**를 결합하는 결과에 대한 레이블은 행렬 구조 셀의 2, 3에 배정될 수 있다. 기존의 문맥자유문법을 따르면 해당하는 레이블을 특정화하는 것은 큰 비중을 차지하지 않는다. 동사와 NP(명사구)를 결합해 VP(동사구)로 탄생시키는 규칙이 존재한다면, 이전 문장의 구성을 보았던 입장에서는 VP를 레이블로 배정할 수 있으며, 이를 행렬 구조에서 (2, 3)의 위치를 점하는 셀 내부에 배치할 수 있다. 지금까지 말했던 모든 과정은 낮은 수준의 신경체계 관점에서도 가능할 수도 있다. 여기서 신경체계라는 관점은 행렬의 셀들을 일종의 기억 지점으로 비유해 가시화한 것으로 여길 수 있다. (우리는 이후 이런 설명이 마치 전통적 컴퓨터로 '호칭 식별'되는 과정을 반드시 상정할 필요성이 없다는 점을 언급할 것이다.)[10]

그렇다면 이런 설명에서 후입 선출 포개 넣기는 과연 어떤 위치에서 나타나는 것일까? 행렬 구조에서 **세로축**은 암묵적으로 스택* 포지션을 대표한다고 볼 수 있다. 이때 '명료성'을 갖춘 스택을 갖지 못하는 현상은 그렇게 놀랄 만한 일이 아니다. 일단 어떤 연산 과정이든 모든 것을 분명

• 데이터를 겹쳐 쌓은 것.

하게 수행할 수 있다고 간주되는 튜링 장치를 생각해보자. 튜링 장치는 심지어 스택이라는 것 자체를 갖추지 못하고 있다. 하지만 이것은 학생들이 튜링 기계의 '프로그래밍' 가운데서 수차례 시행했던 것처럼 때로는 커다란 고통을 수반하는 간접적인 방식을 이용해서라도 '모방될' 수 있어야 한다. 코벨(Kobele, 2006) 또는 칼마이어(Kallmeyer, 2010)의 연구를 보면 MCFG의 직접적 확장은 물론 내적 결합 및 외적 결합 등을 찾을 수 있을 것이다.

사실 이전의 파싱 알고리즘을 보더라도 확실하게 '파스 트리*parse trees*'를 구성하는 것을 찾아보기는 쉽지 않다. 이 알고리즘들은 연산작용에서 트리 구조를 형성하는 것 자체가 중대하면서도 귀중한 연산작용 원천을 방기하는 모습을 보일 수 있다는 이유로 인해 때로는 외형적으로 확실한 모습을 보이는 것보다 차라리 암시적인 형태로 나타나는 경향이 있다. 그 대신 어떤 의미적 해석이든 결합이 발생하는 순서를 기반으로 단계적으로 독해 과정을 거치는 과정을 보일 수도 있다. 앞서 언급했던 스택 기반의 과정과 마찬가지로 언어의 연산작용에서 확실한 수형도 구조에 대한 구성의 결여성 여부는 언어에서 수형도 구조(도형 구조)가 핵심일 뿐만 아니라 정신적·인지적 언어학 표식에 **필요충분 요건**의 의무를 부과한다고 보았던 인지과학자들에게는 매우 혼란스러운 현상이다. 그리고 이런 결여성으로 말미암아 언어학적 설명에서는 수형도 구조를 상정하는 방식을 폐기해야 한다는 가정을 설정하려는 주장이 나타나고 있는 상황이다. 하지만 이런 주장에는 이중적인 오류가 있다. 우선 언어학적 이론만 보더라도 앞서 언급한 주장을 통해 제약을 두고 있는지에 대해 전혀 알 수 있는 방법이 없다는 사실이다. 사실상 이런 주장에 대한 반대 의견이 오히려 사실에 가깝다고 할 수 있다. 언어학자 하워드 래스닉(Lasnik, 2000)이 자신의 논문에서 자세하게 밝혔듯이 변형문법에서 제시된 최초의 설명모델의 외형적 표현만 보더라도 내적으로 **도형 이론적** 방향을 따르는 대신 **집합 이론적** 방향을 따른다는 것을 확실하게 알 수 있다. 따라서 간단하게 보면 수형도 구조는 언어학을 이해시키려는 훈련 보완 방식으로 여길 수 있다. 또한 이전에 제기되었던 기본 특성조차 집합 구조를 형성한다는 사실을 상기해야 할 필요가 있다.

집합 기반의 표현은 가끔씩 내용 주소화 기억장치라고 불리는 것을 이용하는 신경구조의 개념에 비유할 수 있다. 내용 주소화 기억장치는 노트북컴퓨터 구조에서 활용되는 전통적 차별 표식화보다는 인간의 기억 수행에 일조할 수 있다고 때때로 제안된다. 전통적으로 컴퓨터에서 차별 표식화는 길 양쪽에 위치한 건물에 부과되는 번호 배열과 유사하게 진행된다고 볼 수 있다. 우선 114호 주소의 건물을 찾을 때는 먼저 112호를 찾는 방법을 택하거나 주소록에 게재된 숫자를 확인할 수 있다면 원하는 주소의 집을 찾는 것이 가능할 것이다. 내용 중심 차별 표식화 체계에서 기억은 마치 우리가 그 집에서 발견할 수 있는 특성을 기반으로 그 집을 찾아가는 방식 — 연못을 옆에 끼고 있으면서 회색 지붕을 얹은, 부분별로 높이가 다른 현대식 구조를 갖춘 집의 특징을 생각해볼 수 있다 — 과 유사한 검색방식이라고 볼 수 있다. 이 같은 내용 중심 차별 표식화는 주변 환경 특징에 상응하는 결과만 만족한다면 완수된 것으로 볼 수 있다.

이 같은 내용은 처음부터 우리에게 매우 친숙한 것이다. 또한 최근의 심리학자들이 문장 독해를 수행할 때도 확실히 익숙한 방식이라고 볼 수 있다. 이런 관점을 이해하려면 반 다이크와 클린턴(Van Dyke & Clinton, 2012)의 연구를 살펴보기 바란다. 그렇지만 우리는 앞서 언급한 내용들이 결합 기반 접근방식과도 일치도가 높다는 점을 잊지 말아야 한다. 그렇다면 어떻게 이런 판단이 가능할까? 우선 기억해야 할 부분은 결합을 토대로 구성되는 구조들 내부는 기본적으로 하부에 별도로 두 개의 통사적 대상과 함께 상위 표지로서 레이블을 설정하는 구조적 특성을 갖추고 있다는 사실이다. 여기서 레이블은 일련의 특성(또는 자질)의 집합으로, 또 다른 상위구조를 향하는 데 요구되는 정보를 제공하는 요소다. 이런 레이블의 하부를 구성하는 통사적 대상들은 일일이 명칭이 부과된 자질을 포함하면서, 통사 구조에서 되풀이되는 형태를 보이거나 또는 단어와 유사한 원소를 구성하는 자질을 기반으로 수없이 출현하는 상황을 연출하기도 한다. 이런 수많은 특성이 모든 통사적 대상을 복잡하게 얽히도록 만들 수도 있지만, 실제로 그런 일이 벌어지지 않는다는 것을 확실하게 짚어두고 싶다. 실제로 1960~1970년대에 내용 주소화 기억장치가 시각 이미지를 상하구조로 분산하고 해체하는 데 널리 활용되었다. 이에 대한 설명은 아즈리엘 로즌펠드와 해리 서멧 등(Rosenfeld, 1982; Samet & Rosenfeld, 1980)이 메릴랜드 대학에서 실행했던 '사지 트리*quad trees*'에 관한 광범위하면서도 널리 알려진 작업 과정을 보면 될 것이다. 특히 로즌펠드는 내

●   데이터베이스 검색에 사용되는 트리 구조.

용 주소화 기억장치가 자연적이면서 효율적이고 아주 간결한 형태로 상하계층 구조를 수행하는 능력을 제공할 수 있다는 점을 제시했다.

여기에서 관련 주장을 더 깊이 다루기는 어렵지만, 한 가지 밝히고 싶은 사안은 상하계층 구조라는 것이 내용 중심 차별 표식화로서 마치 '뇌 유형'의 기억 시스템으로 가정해볼 수 있는 방식으로 쉽게 표현화되는 것이 쉽지 않다는 점이다. 이와는 상반되게 표준화된 컴퓨터과학에서의 결과는 이런 지적에 대해 문제점을 제시하고 있다. 이는 바로 앞서 언급된 유형의 기억이 어떤 이유로 더 광범위하게 활용되지 못하는지에 관한 의문이다. 이 의문에 대한 답변은 경제학에서 찾을 수 있다. 즉, 내용 주소화 기억장치가 20~30년 이전에 폐기된 이유는 바로 비용이라는 관점에서 발생한 결과였다. 개념적으로 이 방식에 문제점이 있었다기보다는 경쟁력이라는 요인이 핵심적이었다. 표준 표식화를 갖춘 대규모 통합 회로가 비용 측면에서는 훨씬 저렴한 상황이었기 때문이다. 하지만 폐기에 이르렀던 내용 주소화 기억장치의 시대가 다시 도래하고 있다. 인지과학자들 가운데, 극히 평범한 실리콘 컴퓨터조차도 가능한 광범위한 '수행성'을 평가할 수 있는 상황을 바랐던 학자들은 내용 중심 차별 표식화 컴퓨터 구조 도안의 역사를 검토하는 데 매우 탁월한 능력을 보여줄 수 있을 것이다.[11]

또한 이 같은 차별 표식화 알고리즘을 수행하는 순서에는 탄력성이 있다. 역동성 프로그래밍 방식들과 부분적 결과들 '기억하기'를 활용하는 과정을 토대로 CKY 알고리즘 또는 얼리 알고리즘 내부에서 검색 패턴을 변모시킬 수도 있다. 사실 이 알고리즘들은 절대 하향식 프로세싱, 절대상향식 프로세싱, 또는 실질적·논리적으로 두 방식 사이에서 변형된 형태를 포함하는 프로세싱 작업들을 수행하기 위해 제시된 것이었다. 여기서 제기한 방식들의 공통점은 셀을 채우는 단계를 위해 확고한 **순서**를 강제하지 않는다는 것이다. 이런 내용은 '연역으로서의 파싱' 접근방식을 주의 깊게 연구했던 연구자들을 통해 잘 알려져 있다.

이러한 작업들이 수행된 지 30년 이상 지난 다음에도 어떤 방법에 의거해 프로세싱에 관련된 연산 작업을 우리가 관찰할 수 있는 인간유형을 따르는 프로세싱 작업에 합당한 수준으로 향상시킬 수 있는지에 대해 매해 새로운 방식들이 출현하고 있으며, 여전히 논의 대상으로 남아 있다. 이 점에 대해서는 슐러 등(Schuler et al., 2010)의 연구를 참고하기 바란다. 이 연구에서는 25년 동안 꾸준하게 알려진 방식들을 다루고 있다. 그 내용을 살펴보면 문장의 프로세싱을 가능하도록 하기 위해서 사람들이 문장을 이해하면서 왼쪽에서 오른쪽으로 진행 수순을 밟아가도록 하면서도 기억 작업에 불필요한 부담을 주지 않으려는 목적을 위해 트리 구조와 유사한 분지 구조들 주변 이곳저곳을 '휙휙 넘나드는' 작용을 허용하는 방식을 다루고 있다. 실제로 이와 동일한 솔루션을 수십 년 전에 스태블러(Stabler, 1991)가 언급한 적이 있다. 그의 연구 내용을 보면 세 가지 가정을 따르는 데 어떤 모순도 찾을 수 없다. 세 가지 가정의 내용은 (1) 상승적 독해를 허용하는 문장을 구성하는 단어에 대한 즉각적 가능 해석, (2) 통사 구조에서 오른쪽 방향의 분지화 진행성, (3) 언어적 '능력 문법'의 직접적 활용이다. 일부에서는 (2)번 또는 (3)번 가정을 제거해야 한다는 필요성을 제기하기도 하지만, 스태블러는 사람들에게 주어진 단계들을 서로 혼합하는 과정이 허용될 수만 있다면 가정들 모두를 만족시키는 것이 그다지 문제가 되지 않을 것이라고 주장했다. 연구 논문에서 언급했듯이 스태블러는 결합 과정이 **완전하게** 완결되기 이전이라도 결합된 단위들을 여전히 구축하고 해석하는 **시동하기**가 가능하다고 보았다. 이것은 마치 음식을 대접할 때 고객이 모든 종류의 음식들을 완벽하게 먹지 않았더라도 여전히 고객에게 대접하는 행위가 가능한 상황과 비슷하다. 스태블러 (Stabler, 1991: 201)는 이것이 "'스테이크가 완성되고 있는 중에도 여전히 샐러드를 식기에 담는 것이 가능하다'라는 말과 일맥상통한다고 보았던 것이다".

이 같은 알고리즘 작동의 모든 방식을 묘사하기 위해서는 또 하나의 저술이 필요할 듯하다. 하지만 이 책의 목적이 자연언어 처리에 관한 책의 완성이 아니기에 더 이상 설명하지 않을 것이다. 간단히 말해서 우리 저자들의 목표는 앞으로 조사가 필요한 **많은** 다양한 **유형들**에 해당하는 알고리즘이 존재한다는 사실을 설명하는 것이다. 여기서 수많은 유형을 갖춘 각각의 알고리즘들은 심리언어학적 충실도와 진화론적 변화성 모두를 위한 가능성을 지닌 함축적 의미를 포함하고 있다. 이 같은 설명은 결국 진화적 성공을 위해 사람에게 효율적인 파싱이 다소 중요한지에 대해 상상한다는 가정을 염두에 두고 있다.

지금까지의 설명으로는 아직은 결론이 나지 않았다. 앞서 논의된 모든 가능성은 **직렬적** 연산작용을 중심으로 발전한 것들이다. 비록 유사한 측면이 없는 것은 아니지만 결합유형 언어 파싱에 관련된 별도의 **병렬적** 알고리즘이 존재하며, 이 알고리즘은 어쩌면 진화적 함축의 의미를 소유하고 있을지도 모른다. 우리는 여기서 기초적 방식으로서 초고밀도직접*Very Large Scale Integrated: VLSI* 회로를 제시하려고 한다. 이 회로의 방식은 배열 혹은 행렬 방식으로 얼리 알고리즘의 실리콘 버전•을 가리킨다. 여기에서 행렬은 병렬 연산작용의 간단한 형식으로 나타나는데, 이는 우리가 세로축 방향으로 병렬적 순서를 밟아가면서 요소들 일부분을 동시다발적으로 채워갈 수 있기 때문이다. 예를 들어 **the guy read books**라는 문장을 보면 내부에 속하는 **read books**에서 레이블과 결합 작동이 문장 앞부분에 위치한 **the guy**에 요구되는 작동과 동시에 발생할 수 있다. 여기에서 모든 종류의 병렬 컴퓨터 구조들을 총망라하는 과정으로 연산작용에 연관된 모든 조정 과정을 상세하게 설명하는 것은 무리다. 다만 여기에서 가리키는 병렬 컴퓨터 구조는 상호 연관 단위들이 대량일 때 나타나는 '거친 체질'과 해당 단위들이 소량일 때 나타나는 '세립 체질' 모두를 포함한다. 이들은 원리매개변인이론(Fong, 1991)에 기반을 둔 변형문법의 이전 모델의 측면과 최소한의 동일 수준으로 다루어지고 있다. 거친 체질 병렬의 경우에는 작동의 방향을 발견하기가 어렵지 않다. 즉, 원리매개변인이론에는 20개 남짓의 모듈(격이론, 공범주 원리, X-bar 이론, 결속이론 등)이 포함되어 있으며, 이들은 가능한 문장구조를 구성하는 데 상호 협조 관계를 유지하고 있다. 이 모듈들 가운데 일부는 독자적인 작동을 수행하기도 한다. 초기에 **최대** 문장을 제시하는 데 활용되었던 결속이론만 보더

•   일종의 소프트웨어.

라도 구조를 갖추는 최우선적인 구성화 연산작용에 의존하고 있다는 사실을 확인할 수 있다. 퐁*Fong*은 이 모듈들 가운데 어떤 것들이 (서로 연동하는) 협조 관계를 보이는지에 대해서 최초로 조사했다. 그리고 이와 별도로 결과적 구조인 예문들을 기반으로 어떤 방식이 완전하게 독립적인 특성을 보이는지를 알아보려고 했다. 이에 더해 대규모 문법 이론에서 더 복잡한 모습의 상호 연계성 같은 내용을 완전하게 분석하는 것에는 이런 상세한 부분들 모두가 중요성을 비중을 차지하는지의 여부에 따라 판단해야만 하는 논의가 여전히 남아 있는 상태다. 또한 우리 저자들이 알고 있는 바로는 당대의 결합유형 시스템을 위한 병렬 파서 버전을 수행하려는 시도는 지금까지도 심각하게 고려되지 못한 상태로 남아 있다.

우리는 마아의 세 번째 단계인 실행하기를 어떻게 봐야 하는가? 우리는 다수의 가능성을 앞에 두고 있다. 이 책의 독자들이 문맥자유 파싱을 위해 **단독적** 알고리즘 환경 속에서만 앞서 언급한 문제를 조사하려고 한다면 그레이엄, 해리슨, 루조(Graham, Harrison and Ruzzo, 1980)의 연구를 참고하기 바란다. 이들은 어떤 방식에 의해 컴퓨터 구조들이 기억 내부에 일련의 내용을 축적하고 규칙의 연계성을 프로파일화하는 등의 작업을 수행하는지를 바탕으로 CKY 알고리즘 같은 방법들이 실행 선택 사항 수십 개를 포함하고 있다는 사실을 언급했다. 우리는 수많은 동일 수준의 유사한 가능성들의 집합체 내부에서 무엇을 선별하고 선택할지에 대해서는 상세한 지식을 갖고 있지 못하다. 결과적으로 이는 그 가능성이 각각 엄청나게 다른 연산작용 수행 과정을 유도하는 가능성을 내포하고 있기 때문이다. 그리고 비록 어떤 설명을 생각해보더라도 파인만과 갤리스텔이 제시한 문제점은 여전히 분명하게 남아 있다.

누가?

인간이 아닌 다른 동물들 가운데서도 몇몇은 높은 지능을 요구하는 과제 등에 탁월한 능력을 보인다. 그 예로 잘 알려진 것이 여러 지능적 행동을 보이는 까마귀과 새들이다. 이 새들은 도구를 제작할 수 있고, 지능의 상세한 부분이라고 할 수 있는 공간적 원인 분석력까지 갖추고 있으며, 자신이 획득한 먹이의 위치를 기억하는 것은 물론이고 그 질적 부분까지도 알아낼 수 있다고 알려져 있다. 캘리포니아덤불어치라는 새들은 점심용 먹이잡이의 수단으로 작은 조약돌 주위에 묶여져 있는 끈들을 개미집 틈새로 내려보내기도 한다.

메추라기와 닭은 새끼를 훈련할 때 울음소리를 이용하지 않는 반면에 명금은 매우 복잡한 구성을 지닌 소리를 내어 새끼를 훈육한다. 수컷 명금은 새끼들로 하여금 아빠의 소리를 모방하도록 만들어 약간의 변형이 있더라도 결과적으로는 이런 훈련 속에서 보금자리 표시 또는 배우자 호출 같은 방법을 익히게 한다. 이 새들은 인간과 마찬가지로 좌뇌로 분리되는 측면화를 보유하고 있다. 그리고 또한 인간과 마찬가지로 테스토스테론 호르몬 작용에 의해 사춘기를 거친 이후에는 표현 수단을 더 이상 습득하지 못하는 결정적 시기*가 존재한다는 사실을 보여준다.

비록 새와 인간 사이에 이 같은 유사함이 존재한다고 하더라도 그리스의 아리스토텔레스 이후에 사람들은 명금의 소리 사용방식이 과연 인간 언어를 위한 모델로서 적절한 대상인지에 대해 많은 생각을 해왔다. 그렇 지만 오늘날까지 우리가 알고 있는 바에 따르면 당연히 인간언어가 아니 라는 조건에서 명금의 울음소리는 한낱 발화 모델로만 생각하는 데 그치 고 있다. 버윅 등(Berwick et al., 2011: 2)은 다음과 같이 언급했다.

실제로 새소리에서 인간언어 통사적 특성들 대부분을 찾기란 거의 불가능 하다. 유일하게 소리 체계에 관련된 특성에서만 인간언어와 새소리의 연관성 을 찾을 수 있을 것이다.

이 같은 가능성은 새소리와 인간언어의 유사성과 차별성을 찾아가는 과정에서 분명해진다. 관련 내용은 버윅 등(Berwick et al., 2011)의 저서에 포함된 도표 1에 잘 정리되어 있다. 이 도표를 보면 인간언어 통사론의 핵심 특성 16가지 가운데 오직 인접성 기반 의존, '덩어리 되기(말뭉치 구 성하기)'에서만 새소리와 인간언어의 통사적 연관성을 찾을 수 있다.

우리 저자들은 이에 대해 다음과 같이 정리할 수 있다. 새소리와 인간 언어의 외재화 음성 체계는 모두 전후배열 의존 관계를 보이며, 이런 구 조는 유한 상태 전이 네트워크를 기반으로 표현할 수 있다. 인간언어 통 사론의 모든 **다른 종류**의 핵심 특성들은 새소리에서는 발견되지 않는다.

•   언어 습득이 형성되는 시기로, 주로 유아기에 해당된다.

이들 특성에는 무한 비인접성 의존 관계, 상하계층 구조, 통사 규칙의 구조 의존성, 복사를 통한 구문의 전형적인 '위치 변위' 등이 포함된다.

앞 장에서 살펴본 것처럼 새소리를 표시할 수 있는 유한 상태 전이 네트워크는 비록 상당한 제약이 있지만, 인간언어의 발화에서 음소배열론 제약에 해당되는 것으로 볼 수 있을지도 모른다. 뱅골 되새류의 울음소리를 분석할 때 일련의 연속적 구성을 갖춘 유형을 기록할 수 있을 것이다. 〈도식 4.3〉의 중간 부분을 보면 뱅골 되새류 한 마리가 지저귀는 소리가 음향 표시 방식으로 기록되어 있다. 연구자들은 기록된 소리에 음절이라는 개념을 중심으로 한 '덩어리 되기' 개별화 작업을 토대로 a~j 순서의 레이블을 부여했다. 〈도식 4.3〉 하단에는 새소리가 선형 전이 도식으로 나타나 있으며, 이 도식은 새들이 지저귈 때 생성하는 소리들을 음절 단위를 기준으로 일련의 선형적 형태로 나타낸다. 또한 a, b, c 같은 각각의 글자들은 음향 기록 속에서 '덩어리 만들기'에 부여되는 레이블이다.

앞서 언급한 것처럼 유한 상태 전이 네트워크에서는 임의적이면서 길게 나타나는 순환적 고리 유형의 울음소리를 인간언어의 발화와 비교할 때 패턴이 아주 단순하면서도 미세한 정도의 수준으로만 반복적 특징을 보이는 현상을 발견할 수 있다. 그리고 이 같은 경우에서도 새들이 '유한한 수단을 기반으로 무한한 활용'을 하지 않는다고 말하기는 어려워 보인다. 왜냐하면 방금 언급한 것처럼 새소리가 무한 수로 반복된다는 것이 행동학적 환경에서는 중요한 요인으로 대두되지 못하기 때문이다. (자연선택 현상에서 암컷 한 마리를 위한 적응도 대용물로서* 소리의 반복방식이 나름의 역할을 수행하고 있다고 볼 수 있는 수많은 경우가 있기는 하지만, 실제 소리가 반복되는 상황에서 71번의 반복 횟수 자체가 과연 70번의 반복 횟수와 어떤 차이를 나타내는지에 대해서는 확실한 판단을 내리기가 쉽지 않아 보인다.) 게다가 여기에서 가리키는 반복은 인간언어의 통사적 내용에 비하면 훨씬 간단한 형태로 나타나고 있다. 인간언어에서의 음성 체계는 나바호어, 터키어 등을 보더라도 새소리에 비해 많은 표현성을 지니고 있음을 확실하게 알 수 있다. 특히 나바호어와 터기어의 내부를 살펴보면 음운 조화 의존 관계를 보일 때도 바로 인접한 소리들 사이보다는 '장거리'에 있는 소리들 사이에 음운 조화 현상을 보인다는 사실을 확인할 수 있다. 장거리 음운 조화란 단어를 기준으로 할 때 단어 앞부분에 위치한 특정 음성 표식이 중간에 위치한 다른 소리들을 제치고 거리상으로 떨어져 있는, 해당 단어 후반부에 위치한 음성 표식과 서로 상응하는 조화 현상을 말한다. 이 같은 장거리 음운 조화 현상은 새소리에서도 분명하게 확인되었다. 최근 새로운 조사를 토대로 몇몇 종류의 장거리 상응 관계 구조가 카나리아 새의 울음소리에 나타난다는 연구가 제안되기도 했다(Markowitz et al., 2013). 만약 이런 발견이 사실이라면 새소리는 하인즈와 이드사디에 의해 기술된 두 종류의 강력한 제약들 범주 안에 그대로 남아 있게 된다고 할 수 있을지도 모른다.

수차례 제안했듯이 우리 저자들이 말하려는 핵심은 바로 새소리가 앞

- 적응도 대용물이란 암컷 새가 자연 환경에서 살아남을 수 있는 가능성의 단계를 자신이 발성하는 소리 반복을 응용하는 횟수를 토대로 판단하는 것이 가능하다는 가정에 기반을 두고 있는 것이다.

에서 언급한 장거리 음운 조화 같은 현상 이상으로 더 이상의 복잡한 구조를 **절대로** 소유하지 못한다는 것을 확인하는 데 있다. **동기**라는 이름으로 인지 혹은 생성이라는 독립적 단위로서 '덩어리 되기'가 될 수 있는 지저귐-울기 연결구조를 가진 명금에게서 **선형적** 덩어리 만들기가 발견되고, 또한 그 동기들이 반복될 수는 있지만 하나의 동기에 다른 동기들을 포함하는 형태는 발견할 수 없다는 것이다. 예를 들어, 특정한 울기-울음 소리 조합에 지저귐 동기를 비롯해 다른 동기들을 포함할 수 없다는 것이다.[12]

가즈오 오카노야(Okanoya, 2004)는 버윅과 필라토(Berwick & Pilato, 1987)의 연구를 살펴보면서 새소리가 네트워크 방식으로 묘사될 수 있다고 제시했다. 이 네트워크는 성인이 소리의 진행이 앞 장에서 '한정된 환경 요건'이라고 부른 제약 패턴을 따르는 본보기가 되는 노래를 부름으로써 아이들을 효과적으로 '가르칠' 수 있다는 것이 사실임을 입증할 수 있었다. 이 같은 상황은 **변수 k 역방향성**k-reversible 유한 상태 전이 네트워크라고 알려져 있으며, 그 결과로 나타나는 노래 내부의 소리 형태는 **변수 k 역방향성** 유한 상태 전이 네트워크 언어로서 일련의 연결체 외형을 갖추게 된다. 본능적으로 **변수 k** 역방향성은 유한 상태 형식의 네트워크의 특정한 상태에서 무엇이든 결정을 내리기가 불가능한 선택들이 변수 k '음절 덩어리 되기' 같은 국부적 역행 환경을 검토하는 과정에서 결정될 수 있다. 이런 제약에서 **효율성**이란 바로 어린아이들이 연산작용의 방식으로 효율성을 갖춘 여러 예를 토대로 학습을 수용할 능력이 생긴다는 것을 의미한다. 이 경우에 새소리를 위해 앞에서 제시한 제약은 언어학에서 제기되는 전형적인 의문점 가운데 하나를 해결해주기도 한다. 즉, '언어의 지식(여기에서는 새소리)'은 어떻게 획득되는가? 만일 앞에서 제시된 결과들이 올바른 길을 따라가고 있다면, 새소리의 경우 이런 의문점에 대해 확실히 언어로 인정되는 개체들이 학습되는 대상으로서 범위를 좁혀 가면서 답을 얻을 수 있을 것이다. 어린아이들이 학습을 통해 얻는 **선험적** 정보는 변수 k 역방향성의 언어로부터 도출되어야지만 획득할 수 있는 노래다. (새소리만을 제어하기 위한 특정한 제약 외에 또 다른 제약도 존재할 수 있는 가능성이 있기는 하지만, 이 부분에 대해서는 아직 충분한 조사가 진행되지 못한 상태다.)

그렇다면 새소리와 인간 외 동물들의 발성 능력이 진화적 설명에 어떤 방식으로 기여할 수 있는가? 동물들이 인간과 동일한 능력을 소유하고 있다고 가정한다면, 인간의 능력 가운데 결합이라는, 유일하면서도 아주 특출한 비연속성 현상에 가장 근접한 상황을 생각할 수 있어야지만 비로소 다윈과 월리스 등이 직면했던 딜레마를 부분적으로나마 해결하는 실마리를 찾을 수 있다. 예들 들어, 피치(Fitch, 2010: 327~328)는 영장류의 청각 및 발성기관은 근본적으로 '언어 행위 준비성'을 보유하고 있다는 점을 확인했다면서 다음과 같이 언급했다.

······ 언어의 발화에 한정되어 있으면서 아울러 청취에 특화된 발성 인식 기관을 확실하게 제시하는 일은 거의 불가능하다고 본다. 그래서 현재까지 이런 상황을 확인하면서 가장 무리수가 적다는 차원으로 가정을 생각해볼 때 발성 인식이란 인간과 동물들 모두가 대체적으로 공유하고 있는 인식 처리 장치에

의존하고 있다는 관점이 적절하다는 판단이 선다. 또한 두 세계에 분명한 경계가 있다고 하더라도 인간과 동물들 사이에서 발화의 소리를 수용하는 데는 이들 중 한 존재가 주요한 장애 요인을 안고 있다고 할 수 없을 뿐만 아니라, 인류의 초기 시대에 살았던 원시 인류가 발화적 진화에 대한 명확한 장애를 가지고 있었다는 중대한 관점에 대해서도 충분한 근거가 없다. …… 따라서 포유류 동물들의 청각 인식은 발화를 수용하기 위한 완벽한 조건을 갖추고 있다고 볼 수 있고, 이 동물들의 발성기관의 구성 조건도 아주 기초적인 의사소통 시스템으로서 역할을 수행할 수 있는 수준으로 다양하면서도 개별적 구분이 가능한 소리를 생성하기에 충분한 여건을 갖추고 있다고 결론을 내릴 수 있을 것이다.

발성 학습과 생성을 위한 '언어 행위 준비성'을 전제로 영장류의 뇌가 정말로 인간언어의 음성적 또는 음소적 특성으로 **전환되는** 모습을 보이기는 하지만 원숭이과 동물들이 새끼들이 코를 이용해 언어와 유사한 소리를 내더라도 이 소리를 소음 정도로만 알아듣는 데 그친다면, 인간의 영아들만이 다른 영장류 새끼들과 다르게 소리 내부에 독특한 처리방식을 포함하는 능력의 유무에 대해 확실한 증거를 곧바로 발견할 수 있을 것이다.

명금에서 결합은 과연 무엇을 말하는가? 앞서 언급한 것처럼 새들은 하나의 소리 동기 형태 내부에 또 다른 소리 동기를 포함하지 않는다. 즉, 울기-울음소리 동기 또는 높게 지저귐-울음소리 동기 내부에 또 다른 형태의 소리 동기를 포함하지 못한다는 것이다. 여기서 울기-울음소리와 높게 지저귐-울음소리 동기 형태 자체는 울음소리 동기로서 레이블이 부여되어 있다. 명금이 언어에서 확실하게 나타나는 결합 생성 결과인 상하 계층 구조를 '인식하는' 능력을 갖추는 학습 과정을 거치는지에 대해 명확한 실험 증거는 존재하지 않는 것 같다. 예를 들어, 벵골 되새류 그리고 유럽찌르레기와 같이 자신들의 새끼를 매우 복잡한 소리 수단을 기반으로 훈육하면서 **비선형적**이거나 상하계층 구조 패턴을 습득하도록 시도했던 모든 실험은 베커스, 볼하위스, 버윅(Beckers, Bolhuis and Berwick, 2012)이 논의했듯이 대부분 실패로 귀결되었다. 이들 실험의 대표적인 방식은 늘 그랬듯이 자극과 반응을 시도하는 형태로 진행되었고, 이런 시도는 새들이 특정 '인공 언어'를 습득할 수 있게 수천 번에 걸친 훈련 과정을 반복하는 단계를 포함해야만 했다. 물론 실험 결과에서는 실험 대상이 소리 생성 능력 측면에서 언어의 지엽적으로 간주되는 소리 발성이라는 외재화 결과를 보여주는 것 외에 인간언어의 핵심으로 알려진 개념-의도 체계 접합부에 상응하는 어떤 현상도 전혀 찾을 수 없다.

그렇지만 실험 결과들 가운데 언뜻 보기에 반복된 실패 유형들 속에서 한 가지 예외를 짚어본다면, 벵골 되새를 훈련하기 위해 이들의 울음소리를 수정하고 실험 대상에게 수정된 소리에 익숙해질 수 있도록 약 60분의 기회를 주는 실험을 보여주었던 아베와 와타나베(Abe & Watanabe, 2011)의 연구에서 찾을 수 있다. 이 연구에서 실험 대상의 새들에게 소리 패턴으로서 $A_2 A_1 C F_1 F_2$ 또는 $A_2 A_3 C F_3 F_2$ 등으로 청각적 자극을 주었고, 이런 과정에서 새들이 적절한 구성의 '내적 구조를 포함'하는 문장구조와 비적절한 구성의 문장구조를 구별할 수 있는지를 관찰했다. 여기서 나열된 A와 F 소리에 첨가된 숫자들은 주어진 소리 패턴에 제시된 순서를 가리키며, 중간의 C는 소리 패턴 내부에서 중간 위치를 지칭하는 기호다. 이 실험에서 주의할 것은 만약 소리 패턴이 임의적으로 아주 길게 나타나는 모습을 갖추게 될 경우에는 정확한 소리 패턴을 유한 전이 네트워크에 의해 생성하지 못한다는 사실이다. (만일 소리 패턴이 생각보다 짧게 나타나면 암기될 수 있는 가능성이 있을 것이라고 생각한다.) 새들은 앞서 제시된 적절한 소리 패턴과 A_3 A_2 C F_3 F_4 등 같은* 비적절한 소리 패턴에 노출되었다. 이 실험 결과를 토대로 와타나베는 자신들의 실험을 통해 새들의 소리 패턴일지라도 단순한 선형적 나열의 구조를 넘어서 상하계층 구조를 확인할 수 있는 성공적인 결과를 도출했다고 주장했다.

그러나 아베와 와타나베는 실험을 수행하면서 실험 자료를 적절한 방식으로 구성하지 않았다. 확실한 것은 실험 과정에서 새들이 구성을 마친 다섯 음절의 연결체를 볼 때 인간들이 문장을 구성하듯이 기저형으로부터 연산작용을 통해 구조를 생성한 것이 아니라 반복 훈련 속에서 단순히 암기 단계에 국한되었다는 점을 발견할 수 있다. 이 같은 학습 결과에서는 새들로 하여금 익숙해진 패턴이 적절한 소리 패턴과 비적절한 소리 패턴을 구분하는 데 충분한 기준이 되고도 남았다는 사실을 알 수 있다[자세한 내용은 Beckers, Bolhuis and Berwick(2012)를 참고하라]. 이처럼 방법적 측면에서 발견되는 오류는 실험 자료를 한층 세밀하게 구성해 진행했다면 어느 정도 극복될 수도 있었겠지만, 실험은 해당 오류를 수정하지 못

* A2 A1 C F1 F2 소리 패턴, A2 A3 C F3 F2 소리 패턴과는 다른 전개 형태.

한 채로 그대로 실행되었다. 짧게 정리하면, 이 실험은 명금이 앞에서 언급한 **변수 k** 역방향성 유한 상태 연산작용을 기반으로 '외재화'라는 연산작용을 실제로 수행할 수 있는지에 대한 확고한 증거를 내보이지 못했다. 또한 언어학 모델에서 음성적 표현으로 볼 때 명금의 소리를 외재화라고 할 수 있을지는 모르지만 언어적 측면에서는 이것 역시 아주 절대적이라고 말하기도 쉽지 않다. 지금까지의 설명은 결국 우리가 탐구하려던 '탐정 추리소설'●에서 단지 '누구'에 국한된 질문의 답만을 구하는 데 그치고 있다.

그렇다면 인간 외의 동물들은 어떨까? 인간과 가장 가까운 영장류 동물은 이런 질문의 답을 구하는 데 가장 높은 적정성을 보이는 후보로서 오랜 기간 고려 대상이 되어왔다. 하지만 놀랍게도 이들조차 명금과 마찬가지의 제약을 가지고 있음이 확인되었다. 이를테면 침팬지를 '교육하는' 실험이 수차례 시도되었으며, 널리 알려져 있는 실험의 예들이 여전히 남아 있다. 그중 잘 알려진 실험 한 가지를 선별해 택하면 Nim 계획을 생각해볼 수 있다. 이 계획에 따르면 콜롬비아대학 연구자들이 Nim이라는 침팬지에게 미국 수화*ASL*를 가르치려고 시도한 사실을 알 수 있다. 물론 그들의 시도는 실패로 마무리되었다. 실험 대상인 Nim이 미국 수화를 통해 배울 수 있었던 것은 단순한 기계식 암기로, (짧은 형식의) 선형 수화 연결체만을 알게 된 것이라고 할 수 있다. Nim의 학습 결과에서는 인간의

●　이 절의 제목은 '누가?'이다.

3~4세 아이도 구성할 수 있는 상하계층 구조를 갖추면서 하위계층 구조까지를 포함하는 문장 형식을 생성하는 정도에 이르는 능력을 결코 확인하지 못했다. (우리는 아주 미세한 정도라도 어떻게 이런 결정을 공식적으로 내릴 수 있었는지 살펴볼 것이다.) 만약 Nim이 사과*apple*를 원한다면 가장 먼저 자신이 알고 있는 수화 지식 가운데 **사과**와 연계성을 갖고 있을 대상을 확인할 것이고, 그 결과로서 **Nim 사과**, **사과 Nim**, **사과 과도** 같은 표현을 추출하려고 애쓸 것이다. 이 같은 과정에 대해서 Nim의 관리자 중 한 명인 페티토(Petitto, 2005: 85)는 Nim이 가장 친숙하게 여기는 '단어들'을 찾아내는 것은 마치 '식료품 목록'을 연상하는 것과 같다고 말했다. Nim은 비록 수화를 배웠지만 인간의 3세 아이가 상하계층 구조로 판단될 수 있는 문장을 생성하는 통사적 능력 수준에도 미치지 못하는 결과를 보여주었다.

그러나 Nim이 습득한 '언어능력'은 사실 더욱 처참한 결과를 보여주었다. 페티토는 관찰을 계속 진행하면서 Nim이 단어의 개념을 전혀 이해하지 못하고 실제로는 '사과'라는 단어에 대해 인간이 가진 개념조차도 깨닫지 못한다는 사실을 발견했다. Nim에게 '사과'라는 과일은 사람들이 꺼내준 서랍과 함께 그 안에 놓여 있던 과도 등과 연관된 대상에 불과한 것이었다. 결국 우리는 이 정도 수준에서 멈춘 결과만 알 수 있을 뿐이다.

침팬지는 우리 인간의 방식과 다르게 단어를 사용한다. …… 침팬지는 단어에 대해 물건과 연계된 레이블을 토대로 수화를 사용하도록 훈련받아야 하지만(즉, 빨강색 사과 또는 초록색 사과 앞에서 그것을 나타내는 표지판 장치를 사용하는 방식을 기반으로 훈련이 진행된다) 인간 아이는 이런 과정 없이도 어렵지 않게 동일한 내용을 습득할 수 있다. ······ 따라서 인간과 다르게 침팬지는 연계성이라는 포괄적 개념 등을 응용한 레이블 방식에 절대적으로 의존하는 성향을 보여준다. 침팬지는 **사과**를 인식하는 데 사과를 먹는 행위와 함께 우연히 사과가 보관되었던 장소 등과 같이 해당 대상에 연관된 사건과 위치 등을 연결시켜 이해하려고 할 것이다. (물론 사과를 자르는 칼도 기억할 것이다.) 그리고 연계 상황이 사과라는 대상 자체와 어떤 차이점이 있는지 혹은 이처럼 차이점에 대한 구별성이 어떻게 이로울 수 있는지에 대해 분명한 인식조차 하지 못한 채 모든 사안을 동시다발적으로 바라보는 성향을 보인다. 사실 인간 아이들에게 초기 단어들은 종류-개념 제약성 방식으로 사용된다. ······ 놀라운 사실은 실제로 침팬지는 '대상의 명칭'이라는 상황을 전혀 갖고 있지 못하다는 것이다. 침팬지는 인간 아이들이 사용하는 촘스키 방식의 내적 제약이나 범주는 물론이고 이들을 통제할 수 있는 규칙 같은 것들을 전혀 갖추지 못한 채로 대상과 의미의 느슨한 연계성으로 인해 혼동 상태에 처해 있는 것뿐이라고 보아도 무방할 것이다. 따라서 실제로 침팬지가 '사과'라는 단어를 완전하게 습득했다고 보기는 어려울 것이다(Petitto, 2005: 85~87).

잠시 동안이라도 이러한 내용을 숙고해보면 침팬지를 순수한 '연상주의 학습자들'에 대한 완벽한 예라고 여길 수 있을 것이다. 이들이 지닌 것이 바로 특정한 외적 자극과 그에 관련된 표식들 사이에 존재하는 직접적 연계성이라고 할 수 있을 듯하다. 침팬지는 사과를 바라볼 때 우리가 앞서 3장에서 언급한 것처럼 사고 의존적 방향에서 해당 대상을 인식하지는 못할 것이다. 오히려 침팬지는 외연적 대상과 미국 수화의 표식들 사이에 명확하고 사고 **비의존적** 연계성을 갖춘 기준을 설정하고, 이것을 중심으로 단어들을 목록으로 저장하는 방법을 선택했을 것이다. 그러나 이런 방법은 인간언어의 능력과는 아주 동떨어져 있다. 따라서 침팬지는 인간이 소유한 결합 **그리고** 단어 요소들을 갖추지 못하고 있다. 이것이 사실이라면 침팬지는 우리의 '누가'라는 문제를 해결하는 데 제기되는 의혹 대상에서 제외될 수 있을지도 모르겠다.

그러나 침팬지의 언어능력에 관한 주장을 과연 어떻게 확신할 수 있을까? 최근까지도 이런 주장은 확실한 모습을 보이지 못했다. 그렇지만 운이 좋게도 Nim이 미국 수화를 배우는 내용은 녹화되었고, 녹화본은 사용할 수 있게 되었다. 이는 Nim에 관련된 연구가 국립과학재단이 추진하는 계획의 일환이었고, 지속적인 녹화물 축적이 재단 후원의 주요 조건이었기 때문이다.[13] 약 2년 전 펜실베이니아대학의 찰스 양(Yang, 2013)이 정보 이론 수단을 활용해 관련 자료를 획득해 분석할 수 있었고, 이를 기반으로 Nim이 인간의 2~3세 아이들이 행하는 통사 구조를 습득할 수 있는지 또는 단순하게 식료품점 목록 같은 내용을 그저 암기하고 있는지 등에 관한 문제를 최종적으로 해결하기에 이르렀다.

양이 행한 시험은 무엇이었을까? 아이디어는 간단하다. 인간의 아이가 가장 신속하게 습득하는 것은 기능어 **the, a** 등과 내용어 **apple, doggie** 등을 조합하는 것이라고 볼 수 있다. 그래서 아이들은 이 방법을 기초로 **the apple, a doggie, the doggie** 같은 표현을 생성할 수 있다. 이런 예들은 인간이 해당 표현을 구축할 때 기능어와 내용어라는 두 범주에 구애받지 않고 두 요소를 선택한다는 것을 잘 보여준다. 이 구조들은 아이들이 명사구란 하나의 기능어를 필두로 내용어를 수반한다는 규칙에 기반을 둘 수만 있다면 얼마든지 제시될 수 있는 예들이다. 이처럼 독립적인 선택이 가능하다면 우리는 다수의 다양한 문장을 생각할 수 있을 것이다. 왜냐하면 이 같은 선택 과정은 아이들이 습득하는 단어들 모두에 적용할 수 있고, 또한 이 과정은 빈도수에 따라서 정확성이 올라가는 모습을 보이기 때문이다. 반대로 아이들이 단순하게 두 단어를 구성하는 패턴을 암기하는 데 그치고 있다면 이런 과정에서는 기능어와 내용어를 자유롭게 선택하는 것이 불가능하며, 그저 두 단어 뭉치를 구축하는 과정만을 '되풀이하는' 상태에 멈추게 될 것이다. 또한 이 과정이 되풀이되는 쳇바퀴 현상은 두 요소 사이의 관련성에 의존하게 될 것이고, 이로 인해 결국 새로운 조합의 숫자가 정해지면서 다양성이라는 측면이 위축될 것이다. 지금부터 우리 저자들은 아이들이 규칙을 지니고 있는지 아니면 단순히 암기만 수행하는지에 대해서 리트머스 검색과 유사한 방법을 제시하려고 한다. 즉, 문장의 다양성 정도가 높게 나타날 경우 이것은 바로 규칙을 따르는 현상이라고 할 수 있으며, 다양성 정도가 낮게 나타날 경우 암기 방식을 따르는 것으로 판단할 수 있다. 먼저 아이들이 보모와 이야기하는 내용을 글로 베낀 다음에 두 단어로 구성된 예들[•]의 수를 계산해서 Nim 이 제시한 (수화 중심의) 두 단어 표현 결과와 비교해볼 수 있다. 과연 인

• 　두 단어 뭉치.

간 아이와 침팬지 가운데 누가 규칙을 따를까? 그리고 누가 단순하게 암기만을 수행할까?

다양성에서의 차이점을 알아내기 위해서 양은 규칙에 의존하는 두 단어 생성 예들과 실험적으로 측정된, 아이들과 Nim이 각각 생성한 예를 대조했다. 만약 아이들과 Nim이 모두 규칙을 사용한다고 가정할 경우 우리는 실험적 빈도수가 거의 비슷한 수준으로 나타난다고 기대할 수 있다. 이에 따르면 결과는 그래프로 나타낼 때 비례 관계를 보여주는 45도 기울기의 방향성을 보일 것이다. 양은 이런 도식을 통해 인간의 경우 나이를 불문하고 2~3세 아이들과 성인들의 언어 모두에서 유사한 성향이 나타난다는 사실을 발견했다. 이런 현상은 브라운 말뭉치*Brown corpus* 같은 성인 언어에 대한 표준 말뭉치에서도 유사하게 나타나고 있다. 먼저 아이들은 다양성 정도에 대한 예측 기대치로 0.997이라는 상관관계 수치에 맞는 모습을 보여주었다. 이와는 반대로 Nim이 하는 미국 수화에서 나타나는 두 단어 조합의 생성 양상은 앞서 제시한 척도였던 45도 기울기보다는 현저하게 **낮은** 모습으로 표시되었다. 이는 규칙 통제적 행위에서 기대되는 것보다 **훨씬 낮은** 빈도수를 가리키는 것이다. 더 낮은 다양성이란 바로 암기된 두 단어 조합을 가리킨다고 할 수 있다. 따라서 우리가 이 상황을 이해하는 한 페티토의 연구가 옳다고 할 수 있다. 즉, Nim은 단어들을 마치 식료품점 목록 형식으로 무조건 외우는 방식을 따른다. 그래프로 나타나는 결과는 바로 침팬지 언어에 관한 연구 자체에 종지부를 찍는 것과 다름없는 일이라고 할 수 있다. 즉, 아무리 양식을 수정한다고 해도 침팬지는 인간과는 아주 동떨어진 방식으로 언어를 수행한다는 것을 나타낸다. 지금까지 침팬지는 다른 분야에서 높은 지적 능력을 보여주었다. 하지만 언어 수행 측면에서는 우리 저자들이 제기한 '누가'라는 질문의 의심 목록에서 침팬지와 그에 관련된 실험들 모두를 제외할 수 있다.

어디서? 그리고 언제?

만일 언어의 기본 특성이 정말 그 자체로 기본 사항이라면 **어디서**와 **언제**가 가장 먼저 출현하는 것이 당연하지 않을까? 3장에서 살펴보았듯이 어떻게 보든 사고 의존적 단어 유형의 요소들의 기원은 모든 사람에게 수수께끼로 남아 있다. 최근에 언어의 진화를 다룬 빅커톤(Bickerton, 2014)의 책을 보면 저자 자신 또한 어깨를 으쓱하는 행동*을 보여주고 있다. 결합 작용을 생각해보면 이 작용이 존재하기 이전에 이것이 적용될 수 있는 단어 요소와 유사한 무엇이 존재했다는 상황을 전제하는 것이 그렇게 어려운 일은 아닐 것이다. 물론 이런 주장이 반드시 옳다고 확신하기도 쉽지 않다. [버윅(Berwick, 2011)은 1장에서 결합 작용과 단어 요소 사이에 또 다른 대안을 암시했다.] 르원틴(Lewontin, 1998)의 관찰을 따르면, 결합 자체의 정확한 출현에 대해 분명한 답을 내리는 것도 쉽지 않다. 결과적으로 우리는 간접적인 근접 사항을 토대로 생각할 수밖에 없는 입장이며,

---

* 본인도 이해하기 힘들다는 표현.

고고학적 증거조차 상당히 추론적이라고 할 수 있다. 심지어 어떤 책에서는 행동에 관한 근대성을 나타내는 지침으로서 다음과 같은 공식을 인용하고 있다. 즉, "날 갈기*blades*, 구슬 꿰기*beads*, 매장하기*burials*, 뼈 도구 만들기*bone tool-making*, 장식 꾸미기*beauty* 등 첫 글자 B로 시작하는 행동 다섯 가지다"(Jobling et al., 2014: 344).

만약 우리가 언어 근접체로서 상징적 행동에 대한 명확한 증거에 기반하고 있다고 한다면, 블롬보스 동굴에서 발굴된 기학학적 구성의 황토색 조각, 구슬 같은 남아프리카공화국의 유물을 생각해볼 수 있을 것이다. 이 동굴에서의 발굴을 통해 정확한 시점으로는 8만 년 전 무렵의 시간대에서 언어의 출현 시기와 장소를 가늠해볼 수 있을 것이다. 1장에서 언급한 것처럼 사람 속에서의 외형적 조건에 발생한 형태적 변혁의 출현 그리고 인간의 발달에 관련된 행위적·기술적 변이 사이에는 밀접한 연계성 대신에 현격한 '비연속성'이 존재하는 것 같다. 그 이유는 신기술과 신행동 유형이 나타난다고 해도 이것들은 사람 속에서 진행된 변형이 출현한 이후에 오랜 시간 정체를 겪고 나서야 서서히 나타나기 시작했기 때문이다. 제목에서 제기한 '언제'는 바로 이런 점을 지적하려는 것이며, 이런 질문을 토대로 언어의 출현 시점을 남아프리카 지역에서 약 20만 년 전 해부학적으로 현대 인류라고 판단되는 존재의 출현 시기와 약 8만 년 전 행동학적으로 현대 인류라고 볼 수 있는 존재의 출현 시기 사이에서 정확한 시점을 짚어내려는 의도를 가지고 있다. 그런데 약 6만 년 전 초기 인류가 대대적으로 아프리카 대륙에서부터 외부로 이주하기 시작했고, 이런 역사적 과정을 통해 비로소 현대 인간들이 구대륙●을 포함해 오스트레

일리아 지역으로 퍼지게 되었다.[14] 따라서 언어능력 측면에서 근원적인 변형이 나타나지 못한 현상에 대해서는 인류 분포에 대한 결론과 동일하게 보면 될 것이다. 6만 년 이상을 외부 인간들과 접촉하지 않았던 파푸아뉴기니 부족의 어린아이가 만약 태어나면서부터 보스턴에서 자란다고 가정할 때 그 지역의 다른 아이들과 다른 모습을 보일 수 있는지에 대한 질문을 의혹 없이 적절하게 설명할 방법이 있는가? 우리는 없다고 생각한다. 2장의 〈미주 1〉에서 언급한 도브잔스키와 마이어에 대한 스테빈스의 일화를 보면 바로 앞서 말한 상황이 해당 실험의 내용이라는 것을 알 수 있으며, 최근 게놈 연구에서도 동일한 예를 수차례 인용하고 있다.[15]

우리 저자들의 견해로는 인간언어와 언어의 기본 특성 모두가 가장 초기로 20만 년 전 시점 그리고 가장 최근으로 6만 년 전 시점 사이 어딘가에서 출현했을 것이라고 여기고 있다. 그렇지만 앞서 제기한 8만 년 전 블롬보스 동굴의 상징적 증거들을 상고해볼 때 그 출현 시점을 최소한 아프리카 대륙에서부터 인류의 대규모 이주가 발생하기 이전으로 보는 것이 올바른 추정이라고 생각한다. 확실한 것은 다른 증거들을 통해 다른 판단이 가능하기 때문에 해당 시기가 20만 년 전 지점까지 훨씬 앞으로 갈 수도 있다는 것이다. 하지만 애치슨의 『언어의 씨앗Seeds of Language』 (1996)에서 〈도식 5.4〉를 참고할 때 앞서 말한 것과는 조금 다르게 생각할 수 있을 것이다. 이 책에서 애치슨(Aitchison, 1996: 6)은 "어쩌면 10만

• 유럽, 아시아, 아프리카.

년 전과 7만 5천 년 전 사이에서 언어가 매우 현격한 수준으로 세밀한 수준에 이르게 되었을 것이다"라고 언급했다. 그러나 애치슨 역시 인류 언어의 최초 출현 시기를 25만 년 전으로 생각하고 있다.

그렇다면 네안데르탈인은 이 시간대에 어떻게 들어맞을 수 있을까? 1장에서 말했듯이 이 질문에 관한 답은 꽤 많은 문제점을 낳고 있다. 해당되는 증거들이 상당 부분 추론적인 것에 그치기 때문이다. 현대 인류와 네안데르탈인 사이를 갈랐던 오랜 분기점이 40만~60만 년 전이라고 알려져 있으며, 이에 따라 네안데르탈인이 이 시기에서 오래 지나지 않아 유럽 대륙으로 이주했다는 증거들을 살펴볼 때 블룸보스 동굴의 유품을 기준으로 해부학적으로 현대 인류에 가까운 존재가 남아프리카 대륙에서 이주한 것이라고 추정한다면, 우리가 알고 있는 범주에는 네안데르탈인을 포함할 수가 없게 될 것이다. 스페인 엘 시드론*El Sidrón* 동굴에서 발굴된 네안데르탈인은 다음과 같은 사안을 확인하려는 일환으로 분석 대상이 되었으며, 분석 목표는 바로 **FOXP2** 유전자가 현대 인류로서 가장 최근에야 발생한 동일한 두 아미노산에서의 변이 현상들을 포함하는지(Krause et al., 2002), 그리고 어나드 등(Enard et al., 2002)이 주장하듯이 인간들 사이에서 긍정적 선택으로 여겨지는 동일한 두 가지의 변화들을 포함하는지를 확인하는 데 있었다. (기억해야 할 점이 있다면 이들 변화가 FOXP2 유전자 손상에 연계된 언어 통합 운동장애와는 어떤 관련성도 보이지 않는다는 사실이다.) 엘 시드론의 네안데르탈인들은 대략 4만 8천 년 전의 개체로 잠정적 결론이 내려진 상태다(Wood et al., 2013). 이 시기는 현대 인류가 스페인에 도달하기 이전으로, 현대 인류와 네안데르탈인 사이에서 상호 접촉 및 교합 등을 통해 현대의 **FOXP2** 유전자가 흘러들어가는 등의 현상이 불가능하다고 볼 수 있다. 최소한 이런 관점에서 보면 어나드 등이 기술했던 **FOXP2**가 있는 그대로의 형태보다는 변종된 상태로 현대 인류와 네안데르탈인 사이에서 공유되었다고 추정해볼 수 있다.

그렇지만 현대 인류의 기본 특성, 통사적 특성에 집중해서 볼 때 네안데르탈인이 인간언어 자체를 현대 인류와 공유했을까? 이에 대해 어떤 방향으로든 분명하게 답을 내릴 수는 없다. 하지만 네안데르탈인에게서 8만 년 전의 호모사피엔스에게서 발견할 수 있었던 풍부한 상징을 지닌 삶이 존재했다는 확실한 증거를 찾을 수 없었다는 것이 엄연한 사실이다. 만약 네안데르탈인과 연관된 고대의 유전자 증거만 있다면, 현대 인류 그리고 네안데르탈인 사이에서 공통적인 파생적 변이들을 가져왔던 선택적 현상의 격류가 나타난 시기는 두 인류 모두에게 공통된 조상의 출현 시점보다 더 이전인 30만~40만 년 전까지 거슬러 올라가야 할 수도 있다. 이런 추정 시기는 어나드 등(Enard, 2002)이 산출했던 선택적 사건의 시점보다 훨씬 이전의 시간대다. 이런 주장에 일치하지 못하는 다른 경우들이 있을 수도 있다. 우선 페보가 **FOXP2** 유전자의 진화 과정 속에 아주 다른 별도의 두 사건이 포함된다고 믿고 있다는 내용이 1장에 나와 있다는 사실을 기억해보자. 마리치 등(Maricic, 2013)의 연구는 네안데르탈인과 현대 인류 사이에는 **FOXP2** 유전자가 기능상 매우 중요한 조정 구간에서 차이를 보이고 있다는 논리를 제시했다. 여기에서 일정 지점을 가리키는 구간은 어나드 등(Enard, 2002)의 주장에 의하면 이미 선택 아래에 놓여 있었던 유전자 암호화 지점과는 다른 것이다. 여기에서 문제는 만일 사람들이 관습적 접근방식을 사용하려고 한다면 선택화를 가리키는 '신호 표식' 자체가 과거 5만 년에서 10만 년 이상으로 과거로 돌아가려고 하자마자 아주 신속하게 소멸될 가능성이 있다는 것이다. 결과적으로 선택화 발생 시점과 함께 선택화 유무에 대한 추론에 관련된 이 같은 발견들이 여전히 논란의 대상이 되고 있는 상황이다. 저우 등(Zhou et al., 2015)은 (알려지지 않은) 인구 규모의 변동에 관한 난제를 극복하기 위해 새로운 접근방식을 제안했으며, 이 연구에서는 여전히 긍정적 선택화가 채택되고 있다. 그렇지만 이런 방법은 아직도 확인될 여지가 많이 남아 있는 상황이다(1장의 〈미주 11〉을 참고). 정리해보면 우리는 진화유전학자이면서 아울러 통계학자로서 브로드 연구소에서 고대 유전자 연구에 매진했던 닉 패터슨Nick Patterson의 주장에 동조하고 있다(개인적 의견 교환에 따른 것). 즉, 네안데르탈인이 현대 인류 조상의 발생 과정의 주된 핵심 계통에서 이탈되는 확실한 시점과 함께 **확고하면서도 분명한** 선택화 표시들이 존재하고 있다고 보기가 쉽지 않다는 것이다. 이 사안은 아직도 많은 논쟁의 대상이 되고 있다.

또한 이미 언급되었듯이 일부지만 무엇보다도 결정적으로 발달 신경 시스템 유전자 역시 현대 인류와 네안데르탈인 사이에서 차이점을 보이고 있다. 서멜, 리우, 하이토비치(Somel, Liu and Khaitovich, 2013: 119)는 다음과 같이 언급했다.

인류와 네안데르탈인의 이분화 그리고 현대 인류가 출현하기까지 짧은 시간 동안에 수차례에 걸친 유전적 행위 사건을 통해 인간 두뇌의 발달이 근본적으로 재구성되었다는 것을 나타내는 수많은 증거가 축적되어 있다.

이것은 바로 조절된 변화의 경우를 가리키는 것으로, 이 속에서 유형 성숙의 증가와 함께 네안데르탈인에게서 볼 수 없는 현대 인류의 두개골 발달 같은 별도의 궤도들이 만들어졌다는 것이다(Gunz et al., 2009). 이는 현대 인류가 네안데르탈인에 비해 두뇌의 외형에 더 많은 굴곡 형태를 갖는 현상, 아동기가 더욱 장기화되는 현상 등이다. 특히 현대 인류와 네안데르탈인의 두뇌 관련 현상은 매우 흥미롭다. 네안데르탈인은 현대 인류보다 평균적으로 더 큰 두뇌를 갖고 있었는데, 두개골의 용적 측면에서도 현대 인류와 커다란 차이를 보여주었다. 네안데르탈인의 경우 머리 뒷부분에 불룩하게 튀어나온 대형의 '후두부 구형 덩어리'가 있었지만, 현대 인류는 그렇지 않다. 그리고 인류의 두개골 용량의 증가는 오히려 두뇌 구조에서 전반부 방향으로 진행되어왔다. 일부에서는 이 같은 두뇌의 외형적 차이가 네안데르탈인과 현대 인류의 두뇌 용적 측면에서의 차이점으로 나타난다고 주장했으며, 이런 용적에서의 차이를 토대로 이들이 시각적 지각 및 도구 사용을 수행하게 되었다는 주장이 제기되었다(Pearce et al., 2013).

우리가 언어를 대신할 수 있는 대상에 관심을 가지면 상황은 더 큰 혼돈에 빠질 수 있을지도 모른다. 지금까지 인류의 역사를 살펴보는 사람들은 석기의 종류, 불의 사용, 의류 등과 유사한 사안을 토대로 언어의 태동을 이야기해왔다. 그렇지만 현대 인류에 이르기까지 인류의 모든 존재가 예시된 사안들을 모두 소유하고 있었다. 따라서 네안데르탈인 역시 역사적 유물 가운데 한두 가지를 활용했다는 사실에만 근거해서 현대 인류와 네안데르탈인이 동등한 특성들을 공유한다고 보는 관점은 적절하지 않을 것이다. 상징적 행위로서 앞서 언급한 알파벳 B로 시작하는 요건들 중에서 세 가지 사항, 즉 매장하기, 구슬 꿰기, 뼈 도구를 생각해보자. 단어의 언급 순서에는 '매장하기'의 증거를 가장 우선시하려는 의도가 있다. 그 이유는 매장 유물의 경우 네안데르탈인을 가리키는 '무덤 부장품'을 찾기가 쉽지 않기 때문이다. 또한 네안데르탈인은 자신들이 거주했던 모든 지역에서 너무도 일상적인 일인 양 서로를 잡아먹었을 법한 흔적으로서 소름끼치는 증거들(사파라야*Zafarraya* 마을, 엘 시드론 동굴 등)을 남겼다. 이들은 두개골을 뼈 도구로 활용하기도 했지만 확실히 서로를 잡아먹는 행위에 대해 특별한 의미를 전혀 부여하지 않는 모습을 보였다.

상징적 행위의 증거로서 석기 장식품의 경우는 아르시 샤텔페로니앙 *Arcy Châtelperronian* 동굴에서 발굴된 것이라는 주장들이 있다. 그러나 네안데르탈인의 유물들(주로 치아)과 아르시쉬르퀴르*Arcy-sur-Cure* 지역 샤텔페로니앙 지층의 유물과의 연관성에 관해서는 고고학적 침전 과정에서 무작위 섞임 현상에 대한 가능성에 대한 문제점이 고려되면서 많은 의문점을 낳고 있는 상황이다(Higham et al., 2011). 이런 경향이 가리키는 내용은 샤텔페로니앙의 유물을 상부 구석기 시대*의 다른 유물들과 마찬가지로 현대 인류의 유물로 보아야 하며, 이 지층에서 네안데르탈인의 것으

• 기원전 40,000년, 유럽에서는 기원전 62,000년.

로 추정되는 유물들 일부의 출토 자체가 네안데르탈인이 샤텔페로니앙에서 발견된 유물들을 직접 제작했다는 증거가 되지 못한다는 사실이다 (Pinhasi et al., 2011; Bar-Yosef & Bordes, 2010). 그리고 이에 대해 멜러스 (Mellars, 2010: 20148)는 다음과 같이 정리했다.

그렇지만 그로트 렌Grotte du Renne에서의 출토 결과물로 시기가 새롭게 결정되었다는 핵심적·필연적인 의미를 짚어보면 유럽 지역의 후기 네안데르탈인 집단에서의 복잡한 '상징적' 행위를 뒷받침하면서 유일성, 중요성, 광범위성을 보여주는 주된 증거들이 오늘날에는 거의 붕괴되는 모습을 보인다는 사실이다. 앞으로 더욱 발달되고 더욱 확실하게 상징적 행위를 보이는 유물들이 유럽 지역에 분포되어 있는 네안데르탈인 유적지에서 발굴되더라도 네안데르탈인에 대한 판단은 여전히 논쟁의 대상일 것이다. …… 만약 확실한 상징적 행위의 활용이 유럽 네안데르탈인의 문화적·행태적 유형을 판단하는 필수적인 요건으로 판단되어야 한다면, 이런 상황에서 우리가 감안해야 할 가장 핵심적인 의문 가운데 하나는 어떤 이유에서 이들이 25만[년] 동안 생존하면서 거주 환경 측면에서 선명한 외적 차이를 보이는 무수한 환경을 갖추었으며, 또한 지리적으로 2천 마일 이상 뻗어나간 지역에 퍼져서 살고 있었는데도 불구하고 정작 네안데르탈인이 남긴 유물로 확인되거나 (혹은 추정되는) 증거들의 숫자가 저조한지에 대한 의혹이라고 할 수 있다.

이 같은 증거에 대한 논란에 대해서 네안데르탈인의 기본 특성에 준하든 상징적 언어의 기본 원리에 준하든 간에 그들이 이와 유사한 요인을 소유하고 있었다고 단번에 결론을 내릴 필요는 없을 것이다.

유전자 일부가 연관된다고 해서 오늘날의 인구 유전 기술을 이용해 인간언어의 출현 시점을 추정하는 것이 가능한 일일까? 이것은 어나드 (Enard et al., 2002)가 '선택적 쓸어 담기'의 모델을 제시하면서(1장 〈미주 10〉 참고) FOXP2의 경우에 수행했던 시도와 정확히 일치한다. 그리고 바로 여기에 아이디어가 있다. 선택은 유전자 변형을 완전히 줄이는 작용을 한다. 체라는 기구가 하는 역할이라고 볼 수 있다. 즉, 금과 나머지 불순물을 초기에 분리해서 순수한 금만 선별하는 과정과 비슷해 보인다. 이제 금 자체에 부착된 불순물은 '쓸어내는' 과정으로 제거할 수 있으며, 이것은 마치 강력한 선택자들 주위에 붙어 있는 게놈의 부위들을 상기시킨다. 그래서 우리는 일차적 선택 작용 과정의 끝 무렵에서 취합된 결과(금에 들러붙어서 체로 미처 거르지 못한 불순물)들이 훨씬 낮아진 변형 수준을 갖추고 있다는 상황적 조건 아래에서 선택의 핵심 부분(금)에 위치하게 될 유전자의 정형화된 배열을 획득할 수 있을 것이다. 세대의 흐름에 따라 선택 부위 주위에 붙어 있는 변형 저수위 정형화 단위가 정상적인 교합을 겪으면서 규칙적인 비율로 사라지게 된다. 즉, 여기서 말하는 교합 과정을 따르면 부모 중 한쪽의 유전자 염색체 수가 감수분열*을 거친 다음에 다시 부모 중 다른 쪽의 감수분열을 거친 유전자 염색체들과 하나로 합쳐지는 형태를 확인할 수 있다. 다만 선택된 부위는 가지고 있던 온전

---

* 염색체 수가 반으로 줄어드는 세포 분열.

한 기능을 수행하기 위해 어떤 상황에서든 분열 대상에 포함되지 않는다. (여기에서 분열되는 게놈의 배열은 다음 세대로 전달되는 과정에 참여할 수 없다.) 그 결과는 시간에 따라 쇠퇴 과정이 진행되는 모습에 비유할 수 있다. 즉, 시간이 흐르는 형태로 선택된 게놈의 부위 측면의 정형적인 부분들이 하나씩 초기부터 쓸려 나가는 방식이다. 이 같은 진행 상황으로 인해 현재 측정이 가능한 변형의 가시적 쇠퇴 과정이 어떤 패턴으로 진행되는지를 가늠할 수 있게 되었다. 또한 이 같은 측정방식으로 과거 지향적인 추정을 할 수 있으며, 선택이 발생한 시점 이래 몇 세대를 거쳤는지, 재조합으로 인한 쇠퇴 비율은 어떤지, 선택자 원배열과 함께 가능성을 내포한 인류 변혁에 대해 어떻게 추측할 수 있는지 등을 산출할 수 있다. (왜냐하면 증가, 감소, 회유 등은 대부분의 인류 유전자 변형을 변화시킬 수 있기 때문이다.) 이런 상황은 놀라운 일이 아니다. 즉, 선택의 강도, 재조합 비율, 인류 변화에 대해 특정한 수치를 기반으로는 확신 자체가 어렵기 때문에 앞서 언급한 모든 사항이 확률 모델에 기초해 이루어지고 있는 것이라고 보면 된다.

그래서 여기에는 이견이 있다. 이런 상황에서 가장 적절한 방법은 통계적 추정을 따르는 것이다. 우리는 시간적 간격에 대해 확신할 수 있는 측정 수단을 토대로 선택 시점에 대해서 대략적으로 추정되는 몇몇 시간적 간격들, 그리고 이 시간대에 해당되는 세대수 등에 관련된 문제에 얽혀 있다. 이런 추정 수치가 규모 면에서 너무 방대하기 때문에 선택뿐만 아니라 연관된 사항에 대해서도 불확실하다. 이에 대해 어나드 등(Enard et al., 2002)은 **FOXP2**의 선택 범위의 시간대를 12만 년 정도로 설정하는 것을 95%의 신뢰도로 추정하고 있다.

더 최근에는 피치, 알비브, 도널드(Fitch, Arbib and Donald, 2010)가 인간언어의 진화에 관한 가정들을 검증하기 위한 수단으로서 범위 추산을 가장 일반적인 방법으로 제안했다. 이 방식에 따르면, **FOXP2** 유전자를 필두로 1장에서 다루었던 인간언어의 진화에 연관된 후보 유전자들을 기반으로 인간언어의 근간이 되는 유전자들에 연관된 선택적 범위에 해당되는 다양한 시대를 산출하는 것이 가능하다는 것이다. 이에 관련된 예를 하나 보면 **만약** 소리 학습을 위한 유전자들이 아주 일찍이 '선택적으로 범위로서 지나갔으며', 아울러 이후 '마음 이론'이 선택적으로 지나갔다고 **가정**한다면, 우리는 소리 학습이 우선한다고 가정하는 이론이 '마음 이론'을 우선시하려는 이론보다 선택적-범위라는 사실에 더 잘 들어맞는 다는 점을 수긍할 수 있을 것이다. 또한 분명하게 이해하려는 목적에서 앞서 언급했던 범위에 관련된 추정 시기를 응용할 수 있을 것이다. 물론 당연하게 추정된 각각의 모델의 기반인 후보 유전자들의 세트는 해당되는 유전자들에 대한 추정 산출된 선택적 범위의 시기적 추정 수치와 함께 가장 적합한 정보가 될 것이다.

현재로서는 최소한이기는 하지만 이 방식이 어떻게 설명 방법으로서 상당한 견인력을 얻어내는지 지각할 수 있는 정도라고 생각한다. 코프와 쉐보르스키*Przeworski* 등은 원리적 이유를 들어 강력 선택적 범위의 수가 상대적으로 매우 미미한 듯하다고 언급하기도 했다(Jobling, 2014: 204). 선택적 범위는 흥미를 유발할 수 있는 모든 적용 사항 전체나 대부분을 직접 선별하지는 않을 것이다. 이에 더해 선택화가 시간대를 과거로 돌려

거슬러 올라갈수록 너무도 쉽게 소멸될 것이며, 유전자 변형에 연관된 선택화의 영향력 또한 인구의 혼합, 확장 및 축소, 성적 재교합 같은 인구학적 영향을 수반하는 이동 및 이주 등에 의해 그 빛을 잃게 될 것이다. 저우 등(Zhou et al., 2015)이 새롭게 제기한 방법을 따르면 앞서 언급된 난제들 일부가 극복될 수도 있을 것이다. 그러나 지금 그와 같은 주장은 시기가 너무 일러 보이기도 한다. 이들의 주장이 도전하는 데 엄두도 내지 못했던 난관의 의표를 건드렸다고 볼 수 있을지도 모른다. 그들의 연구에서는 우리가 지금까지 설명하려던 시도가 특정한 표현 형질로 귀결되는 유전적 상호 작용에 관해 상당한 수준까지 이해를 유도했다는 사실을 전제로 상정하고 있기 때문이다.

정리하자면 '언제' 그리고 '어디서'에 대한 최선의 시간대는 남부 아프리카에서 해부학적으로 현대 인류 형태를 갖춘 인간의 출현 시기인 약 20만 년 전과 이들이 외부로 대이동을 시작한 6만 년 전(Pagani et al., 2015), 어쩌면 8만 년 전까지 거슬러 올라간 시점 사이에서 결정될 수 있다. 진화적 변화의 시간대로 보면 이 추정치는 13만 년의 기간과 함께 대략적으로 5천~6천 세대를 말한다. 이것은 어떤 사람이 (틀리게) 추론하듯이 '한 세대에 하룻밤'을 뜻하지 않으며, 지리학적 규모로도 합당하지 않다. 우리가 추정하는 진화적 시간대는, 닐슨과 펠거(Nilsson & Pelger, 1994)의 연구에서 '이보디보'의 영향력을 끌어들이지 않더라도, 단세포로부터 척추동물의 안구로의 완전한 진화에 연관된 시간대를 추산한 예상 범위에 속하는 것으로 볼 수 있다.

어떻게?

지금까지 어림짐작 정도에 그친 사안에 두 가지 질문이 여전히 남아 있다. 즉, '어떻게' 그리고 '왜'라는 질문이다. 이 절에서는 (추측에 근거한) '어떻게'를 위한 답을 고려해본다. 그리고 결론 부분에서는 '왜'의 답을 찾아볼 것이다.

'어떻게'는 추측에 근거할 수밖에 없다. 왜냐하면 우리 자신은 기본 특질이 실질적으로 신경 회로망에서 어떻게 수행되는지를 잘 알지 못하기 때문이다. 사실 우리는 '무엇이'라는 질문에 대해 논의할 때 강조했듯이 인지적 연산 가운데 어느 것에 대해서도 가능한 수행이 무엇인지 그 범위조차 제대로 알고 있지 못하다. 언어학적 지식 또는 '문법들'이라고 불리는 대상이 어떤 방식으로 인간 뇌 내부에서 작동하는지에 대한 이해조차 아직은 개략적인 내용에 멈춘 형편이다. 우리는 인간보다는 하등 동물들을 대상으로 인간에게는 절대로 허용될 수 없는 실험적·유전적 조작 등을 응용해 그 결과를 기초로 곤충들이 방향 계산, 행로 해석 등 길을 찾는데 연산작용을 수행한다는 사실을 잘 알고 있지만, 여전히 연산작용 자체가 어떤 방식으로 운용되는지는 자세하게 알지 못한 상황에 처해 있음을 분명하게 알고 있어야 한다(Gallistel & King, 2009).

그러나 지금으로서는 이런 한계를 잠시 접어두고 여전히 추정에 의거해 답을 찾아보려고 한다. 그 이유는 언어의 신경생물학 그리고 추정에 의거한 총론 등이 심층 조사를 위해 생산적인 방향을 낳을 수 있다고 보기 때문이다. 일단 이 절에서는 언어학적 탐구를 인간 뇌에 연결시켜서 여러 연구를 조합하고 발전시켰던 프리데리치와 동료들(Freiderici, 2009; Perania et al., 2011)의 견해를 마이클 스케이드*Michael Skeide*(개인적 의견 교환)의 주장과 함께 고려 대상에 넣으려고 한다. 프리데리치와 동료들의 연구조사를 염두에 두면서 다수의 유사한 관점을 생산하고 있는 이들과는 또 다른 견해로는 핑커와 반 더 렐리(Pinker & van der Lely, 2014)의 견해가 있다.

일단 설명하기 전에 우리 저자들은 '어떻게'라는 질문에 대한 답으로서 비록 이미 잘 다져진 방향이라고 하더라도 여기에서는 **절대로 따르지 않으려는** 방식을 언급하려고 한다. 만약 결합 작용이 인간 외의 동물들에게서 존재하던 이전의 연산적 능력과 동일한 것이며, 또한 이전에 이미 존재했던 연산적 능력에 기생하는 것이라고 추정한다면, 결합 자체가 어떤 과정으로 출현했는지에 대한 질문에 답을 구하는 것은 매우 '용이하고도 간편한' 일일 것이다. 우선 앞서 언급한 적이 있는 것처럼 보른케셀-슐레제브스키 혹은 프랭크 등 여러 학자의 견해처럼 '단순하게만 보았을 때' 인간언어가 평범한 수준의 연속체 처리 과정으로만 여겨질 수 있다는 첫 번째 선택 사항은 무엇보다도 가능성이 낮아보인다는 점이 잘 알려져 있는 상태이다. 또한 기생한다는 선택 사항●에 관해서도 너무도 많은 설명이 연관되어 있다. 또 다른 주장을 보면 결합은 지금의 여러 페이지에서 제시되고 있는 사항들 **外에** 무엇이든지 여러 요인에 거의 완전하게 업혀

●   하나의 개체가 다른 개체 내부에 속하는 현상.

있는 형국에 놓여 있는 것으로 간주될 수 있다. 제시되고 있는 사항은 상하계층 구조의 운동 계획 수행, 제스처, 음악적 동작, 구글 시대 이전의 복잡한 내비게이션 또는 그와 유사한 반복적 행동, 복잡한 식량 보관 방식, 사고 과정의 구성적 언어, 인간 기획에서의 내적 차별성, 매듭 세공 기술, 절대 농담으로 여기지 말아야 할 통감자 구이 등을 가리킨다. [통감자 구이는 인간들 사이에서 굽기 요리 방식을 통해 효율적으로 소화 작용을 수행하게 하는 효소를 생성하는 유전자 복사체를 획득하게 되었고, 이를 기반으로 불을 발명한 이래 인간 뇌의 크기가 팽창되는 결과가 초래되었다는 내용이며, 이에 대해서는 Hardy(2015)를 참조하라.] 다만 이 점에 대해서는 우리 저자들은 확신을 갖기가 어렵다.

여기서 우리는 결합이 다음과 같은 요인들을 활용하고 있음을 상기할 필요가 있다.

(1) 가장 기초적인 구성적 작용으로서 결합이라는 작용 그 자체
(2) 단어 유형의 요소들 혹은 이미 구성된 통사적 표현들
(3) 연산작용이 발생할 수 있는 연산적 작용 공간

그렇다면 과연 이 같은 요인들이 과연 인간 뇌의 어느 부위에서 발생한다는 말인가?

먼저 아주 오래전부터 브로드만 영역 44와 45(브로카 영역으로, 〈도식 4.4〉에서 BA 44, BA 45라고 명명되어 있다)가 다른 인지능력과 함께 통사적 연산 그리고 결손(브로카 실어증)에 연관되어 있다고 알려졌다. 판개부•

에 해당하는 영역 44 표식에 대한 메타 분석은 이 부위가 다른 부위와는 반대로 통사적 처리 과정에 연계되어 있다고 지적했지만(Vigneau et al., 2006), 구조적 시스템이 이 사안에 대해 보다 훨씬 자세하게 규명하고 있다. 두 번째로 언어 연계 부위는 〈도식 4.4〉에서 BA 44와 선으로 연결된 지점이며, 베르니케 영역으로 알려져 있다. 19세기 이래로 우리에게 연계 영역으로 알려져 있는 이들 두 부위는 주요 섬유 노선으로 연결되어 있다(Dejerine, 1895). 우리는 단어 유형 요소들 또는 결합 작용에 활용될 최소한의 자질(특성)들이 '어휘부'로 간주되는 대뇌 측두엽 중간에 어떻게든 축적된다고 추정해볼 수 있다. 그러나 축적된다는 의미가 앞서 1장에서 언급되었는데도 불구하고, 기억이라는 대상이 어떤 방식으로 저장되고 검색되는지에 대해서는 여전히 확실하게 알려지지 않았다.

현재로는 확산텐서영상*Diffusion Tensor Imaging: DTI*이 언어와 관련된 두 영역의 섬유 노선에 대한 더 많은 정보, 그리고 도발적인 성장 발달 증거와 유인원 영장류와 비교 가능한 증거를 제공하고 있다. 이런 점에서 보면 앞서 스케이드가 제안했던 결합 양상을 띠는 진화적 분석에 의거한 하나의 외형적 형태가 드디어 제 모습을 드러내기 시작했다고 할 수 있다.

〈도식 4.4〉를 보면 성인 뇌 속에서 두뇌 위쪽 언어 연계 부위 그리고 두뇌 아래쪽 언어 연계 부위를 연결하고 있는 길게 뻗은 섬유 노선들의 위치를 확인할 수 있다. 퍼라니아 등(Perania et al., 2011: 16058)이 관찰한

- 전두엽 부위.

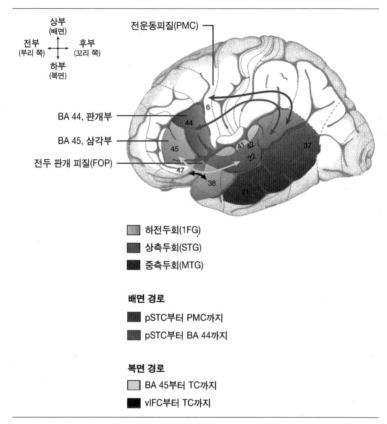

인간 뇌 속에 있는 언어 연관 부위의 섬유 노선을 나타낸 것이다. 그림은 좌측 두뇌에 해당한다. PMC(premotor cortex)는 전운동피질, STC(superior temporal cortex)는 상측두엽, p(posterior)는 후부를 가리킨다. 표식 번호는 브로드만 분류 기준(BA)에 따라 세포구축학적으로 정한 것이다. 배면 경로 첫 번째는 pSTC부터 PMC이고, 두 번째는 pSTC부터 BA 44다. 복부 경로는 BA 45와 복부 하전두엽(vIFC)을 측두엽(TC)에 연결시키며, 이 경로들 또한 언어 연관성과 관련해 논의 대상이 되고 있다.
자료: Berwick et al.(2013), Elsevier사 동의를 구한 자료.

것처럼 두뇌 위쪽으로 배면 경로가 있는데, "하나는 중·후 상부 측두골 피질과 전운동피질을 연결하는 노선이고, 다른 하나는 측두엽 피질과 브로카 영역을 연결하는 노선이다. 일찍이 이 두 경로가 기능면에서 서로 다른 특징을 보인다고 알려져 있으며, 앞서 언급한 첫 번째 경로는 청각과 운동을 서로 상응시키는 기능을 수행하며 …… 두 번째 경로는 문장 통사적 기능을 수행한다고 알려져 있다". 또한 또 다른 두 개의 복면 경로가 존재한다. 이들은 두뇌 전상부 부위에 있는 '어휘부'를 연결하고 있다. 여기서 중요한 점은 배면 및 복면 섬유 노선은 완전한 둥근 형태의 '고리'를 형성하며, 이를 토대로 어휘부에서 추출된 정보를 결합 작용이 작동하는 부위인 상부의 배면 위치로 전달한다는 사실이다. 이런 관점에서 가장 중요한 것은 통사적 처리 과정이 작동할 수 있으려면 반드시 여기서 가리키는 섬유 노선 '고리'가 갖추어져야 한다는 사실이다.

통사적 처리 과정을 위해서는 이런 조건이 당연히 전제되어야 한다는 점을 뒷받침해주는 발달 관련 증거들이 있다. 〈도식 4.5〉를 보면 앞서 언급한 섬유 노선이 신생아와 성인 사이에서 시간의 흐름과 함께 어떻게 성숙되는지를 확인할 수 있다. 〈도식 4.5〉의 그림판 A를 보면 좌뇌, 우뇌 모두에서 성인 수준의 연결선을 갖추고 있다는 사실을 확인할 수 있다. 이에 반해 그림판 B를 보면 양쪽 뇌 사이에 신생아 수준의 연결 정도만을 볼 수 있을 뿐이다. 성인의 뇌 형태(그림판 A) 내부에서는 '고리' 형태로 복면부터 배면까지 연결된 모습이 온전하게 나타나고 있으며, 여기에서 파란색·노란색·초록색 표식 부위들*은 복면 그리고 배면에서의 섬유 연결을 가리킨다. 그렇지만 인간이 탄생하는 시점(그림판 B)에서는 파란색

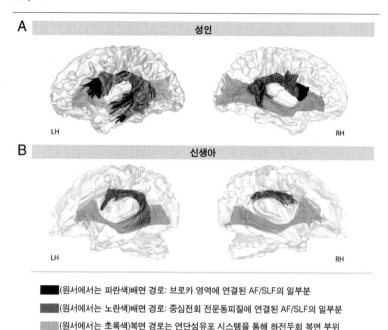

■■■■(원서에서는 파란색)배면 경로: 브로카 영역에 연결된 AF/SLF의 일부분

■■■■(원서에서는 노란색)배면 경로: 중심전회 전운동피질에 연결된 AF/SLF의 일부분

■■■■(원서에서는 초록색)복면 경로는 연단섬유포 시스템을 통해 하전두회 복면 부위
그리고 측두엽을 연결시킨다.

확산텐서영상으로 확인된 사항으로, 성인과 신생아에서 배면 경로와 복면 경로의 연결을 나
타내고 있다. AF/SLF=궁상섬유속 그리고 위세로다발을 가리킨다. 그림판 A는 성인의 좌반
구 두뇌(LH) 및 우반구 두뇌(RH)를 예시한다. 그림판 B는 신생아 뇌 속의 섬유 노선을 제시
하고 있다. 브로카 영역까지 연결된 배면 경로는 탄생 시기부터 유수적 조직을 갖추고 있지
는 않다. 그 방향성은 브로카 영역 및 중심전회/운동피질 내부의 종자들로부터 추론된다.
자료: Perani et al.(2011). PNAS 동의를 구한 자료.

• 이 책은 흑백 그림으로 제시되어 색은 나타나지 않지만 원서의 표기를 그대로 둔다.

연결선들은 아직 나타나지 못하고 있으며, 이는 골수 조직을 갖추진 못한 상태라고 할 수 있다. 이 연결들은 브로카 영역으로 이어지는 것이다. 이런 설명을 통해 우리는 아이들의 뇌는 그 탄생 시기에는 충분한 수준으로 '노선망을 갖추지' 못했다고 볼 수 있다. 따라서 섬유 노선은 아이들이 두세 살 정도에 이르기까지 성장하고 나름의 기능을 갖추게 된다. 이런 과정은 마치 언어 발달 과정과 유사한 상태로 볼 수도 있다. 이와는 반대로 이미 책의 앞쪽에서 살펴보았듯이 청각 처리 과정의 기능을 맡고 있는 경로들은 아이가 탄생하면서부터 그 기능을 갖추게 된다는 주장도 있다. 즉, 태어난 지 1년 이내의 아이들이 모국어에 필요한 소리 체계를 습득한다고 보는 것이다.

비교 분석의 증거들이 이 같은 주장과 동일한 관점을 말해주고 있다. 〈도식 4.6〉을 보면 구대륙 원숭이에 속하는 마카크 원숭이의 뇌에서 섬유 노선에 해당하는 부분을 확인할 수 있다. 특히 그림의 위쪽에서 배면에서부터 복면까지를 가리키는 AF 섬유와 STS 섬유 사이의 배열 조직 부위에서 완전한 고리 구조가 생략되어 있음을 발견할 수 있다. 이 두 섬유 조직이 상호 연결을 완성하려는 목적으로 매우 근접한 위치로 다가서는 형국이다. 그렇지만 이런 상황만으로는 마카크 원숭이가 앞서 언급한 특정한 구조를 갖추었다고 보기에는 무리가 있다. 이와 동일한 상태를 침팬지 등에서도 확인할 수 있다. 추정 방법으로 보면, 인간의 발달에 관련된 증거와 더불어 이러한 상황은 결합 영역으로서의 '고리' 구조가 완전하게 연결되는 것이 기본 특성을 가능하게 하는 데 필수적이다.

이 부분에 연관된 진화의 시점이란 무엇인가? 그에 대한 답은 '없어진

도식 **4.6**

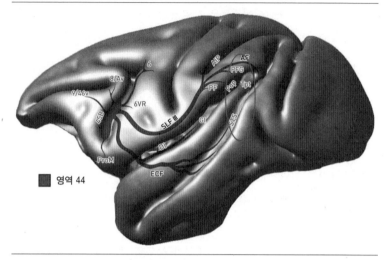

확산텐서영상으로 확인한 사항으로, 브로드만 영역 44, 45B를 포함하는 마카크 원숭이 뇌의 섬유 노선을 나타낸다. 원형으로 표시된 배면-복면 경로 AF와 복면 경로 STS 사이의 틈새를 주시하라.

자료: Frey, Mackey and Petrides(2014). Elsevier사의 동의를 구한 자료.

연결고리'라고 말할 수 있을지도 모른다. 아직은 확신할 수 없지만 만약 인간의 통사적 구조화를 위해 완벽한 연결망 체계인 '고리' 구조를 필수적 요건으로 봐야 한다면, 어떤 면에서 결합 작용과 함께 통사적 시스템의 완전한 작업으로 귀결되는 '인간 뇌의 소규모 재연결망화'는 요점에서 그다지 크게 벗어나지 않는 것 같다. 적절한 섬유 노선의 유도 속에서 한 섬유를 위한 성장 요소에서 매우 작은 규모의 게놈 변화가 충분한 근거가 될 수도 있다. 시간 측면으로 봐도 이런 변화가 일어날 만큼 충분한 기간이 있었다고 생각된다. 또한 이 같은 설명의 관점이 섬유 조직과 비슷한 유형의 신경구조에서의 조그만 변화가 반드시 수많은 진화와 수많은 시간 등을 요구하지 않으면서도 엄청난 정도로 표현 형질에서 다양한 결과를 낳을 수 있다고 보았던 라무스와 피셔(Ramus & fisher, 2009)의 연구와 상호 깊은 연계성을 나누고 있다는 사실을 분명하게 확인할 수 있다.

왜?

이제 마지막 난제로서 '왜?'라는 질문만이 남게 되었다. 바로 월리스를 자극한 사항이기도 하다. 어떤 이유로 인간이 언어를 갖게 되었단 말인가? 우리는 이 책에서 수차례에 걸쳐 '의사소통'이 언어의 동기 그 자체라는 말을 부인했다. 어떤 사람들은 기획하기, 항해, '마음 이론과 다른 마음들' 등 이미 언급한 항목들을 언어의 기원으로 제안하기도 했다. 우리 저자들은 이런 주장들 모두가 언어를 '내적 정신의 도구'라는 깃발 아래에서 언어가 내적 구조의 개념-의도 접합이라는, 아직은 논란의 대상이 되고 있는 체계를 내적으로 인정하고 있다고 생각한다. 최소한 외재화라는 과정이 존재하지 않는다면, 결합을 선택적 이점을 부추기는 또 다른 '내재적' 특징으로 볼 수 있을지도 모른다. 이때 '내재적'은 더 나은 수준의 기획, 추론 등과 같은 기능 요인들을 가리킨다.

비록 그 수는 적더라도 일부 실험적 증거들은 언어가 바로 앞서 언급했던 기능의 역할을 수행한다고 주장한다. 스펠크 등(Hermer-Vazquez,

Katnelson and Spelke, 1999)은 여러 실험을 수행하면서 아동과 성인이 어떤 방법으로 기하학적·비기하학적 정보를 서로 연관시키는지, 또한 이런 과정이 언어와 어떻게 상호 교류하는지를 확인하기 위해 노력했다. 연구자들은 다음과 같은 패러다임을 활용했다. 즉, 피실험자인 성인들로 하여금 모든 벽면이 흰색이면서 기학적으로 비대칭 구조의 방에서 모서리 한 곳에 하나의 물체를 두고 지켜보게 했다. 다음 단계로 해당 물체를 숨겨둔다. 피실험자들은 눈을 감은 동시에 방향감각을 잃을 정도로 같은 자리에서 계속해서 빙글빙글 돌아야 한다. 이후 눈을 뜨게 하고 숨겨진 물체를 찾도록 명령한다. 모든 피실험자는 물체를 찾기 위해 자신들의 조사 범위를 비대칭적 구조에 의지해 좁혀 나갈 수 있을 것이다. 만약 물체가 왼쪽에 위치한 긴 벽면에 숨겨져 있다면 피실험자들은 곧바로 왼쪽 긴 벽면 쪽에 위치한 모서리들만 확인하려고 할 것이다. 이 같은 기하학적 단서를 활용하려는 모습은 확실히 의식적인 행동이라고 볼 수 없다. 이제 연구자들이 대칭적 요소를 더 많이 부수어 단 하나의 비기하학적 단서, 즉 파란색 벽 같은 정보를 제시하면 피실험자들은 기하학적·비기하학적 정보를 하나로 조합해 숨겨진 물체를 감추고 있는 유일한 모서리에 단번에 다가설 수 있을 것이다.

그렇다면 아이들은 어떨까? 만약 아이들이 언어를 습득하기 이전에 실험에 참가하게 된다면 어쩌면 파란색 벽면을 통합적으로 활용하는 것 같은 능력을 보이기 쉽지 않을 것이다. 하지만 언어를 완전하게 습득하는 4~5세 정도에 이르면 앞서 살펴본 피실험자들과 마찬가지로 성공적인 결과를 보여준다. 이와 유사하게 성인들로 하여금 숨겨진 물체를 찾는 것과 동시에 자신이 듣고 있는 문장을 그대로 따라 읽는 '쉐도잉' 언어 학습을 실시하게 할 경우 언어적 간섭 때문에 숨겨진 물체를 찾는 수준이 아이들의 수준으로 하락하는 모습을 보인다. 이런 행위에 대해서는 기억력의 과부화로 설명할 수 있다. 이것은 마치 언어가 '내적 정신의 도구'에서 볼 수 있는 기하학적·비기하학적 '모듈'로부터 생성된 여러 종류의 표현을 하나로 묶는 일종의 **통용어***lingua franca*에 준하는 역할을 수행하는 데서 기인한다고 볼 수 있다. 다양한 종류의 지각을 통해 얻은 단서와 함께 위로는 동물부터 아래로는 암석까지 총망라해 모든 대상을 논리적으로 판단하는 능력을 하나로 통합할 수 있는 것은 확고한 선택적 이점을 가지고 있는 것 같다. 그러한 특징은 자손에게 전해지며, 소규모의 번식 그룹을 지배할 수도 있다. 바로 이것이 우리가 기획해왔던 진화의 시나리오다. 이제 남은 것은 말 그대로 **우리**의 역사일 뿐이다. 즉, 현대를 살아가는 종種으로서 인간들에게만 연관된 역사의 흐름 그 자체다.

마지막으로, 우리에게 친숙한 다윈(Darwin, 1859: 490)의 책에서 가져온 이 인용구가 인간언어의 진화에 가장 잘 들어맞는 표현일 것이다.

처음에는 단순하면서도 존재 자체가 미미하지만, 가장 찬란하면서도 가장 경이로운 수많은 생명체가 현재까지 그래 왔고 지금 이 순간에도 여전히 진화하고 있다.

미주

- ## 1장 왜 지금인가?

1   언어의 진화와 정신에 연관된 월리스의 딜레마에 대해 의문을 제기한 최초의 자료
    로서 Chomsky(2010)를, '다윈의 문제'에 대해서는 Hornstein(2009)을 참고하라.
    Walllace(1869)의 자료는 앞서 언급한 문제를 처음으로 공론화한 것으로 인정되고
    있다. 그의 주장은 비록 해당 문제점에 대해 초다원적 해결 방식을 가시화한 것이기
    는 했으나, 이전에 다윈의 언어와 정신의 원천에 대한 전통적인 생물학적 관점을 벗
    어나서 해결 방안을 제시해주었다. 이런 설명의 방향성은 Bikerton(2014)에서 인용
    되고 있으며, 이 책 1장에서는 이 문제를 '월리스 문제'라고 명명하고 있다.

2   개정된 내용의 논문은 Birwick(2011)을 참고하라.

3   보편문법(UG)은 흔히 사람들이 말하는 '언어학적 보편성'과 혼동하지 말아야 하는
    용어다. 즉, 과거 그린버그(Greenberg)가 밝혔듯이 모든 언어에서 주어, 동사, 목적
    어가 특정한 순서의 구조로 나타나는 언어에 관련된 상당히 일반적인 현상을 가리
    키는 것과는 구분되어야 한다. 언어학적 보편성이 인간언어에 관련해 최대치의 가
    치성을 제공할 수 있지만, 이것 또한 표면적으로 관찰이 가능한 현상에만 연관된 일
    반화라고 봐야 하기 때문에 종종 예외를 보여줄 수도 있다. 여기서 말하는 예외는
    과학 분야에서와 마찬가지로 그 자체로 연구 수행을 위해 시금석의 역할을 하는 데
    꽤 높은 수준의 유용성을 갖고 있다고 기대해볼 수 있다.

4   이 같은 신경생물학적 구분이 발화 학습 및 비발화 학습 동물을 분류하는 데 핵심적
    인 기준이라고 보는 주장은 일반적으로 Kuypers-Jürgens 가설이라고 한다. 이 가설
    은 Kuypers(1958), Jürgens(2002)를 기반으로 한다.

5   특히 이런 변화는 17번 염색체의 힘에 의해 이루어진 유전자(DNA)의 900킬로베이
    스[DNA 등 핵산 연쇄의 길이의 단위_옮긴이]에 달하는 부위의 **역전**이었다. (이 여
    성들이 보유한 두 번째 17번 염색체는 정상이었다. 따라서 이 여성들이 역전 현상을
    위한 **이형접합**이었다.) 즉, 정상 방향으로 향하는 유전자 대신 앞서 언급한 부위가
    '완전히 뒤집어지는' 과정을 겪게 된다. 그렇지만 염색체 17로부터 두 개의 복사체를

소유하고 그래서 역전되지 않은 상태로서 **동형접합**이 되었던 여성들은 아이 생산 측면에서 향상되는 성향을 보이지 않았다.

6   '적응도'라는 용어를 정의하는 것은 간단한 일이 아니다. 또한 다윈주의에서 적자라는 개념과 '재번식력 비율(증식률)'을 동일하게 보는 것 또한 많은 문제점을 드러낸다. 이것이 바로 우리가 용어의 앞뒤로 인용 부호를 사용하는 이유이기도 하다. 자세한 내용을 위해 Ariew & Lweontin(2004)을 참조해볼 수 있다. 아이슬란드에서 연구를 수행한 저자들은 연구에 관련된 모든 자손이 그 어머니와 관련된 변수와는 관계없이 성장하고, 번식할 수 있는 균등한 기회를 가진다고 가정했다.

7   예를 들면, '더 많이 적응함' 유전자를 보유한 개인에게서 태어난 자손의 수가 푸아송 분포(Poisson distribution)로서 1+s/2의 평균이라는 공식과 관련된다고 가정해볼 수 있다. 이 공식에서 s는 본문에서 언급한 적합 이점을 가리킨다. 따라서 자손의 수는 0, 1 ⋯ ∞처럼 무한까지 생각해볼 수 있다. 결과적으로 i라는 자손 수가 발생할 확률은 다음의 수식(e-$\mu\mu$i/i!)으로 계산할 수 있다. 여기서 e는 오일러 계수(Euler's number)로, 자연로그를 위한 기반이다. 만일 적합 이점을 0.2로 가정하면, 이에 해당하는 푸아송 평균은 1+0.1로 결정된다. 여기에서 더 많이 적응함의 유전자가 어느 세대에서든 0의 자손을 가질 수 있는 확률은 e-1.11/1이거나 대략 0.33287처럼 1/3 이상의 수치로 나타난다. 여기서 유의할 점은 어떤 선택적 이점도 소유하지 못한 완전한 '중립적' 유전자는 1/e 또는 0.36787에 국한해 확률 수치를 나타낼 것이라는 점이다. [이 부분에 관련된 더 자세한 논의는 Gillespie(2004: 91~94) 참조.] 현대진화이론 제창자들 가운데 한 사람인 홀데인(Haldane, 1927)은 앞서 이야기한 것과 같이 '탄생-사망' 계산 방식을 가장 처음으로 고안한 사람 중 한 명이다.

8   언급한 것처럼 색소가 첨가된 복사화 세포가 등장한 다음 진화상 중대한 변화 요인이 없었다고 보기는 어려울 것이다. 일찍이 우리는 옵신[감각성 망막세포를 구성하는 단백질_옮긴이] 분자들의 진화 과정에 대한 수많은 자료를 수집했는데, 그것은 색상 시각 옵신의 득실, 다른 종들의 상황에서는 옵신이 어떤 수준까지 미세하게 변모하였는지 등이다. 이와 유사하게 '사진기의 외형과 렌즈'에서의 변화, 그리고 이런 변형이 어떻게 이루어졌는지는 나름 중요한 사안이지만, 이런 내용이 우리의 설명이 지향하는 목적에 어떤 영향도 미치지 못한다는 사실을 지적하고 싶다. 이 외에도 독자들은 닐슨과 펠거(Nilsson & Pelger, 1994)가 두 세포 체계에서 척추동물의 안구로 진화되기까지 필요한 시간을 가늠한, 어쩌면 '비관적' 추측이라고까지 볼 수 있

는, 내용을 언급하기를 원했을지도 모르겠지만 말이다.

9   채터지 등(Chatterjee et al., 2014)은 새로운 생물학적 기능들이 암호화되어 있는 유전자 연결체를 찾는 데 필요한 시간을 추정하는 또 다른 방법을 제안했다. 그들의 연구에 따르면, 적응 과정에 요구되는 시간은 대체로 아주 길게 나타나고 있다. 이런 상황은 두 가지 조건들 아래에서 생각해볼 수 있다. 첫째는 유전자 연결체를 검색하기 위해 엄청난 공간이 주어지는 것이다. 둘째는 지구상에 생명체가 출현한 이래로 대략 가능한 109수의 연도 수가 허용된다는 내용들이 여기에 해당된다. 이런 방법은 적응 과정에 있는 유전자 연결체의 길이에서 지수의 형태로 나타나는 경향이 있다. 여기서 외적 형태에 대한 언급은 예를 들면 대상이 되는 유전자의 연결형 길이를 가리키며, 박테리아 유전자들의 평균 길이는 대략적으로 1000뉴클레오티드[핵산을 구성하는 구조적 단위. 푸린 또는 피리미딘 염기, 당 및 인산으로 되어 있다_옮긴이]에 달한다. 이런 규모를 '다루기 쉬운'[일반적으로 입력 길이의 다항(poly-nominal) 시간이 걸리는 경우를 '빠른', 혹은 '다루기 쉬운(tractable)' 경우라고 표현한다. 반대로 다항 시간보다 오래 걸리는 경우를 초다항 시간(超多項 時間)으로 부르며, 이 경우는 '다루기 힘든(intractable)' 경우로 표현한다_옮긴이] 시간 수량의 수준으로 또는 연결체 길이 속에서의 일정한 다항 단위 이내로 줄이기 위해서 앞선 학자들은 자신의 연구에서 초기 유전 연결체가 또다시 '재생성될 수 있다'는 제약을 부과할 수 있다는 가능성을 제시하고 있다. 여기서 '재생성될 수 있다는' 말은 검색이 필요하다면 다시금 초기 위치로 환원하는 것이 그렇게 어려운 일이 아닐 수 있다는 사실을 말한다. 이런 결과는 초기 위치들이란 반드시 최종 목표 지점에 '근접'하고 있어야 한다는 점을 가리키며, 다시 서술하자면 만일 하나의 유전자 연결체가 복사 과정을 겪을 경우 복사 과정의 적응 목표점으로부터 그렇게 멀지 않은 지점에 위치할 것이라는 의미에 부합하는 내용이라고 여기면 될 것이다. 하지만 이런 과정에서 나타난 사실에 대해 스티드먼 등의 학자들은 다음처럼 언급하면서 다른 이들이 자신들의 주장을 분명하게 반박하고 있다는 사실을 확실하게 인지해야만 한다.

    진화란 실질적으로 자원들을 무한정하게 만들어준 것이며, 여기서 영역의 무한정성이란 비록 지구라는 행성에서 자원 개수의 제한성을 안고 있음에도 불구하고 이들이 상호 작용을 하면서 발견되는 수많은 과정을 기반으로 형성되기도 하고, 또한 동일한 제한적 환경에서라고 해도 상호 작용이 진행되는 시간에서의 다양성을 통해서도 최종적인 결실을 확인할 수 있다. 이런 상황은 본래 가능성을 포함하고 있는 모든 변이성을 또다시 실행 가능한 모든 변이성에게 일정 수준까지 적용할 수 있도록 함으로써 비로소 작동 부분을 이해할 수 있을 것이다(Steedman, 2014: 3).

그러나 이런 내용은 사실과 거리가 있다고 할 수 있다. 노왁이 자신의 연구에서 지적한 바를 보면, 사실 진화는 유전자는 물론 형태생물학적 변이성의 '연결체 공간'에서의 초소형 규모에서만 역할을 수행하고 있었기 때문이다. 그 대신 진화에 대해 앞서 언급했던 사안은 우리가 해결되었다고 믿었던 시점으로 회항하는 과정을 되풀이시키는 것으로도 볼 수 있을 것이다. 노왁이 주장한 것처럼 진화를 바라볼 수 있는 방법 중 한 가지가 있다면 유전적 복사 과정을 들 수 있을 것 같다. 유전적 복사 과정의 본래 가치는 초기에 적절한 진화적 해결들로 볼 수 있던 착수 지점들을 다시한 번 재생할 수 있다고 여겨져 왔다고 할 수 있다는 전제하에 이 과정을 새로운 생물학적 기능들을 획득하게 해줄 수 있는 가장 앞선 선두 방법들 가운데 하나로 볼 수 있으리라고 생각한다. 복사된 유전자가 어떤 느슨함도 허용하지 않기 위해 조직의 기강을 확실하게 구축한다는 측면에서 항상 복사 대응물을 소유하고 있기 때문에 여기서 말하는 복사 과정을 거친 유전자가 새로운 목표로서의 기능을 '추적 또는 물색'하기 위해 필요에 의해 선택적 제약으로 관장된다고 하기보다는 수시로 변형이 허용될 수도 있는 대상으로 보는 것이 더 적절할 것이다. Ohne(1972)를 참조.

10 만약 인간/네안데르탈이라는 두 존재의 변화가 기능적으로 보아 아주 중요하다고 여길 수 있다면, 우리는 두 존재의 재생산 과정에서 발생할 수 있는 성적 재조합이 일어나는 동안 상호 '긴밀한 연계성'을 기대할 수 있다고 가정할 수 있을지도 모른다. 그러나 팩 등(Ptak et al., 2009)의 연구 자료에 따르면, 그와 같은 가능성을 찾기란 어려울 것이다. 부가적인 사안에서도 네안데르탈인과 인간에게만 존재하는 특수한 **FOX2**라는 유전자의 확인 지점들이 과연 언제부터 시작되었는지에 대해 그 시기를 정렬하는 과정에 대해서조차 해당 시기는 학자들에 따라 아주 다르게 나타나고 있다. 이에 관한 결과에서도 **FOXP2**에 관련된 위치, 속성, 시간대에 대해서는 여전히 커다란 논쟁거리로 남아 있다. 일부 최근 연구 결과(Maricic et al., 2013)에 의하면, 인간과 네안데르탈인의 **FOXP2** 유전자 변이형들이 핵심적 제어 지점 및 지역들이 최근 나타난 선택적 시간 흐름(스위프)을 겪으며 차이를 보여주게 되었다고 알려져 있다. 이런 설명에 의하면, 인간과 네안데르탈인의 공통 조상들 속에서 앞서 언급한 유전적 지점 및 지역 내부 속에 위치한 선택적 시간 흐름 안에 포함되어 있

다고 이전부터 판단되었던 두 종류의 아미노산의 지점들이 관련된 것이 아니었다는 사실을 알아둘 필요가 있다. 어쩌면 인간과 네안데르탈인 중에서 인간에게만 하나의 다른 지점(아미노산)이 포함되어 있다고 보는 것이 옳은 일일지도 모르겠다.

11 저우 등(Zhou et al., 2015)은 선택적 쓸어 담기(sweep)를 찾아서 확인하려는 목적으로 고대 유전자의 전체 게놈 분석 속에서 최근까지 '합체의(융합적)' 모의 실험을 했다. 이들은, 아프리카, 유럽, 아시아 인류들로부터 확인된 1000게놈 데이터 I 단계 자료에 의하면, 해당되는 유전자들이 인구학적 변화에서 시간의 흐름에 영향을 미칠 수 있다고 간주되는 외부의 간섭에 의한 흔한 문제점들을 비껴나갈 수 있다고 주장한다. 또한 자신들의 방법을 토대로 선택의 진행 기간을 추정할 뿐만 아니라 선택 과정 중에서 긍정적, 정제화(부정적), 균형화 선택 등을 구분할 수 있다고 주장한다. 저우 등은 인류가 아프리카 대륙에서부터 대이동을 시작하기에 앞서 인간 사이의 연계성 내부에 다섯 종류의 뇌 관련 유전자들이 분명하게 긍정적 선택 관할 안에 있었다는 사실을 지적하고 있다. 여기서 흥미로운 점은 앞서 제기된 선택 연관 유전자 종류들이 모두 치매(Alzheimer's disease)에 함유된 것 같은 상황을 보인다는 사실이다. 연구자들은 1000게놈 데이터 I 단계 자료에서 아프리카(Yoruba-YRI) 인구 속에서는 **FOXP2** 유전자에 연관된 긍정적 선택에 관련된 어떤 사항도 확인하지 못했다. 그러나 약 2만 2천~2만 5천 년 이전 시기의 인류를 대상으로 약 1천 세대를 통해 수집한 CEU라는 중앙 유럽 인류 데이터(유타에서 수집됨)에 따르면, 아주 오래전에는 **FOXP2** 유전자를 위한 긍정적 선택의 흔적이 있었다는 사실을 확인할 수 있다는 점을 언급했다. 이 같은 데이터에 기반한 주장들은 이전의 연구들과 일치하지 않으면서, 인류에 관련된 복잡한 계통적 연계성을 알고 있다고 하더라도, 과거를 향해 인류의 유전자 발달 및 진화 과정을 추적하는 연구가 만만하지 않다는 사실을 다시 한 번 확연하게 보여준다고 할 수 있다. 오늘날 제시되는 여러 연구방식이 인구학적 추정 등의 문제점들을 실질적으로 피할 수 있을지에 대해서는 아직도 많은 의구심이 남아 있다. 현재 인구학적 추정이 가능하다고 해도 치매를 규명하는 데 많은 어려움을 겪고 있으며, 20만 년 전에 생존했던 '환자'를 찾는다고 하더라도 이 사람이 치매 환자였다는 사실을 확실하게 규명하는 것이 거의 불가능한 상황을 감안하면 앞서 언급한 연구 과정의 장벽을 확실히 짐작할 수 있다.

- ## 2장 생물언어학적으로 진화하기

1   렌네버그(Lenneberg, 1967: 254)는 달링턴의 저작(Darlington, 1947)을 기반으로
논증 사항을 간략하게 전개했고, 브로스너핸의 저작(Brosnahan, 1961)을 통해 관점
을 확장했다. 이에 해당되는 내용은, 인간에게서 발견되는 음성기관의 독특한 구조
적 차이점을 바탕으로 인류가 의사소통에서 발성을 선호한다는 특성을 유전적 사안
에 근거해 언급한 것이다. 그는 발성을 선호하는 성향을 인간 활동 유형의 특징을
설정하는 데 하나의 기준인 최소한의 노력 원리 측면에서 바라보고, 아울러 인간의
언어 습득 능력이 인류의 직접적 계통에 해당되는 과거 인류와 그 외의 원인류를 분
리하는 기반으로 연관시킬 수 있다는 요점들을 정리했다. 만일 이런 주장이 사실이
라면, 이는 마치 인간 성인이 우유를 소화하는 능력에서 서로 다른 특성을 소지하고
있다는 사항과 유사한 것 같다. (유럽인이 락타아제 지속성 유전자를 공통적으로 소
유한 반면에 아시아인은 해당 유전자의 결핍 현상을 보인다.) 브로스너핸이 제시한
증거들은 자칫 역사적으로 전혀 연관성이 없는 것으로 여겨질 수 있는 언어들(예를
들어 바스크어와 피노우그리아어 등)의 지리적 분포를 연결하는 데 기반을 두고 있
으며, 이 증거에서는 고대 원인류와 달리 인류는 th 소리를 선호한다는 음성적 활용
의 특성이 언급되고 있다. 그렇지만 렌네버그는 자신의 논증에서 이런 증거들이 확
실한 것이 아니라는 점을 지적했으며, 또한 음성적 '선호'에 연관된 유전자들은 어떤
경우에도 확실하게 구축된 것이 아니라는 점도 언급했다. 진화생물학자 스테빈스
(Stebbins)는 도브잔스키(Dobzhansky)를 회고하는 글에서 한 일화를 소개하면서
다음과 같은 내용을 토대로 렌네버그의 주장을 가장 확실하게 지지하고 있다.

나는 도브잔스키 가족과의 친분으로 인해 인간의 유전자와 문화에 대해 많
은 사실을 알 수 있었다. 당시 세포유전학자 달링턴은 특정 언어에서 특별히 잘 확
인할 수 있는 이중 철자 발음인 'th'처럼 특정 언어의 단어를 발음하는 능력이 유전
학적인 근거를 갖고 있다는 주장을 피력하기 위해 논문과 저서를 완성하는 데 골
몰하고 있었다. 사실상 달링턴은 A라고 지칭한 그룹 구성원의 표현 형질과 영어
'th'를 발음할 수 있는 능력 사이에는 유전학적 연결성이 존재한다는 학설을 설정
하고 있던 상황이었다. 달링턴은 도브잔스키와 여러 사람들로부터 자신의 학설에
반대하는 반향과 맞닥뜨리자 그와 영국인 동료들은 출처가 불분명한 도브잔스키
와 마이어의 대화에 관한 소문을 널리 퍼뜨렸다. 해당 소문의 내용은 다음과 같다.

도브잔스키: 마이어, 당신은 달링턴의 주장이 어리석다는 것을 잘 알고 있을 것이오! 참나, 누구라도 그 'th'를 발음할 수 있을 텐데.

마이어: 물론 당연한 일이죠.

도브잔스키와 마이어가 영어를 배웠던 상황을 고려해보면 이 대화의 내용은 상당 부분 타당성이 있다고 볼 수도 있다. 하지만 내가 도브잔스키의 아파트에 있었을 당시 나는 그의 열세 살짜리 딸인 소피(Sophie)가 부모와 이야기하는 상황에서 그녀의 조금 다른 모습을 목격할 수 있었다. 소피의 부모는 달링턴이 묘사한 것처럼 영어의 'th'뿐만 아니라 다른 철자도 발음할 수 있었으며, 소피는 아주 어릴 적부터 이런 모습을 항상 보았음에도 불구하고 정작 소피는 전형적인 뉴욕 스타일의 영어 발음을 따르고 있었던 것이다. 이것은 마치 내가 순수 뉴요커로서 완전히 뉴욕 스타일의 발음을 내는 것과 거의 차이가 없었다(Stebbins, 1995:12).

유전자와 언어 변이형들 사이에 연관성이 존재하지 않는다는 사실은 우리에게 알려진 최근의 몇 가지 주장 중 유전자 변이형과 언어 내부에 나타나는 특이한 현상을 연계하려는 의견들을 보면 잘 알 수 있다. 예들 들어, 성조 언어들 사이에 연관성을 추정할 수 있다고 주장한 데디우와 래드(Dediu & Ladd, 2007)는 한때 뇌의 크기 및 발달 과정에서 긍정적 선택 과정 역할을 수행한다고 제안되었던 두 가지의 유전 연결체에 의거해 별도의 성조 개념을 제시하기도 했다. 유전자 1천 개 확인 프로젝트의 결과에 대한 세심한 게놈 분석에 따르면, 성조 언어에 연관된 긍정적 선택 과정이 무엇인지 확인하는 데 성공하지 못했을 뿐만 아니라 또 다른 인과관계 등을 차치하더라도 유전적 특성과 성조 언어의 연계성 역시 여전히 확인하지 못했다. 그 이유는 게놈과 성조의 변이성의 많은 부분이 유전학이 아니라도 지리학적 측면에서 충분하게 설명될 수 있기 때문이다. 최근 **FOXP2**의 변이성에 관한 연구(Hoogman et al., 2014)는, 병리학과는 별도로, 유전적 분절 단위에서의 변이성이 인류 외의 원인류에 어떤 영향도 미치지 않았다는 견해를 지지했다.

2   어하우스와 버윅(Ahouse & Berwick, 1998)이 언급한 것처럼 다섯 개의 손가락, 발가락 구조는 사지동물의 전형적인 조건은 아니었다. 또한 양서류는 어쩌면 그들의 앞다리, 뒷다리에 네 개 이상의 가락 수(일반적으로는 세 개의 가락 수)를 반드시 갖추고 있지 않았을 수도 있다. 이에 대한 설명은 다섯 개의 독립적인 가락 수(비록 일부는 동일한 구조로 복사 형태를 보이기는 하지만)를 갖추고 있는 이유를 논리적으

로 설명한 분자발달유전학의 기발한 방식들을 참고할 수 있을 것이다.

3   로라 페티토(Petitto, 1987)는 수화언어의 습득 연구를 토대로 벌링의 주장을 매우
     극적으로 제시한다. 즉, 수화 가운데 동일한 동작이 지시 혹은 대명사 기능을 위해
     사용되기도 하지만, 대명사 기능의 경우 일반적으로 유아들이 나와 너를 반대로 사
     용할 때처럼 정반대의 대상을 가리키는 상징으로 나타나기도 한다.

4   또 다른 가능성을 생각할 수 있다는 조건에서 이 논증을 지속해볼 수 있다. 여기에
     서 말하는 가능성이란 FOXP2가 음성형태를 외재화해 밖으로 발생시키고 이후 스
     스로 노래를 부르거나 홀로 중얼거리는 것 등에 해당되는 노래와, 언어를 재내재화
     하는 과정에 연관된 음성 학습 체계를 영위할 수 있도록 입출력 체계의 일부를 담당
     하는 것을 의미한다고 볼 수 있다. 이때 소리를 형성하기 위해서는 공기 흐름이 안
     팎으로 진행되는 체계 안에서 밖으로 또는 밖에서 안으로 숨의 통로를 형성하는 기
     관들을 차례로 거치는 '파이프' 구조를 항상 사용해야 한다. 여기서 차례를 따르는
     일은 발성에 핵심적인 요소이며, 이는 마치 컴퓨터를 사용할 때 본체에서 구성된 자
     료를 외부 장치인 프린터로 송부해 최종적인 인쇄 결과를 출력하도록 하는 상황과
     유사하게 볼 수 있다.

5   이런 상황은 마치 특정한 기능을 지닌 대상이 자신이 궁극적으로 이행하려는 결과
     물이 무엇인지 전혀 상관하지 않은 채로 자신의 업무를 수행하는 것과 유사하다고
     볼 수 있다. 예를 들어, 전자제품 중 LCD 텔레비전과 구형 CRT(음극선관) 텔레비전
     등이 자신들의 화면에 어떤 화상이 펼쳐지는지 상관없이 해당 이미지를 투사하는
     것과 같은 현상이라고 할 수 있다. 구형 텔레비전은 전송되는 이미지에 대해 광반응
     이 가능한 일련의 화학 입자들에게 마치 시간적 흐름 체계로 흝어나가듯이 전자빔
     에너지를 투사해 일정한 그림을 화면에 '그림으로 나타내'는 기능을 수행한다. 반면
     최근에 개발된 액정은 완전히 다른 방식으로 화면에 화상을 나타낸다. 이 말을 개략
     적으로 설명하면, 투사 전자빔은 자신이 지닌 전기에너지의 양에 따라 '입자'에 영향
     력을 미치며, 이런 기준으로 화면을 형성하는 액정의 입자들이 빛을 통과시키기도
     하고 차단하기도 하는 역할을 수행하는 것이라고 할 수 있다. 그렇지만 이때 투사
     작용을 맡은 전자빔의 수가 다수라는 점을 알고 있어야 한다. 전자빔 각자는 비록
     화상을 구현하는 데서는 일치를 보이지만, 매우 다른 형식으로 작업을 수행한다. 이
     와 유사하게 외재화가 직접 나타나든 아니든 간에 발성이 시도된다는 것은 단계를
     거치는 과정에서 발성 성도(聲道) 부위 모든 곳에 뇌로부터의 동작 명령이 시차적으

로 할당되었다는 사실을 가리킨다고 할 수 있다. 또한 이것은 다섯 손가락의 동작만 보고서 인지적 '내적' 상황이 어떻게 표현되는지 알 수 없는 것과 같다고 할 수 있다.

6   통사론에서 순환(반복적 확대)을 설명하기 위해 제기되었던 독립적·회귀적 '사고 언어'의 설정은 불필요하다고도 볼 수 있고, 아주 애매한 상태로 우리를 몰아갈 수도 있다. 하지만 동시에 설명 단계로 회귀를 주도하는 중요한 수단이 될 수도 있다. 이 같은 판단은 언어의 기원을 찾기 위해 시도되었던 수많은 설명과 관련된 문제점이라고도 할 수 있다. 특히 여기에서처럼 결합 과정을 통한 구성 작업을 전제조건으로 상정하는 방식으로 언어의 기원을 규명하려는 시도 역시 이런 문제점에서 자유롭지 못하다.

- **4장 뇌 내부에 존재하는 삼각 구조**

1   인간에게만 특별한 의식과 함께 결합이 활용하는 '연산작용의 원소들'의 기원이 아직까지도 미궁에 빠져 있다는 사실을 확실하게 짚어둘 필요가 있다. 이 점에 대해서는 빅커톤(Bickerton, 2014)의 연구 결과가 작성되던 시대의 저자들에게도 동일한 상황일 것이다. 인간에게만 존재하는 개념 같은 중요 사안들은 많은 탐구가 있어야 하기 때문이다. 즉, 자연선택 중심의 진화에 대한 분석적 모델의 환경 속에서 '아이콘 방식 표기'로부터 '상징적 기호 방식 표기'로 움직이는 진화란 바로 인간에게만 국한된 특성이라고 볼 수 있기 때문이기도 하다. Brandon & Horstein(1986) 참조.

2   더 자세하게 볼 수만 있다면 결합이란 통사론 Head-XP 구조에서 핵(head) 부분을 선별한다고 생각할 수 있다. 그렇지만 이런 작용은 XP-YP 구조에서는 어떤 선별 과정도 찾을 수 없다는 사실을 알아야 한다. 여기서 제기된 XP-YP 구조란 예를 들어 동사구와 명사구가 결합을 통해 하나의 구로 형성되는 경우를 상정해볼 수 있다. 이 같은 구조의 예로는 우선 내적 결합으로 형성된 주어-서술어 구조, 여러 종류의 통사 구성소들, 소절(小節) 구문(예컨대 ate the meat raw) 등이 있다. 통사론에서 널리 알려져 있는 구구조문법(문맥자유문법)에 의한 구구조규칙은 내적으로 두 가지 과정을 동시에 포함하고 있다. 하나는 규칙 적용 부분마다 표지를 설정하는 단계이고, 다른 하나는 이와 함께 투사를 밟아가는 단계다. 또한 구구조규칙을 토대로 상하계층 구조를 갖춘 구성 대상을 구축하기도 한다. 이 같은 현상에는 항상 여러 종류의 설정들이 포함되어야 한다. 여기에는 영어의 경우 S → NP VP가 포함되지만,

실질적으로 이 규칙 형태에서는 특별한 동기 자체를 찾기가 쉽지 않다. 이 점을 이 해하기 위해서는 실험의 결론으로서 간주되는 '표지 결정 알고리즘'을 토대로 기존의 구구조규칙을 위한 설정 조건을 대체해서 이론의 전개를 보여준 Chomsky(2012)를 참조하기 바란다. 또한 이 이론을 전개하면서 맞닥뜨렸던 문제들의 해결책을 제시하면서 이론 전체를 더욱 세밀하게 발전시킨 모습을 보려면 Chomsky(2015)를 참조하기 바란다.

3   하워드 래스닉이 자신의 저서 『통사구조재고(Syntactic Structure Revisited)』(2000) 첫 장 해설 부분에서 다층 구조를 통해 '구성성문단위들'의 표식을 묘사하고 있다. 래스닉이 언급했듯이 그 내용은 변형생성문법(Chomsky, 1995)의 최초 이론에 적용되었던 집합기반의 표식이라고 할 수 있다. 프랭크 등은 자신들의 모형이 우리가 앞서 언급한 연관성을 갖고 있는지에 대해 전혀 인지하지 못하고 있다. 래스닉은 자신의 이론으로 그리고 Lasnik & Kupin(1977)을 통해 이 같은 표식의 모형화된 또한 향상된 버전의 틀을 제시한 바 있다.

4   대명사와 잠재적 연결성을 소지한 선행사 사이에 '결속' 관계를 결정해주는 상하계층 관계 제어 자체가 현대 생성문법이 발전하는 오랜 발달 과정을 통해 현재와 같은 모습에 이르게 되었음은 이미 잘 알려진 사실이다. 이 책에서 제시된 버전은 사실 촘스키의 저서 『지배결속이론(Lectures on Government and Binding)』(1981)에 소개된 '기존의' 제안 형식에 의거하고 있다. 다만 이 책에서는 또 다른 이론 모델로서 별도의 최신화된 모형에 대해서는 언급하지 못했다. 이에 관해서는 Reinhart & Reuland(1993)를 참고하기 바란다.

5   유한 상태 전이 네트워크가 dasdoliʃ에서 조찰성 제약을 어기고 있기 때문에(s 그리고 ʃ) 상호 조화에 맞지 않는다는 조건에 따라 해당 단어를 나바호 단어로서 유용하지 못하다고 판단하는 것을 이해하려면 가장 먼저 단선 원형 ○로 표시된 부분부터 단계를 밟아나가야 한다. 바로 그 지점에서부터 자음 d가 우리로 하여금 고리 모양 속에서 시발점인 단선 원형으로 되돌아가게 할 것이다. 이와 유사한 과정은 철자 기호 α에도 해당된다. 이런 방식으로 드디어 상태 공식 내부로 들어갈 수 있는 것이며, 그 방향성은 철자 기호 s를 통해 다음 단계인 상태 1에 들어서게 할 것이다. 일단 상태 1에서는 철자 기호들 d, o. l, i 모두가 순차적으로 또다시 상태 1 단계를 거치게 되는데 그 이유는 이들 철자들은 ʃ와 달리 음성적 특성으로 d, l은 전방성이면서 비조찰성 자음들이고, o, i는 전체가 모음에 해당되기 때문이다. 그렇지만

dasdoli∫에서 마지막 부분에 위치한 ∫는 유한 상태 전이 네트워크 속성을 기반으로 볼 때 상태 1로부터 전이를 거쳐야 하는 조건에 해당되지 못하기 때문에 전체 시스템 흐름의 결과가 오류라는 결론에 다다르게 된다. 즉, 시스템적으로 dasdoli∫는 적절한 단어로 인정받지 못하게 되는 것이다. 따라서 입력 및 출력 과정에 참여하는 전체 판독장치에서는 결과적으로 dasdolis만을 유용한 나바호 단어로 받아들이게 된다.

6 우리는 별도의 두 가지 선행적 네트워크를 그려봄으로써 이 문제점을 돌파하는 방법을 그려볼 수 있을지도 모르겠다. 첫 번째 네트워크는 deep 그리고 blue라는 두 단어를 동시에 하나의 혼성 구성소 deep-blue로 합체하는 것이며, 두 번째 네트워크는 deep-blue를 단순히 신생 '단어'로 만들어버리는 과정으로 볼 수 있다. 이런 방법을 이용한다면 의미상 이중성을 띠는 deep-blue라는 단어의 의미들을 구분할 수 있는 '돌파구'를 마련할 수는 있다. 그렇지만 과연 그 이후에는 어찌 될까. 문제점은 이 같은 상황에 마주칠 때마다 '매번' 이런 수고를 반복해야만 한다는 아주 바람직하지 못한 상황에 처하게 될 것이라는 점이다. 이 같은 상황을 피하기 위해 상하계층 구조를 기피하려는 시도로서 또 다른 기획방식을 생각해보려고 할 때 우리는 문장 구조를 이해하는 과정에서 운율구조 효과는 물론이고 상하계층 구조의 영향력마저도 잃게 되는 불행한 상황을 접하게 될 수도 있다.

7 특별한 점이 있다면 이들 이론이 (일부는 튜링 장치를 기반으로) **입력 문장 길이하에서의 결정적 다항 시간**(deterministic polynomial time in the length of input sentence)이라는 명칭의 파서로서 역할을 수행할 수 있다는 것이다. 이런 연산 과정 부류는 'P(결정적 다항 시간을 가리키는 것)'라고 불리고 있다. 또한 이들은 일반적으로 NP라고 불리는 '비'결정적 다항 시간과는 완전히 다르게 이해되고 있는 실정이다. 튜링 장치에 기반을 두고 있는 결정적 다항 시간 내에서 해결될 수 있는 문제는 항상 연산 과정에서는 실현성을 가진 것으로서 여겨지지만, 비결정적 다항 시간으로 해결되거나 또는 그렇게라도 해결되지 않는 경우들은 모두 비실현적인 대상으로 간주되는 것이 일반적인 현상이다. 이에 관해서는 자연언어의 처리에 적용되는 연산 과정의 복잡성 이론에 관한 기존의 참고 자료로 알려진 Barton, Berwick and Bistad(1987)를 참고하기 바란다. 코벨(Kobele, 2006)이 언급한 것처럼 현재 진행되는 상황은 파싱 가능성에 **확신**을 주는 적절한 수준의 언어학 이론이 **전혀 없는** 상태다. 그렇지만 이런 구분은 인지적 관점에서 볼 때 큰 의미를 둘 필요가 없다고 할 수

도 있다. 왜냐하면 앞서 언급한 방식에서 연계 다항 요소를 전형적으로 실질적인 가치로 환원하는 데 그 규모가 실지로 입력 문장의 길이의 6제곱에 해당되거나 그 이상으로서 너무 크기 때문이다. 또한 문법에서의 규모 자체라는 거대한 다항 요소 또한 이런 결과를 낳게 하는 요인임을 알아야 한다. 따라서 이런 틀에서는 문장을 분석해가는 파싱 과정이 인간이 수행하는 속도에 비해 너무 느리거나 혹은 너무 빠르게 진행되는 모습을 보인다. 예를 들면 길 혼돈 문장(garden-path sentence)[문장의 통사적 분석 혹은 인식에서 혼란이 발생할 수 있는 문장_옮긴이], 중앙내포구조 문장(center-embedded sentence) 등과 같이 인간이 제대로 파싱을 적용하지 못하는 경우에는 파싱이 너무 짧은 시간에 진행되지만, 사람들이 문장에 파싱을 적용하는 패턴이 선행적 시간을 따르는 등의 방식을 따르게 되면 파싱 속도가 현저하게 떨어진다. 이런 설명들 모두가 가리키는 핵심은 바로 현존하는 언어학 이론이 인간의 파싱 속도를 설명하는 데 적절하지 못하다는 것이다. 즉, 언어학 이론에 그 외의 무엇이 첨가되어야 한다는 것이다. 예를 들어 LFG, HPSG 등의 이론들이 형식적 측면에서 지금의 내적 모델보다도 **훨씬 상위하는** 연산 과정으로서의 복잡성을 소지한 이론으로서 튜링에 버금간다고 회자되고 있기에 이들 이론을 토대로 하면 문법적 대상으로서 어떤 수준의 복잡성에 임하더라도 문제가 없을 것이라는 점에 주목해보자. 그러나 이런 설정은 실제 모델의 실행을 담당하는 실험자들이 이들 이론을 적용하면서 동시에 실험적 과정에서 동기가 부여된 제약 조건을 적용하기 때문에 인식적 기준에서는 결국 무한성이 무시될 수밖에 없는 신뢰성 결여라는 결과에 이르게된다. 마지막으로 우리는 재켄도프(Jackendoff)의 「단순통사론(Simpler Syntax)」(Culicover & Jackendoff, 2005)같이 최근에 제안된 언어학 이론들이 통합화 과정은 물론이고 복잡성에서 상당한 수준에 이르는 상태를 보여주고 있다는 것을 알고 있다. 이때 복잡성의 상황은 이미 우리가 알고 있는 TAG 혹은 최소주의 체계처럼 제약성을 내포하는 이론들 이상으로 나타난다. 그렇지만 이 같은 설명도 통사론뿐만 아니라 의미론을 망라한 이론의 곳곳에서 결합 이상의 더욱 강력한 연산 과정에 준하는 대상들을 제한한다는 사실을 발견할 수 있다. 그렇다면 우리는 이 시점에서 앞선 이론이 제기한, 누가 보아도 명백한 복제된 능력을 왜 필요로 하는지에 대해 의구심을 갖지 않을 수 없다.

8 칼 폴라드(Pollard, 1984)는 최초로 문맥자유문법에 관해 무수한 변수를 활용해 확장된 이론의 형식을 도식화했다. 이렇게 구축된 이론은 '핵 문법' 개념에 해당되는

것으로 볼 수 있다. 우리는 이 이론이 절대적으로 강력한 힘을 가질 수 있다고도 본다. 이 문제를 더욱 내실 있게 통찰하면서 논의를 진행한 내용을 보고 싶다면 Vijay-Shanker, Weir and Joshi(1987)를 참고하기 바란다.

9   스티드먼(Steedman, 2014)은 MCFG처럼 문맥자유문법에 더해 '조금 더 이상'의 요소들을 첨가한 대상을 위해 기존의 문맥자유문법 같은 체계들 사이에 나타나는 진화적 전이를 논증하는 내용을 아주 분명하게 밝히고 있다. '빈약한 생성적 능력'을 위해서는 이 같은 내용은 어쩌면 당연한 오류로 볼 수도 있겠지만, 같은 사안이 결합에서는 어떤 결과를 낳을지에 대해서는 확실하게 알기 어렵다. 문맥자유문법을 위해 푸시 다운, 스택과 함께 MCFG에서와 같이 변수들을 위해 선형적으로 또 다른 스택 공간이 주어질 수만 있다면, 이런 상황을 토대로 '수준 낮은 문맥 의존 언어'를 생성할 수도 있다. 이에 관해서는 Vijay-Shanker et al.(1987)을 참고하라. 스티드먼은 이런 상황이 스택 형식의 구조라는 진화적 증분의 '변형하기[기계 또는 장치_옮긴이]'에 해당된다는 주장을 피력하고 있다. 이 부분에 대해서는 우리 저자들은 확신을 갖지 못하고 있다. 우리는 실제로 단순히 결합만이 존재하는 것이며, 결합 자체를 또다시 외적 결합 및 내적 결합으로 차별하는 분류가 있어야만 하는지에 대해서는 의구심을 갖고 있다. 가장 간단하게 여전히 문맥자유 상태에서 wh-의문형은 결합 과정에서 내적 결합에 해당하도록 방향을 잡고 있다. 스티드먼 역시 자연선택에 의한 진화를 강력한 원천이라고 여기고 있고, 이런 상황에서만 실제 환경에서 습득이라는 문제를 '해결'할 수 있다고 주장하고 있다.

   학습은 개별적 유한 장치들이라는 제한된 자원들로써 이행되어야만 한다. 그러나 진화는 사실상 무한정한 자원을 갖추고 있다. 무한성에 대한 제약으로는 단지 지구라는 행성의 범주에서 외적 자원의 제한성과 함께 행성 자체의 지속성에 연관된 발전 과정에서의 시간적 제한성을 생각해볼 수 있다. 학습은 근본적으로 실현성이 가정될 수 있는 모든 변이 과정에서 주어진 가능성 전체를 시도해봄으로써 그 자체의 작용을 기대할 수 있을 것이다(Steedman, 2014: 3).

그러나 이런 주장은 정확한 판단이 아닐 뿐만 아니라 자연선택 중심의 진화 자체를 잘못 이해하는 데 기인하는 결과이다. 진화에 연관된 선택을 마치 현자의 돌에 비유해 어떤 분야의 저자 가운데 한 명이 소유하고 있을지도 모른다고 가정하듯이 어떻게 하든 결과를 보장해줄 수 있는 수단으로서 일종의 '보편적 알고리즘화된 산성

(nucleic acid, 핵산)'으로 간주해서는 안 될 것이다. 게놈 그리고 형태생물학에서 연속에 연관된 공간은 그 범위가 매우 방대하며, 생명체는 이 같은 어마어마한 규모의 가능성을 내포하는 공간의 범주 안에서 그것을 극히 일부만 사용할 수 있게 태어난 것이라고 보면 된다. 마틴 노왁의 연구처럼 진화에 관한 이론은 앞서 언급한 생명체의 발현 및 공간의 방대한 규모의 관련성에 대해 오랫동안 수고를 거듭해왔고, 진화 자체에 대해서도 알고리즘화된 잠재성에 강력한 제재요건이 무엇인지를 설정하고자 노력했으며(Chatterjee et al., 2014), 이처럼 엄청난 가능성들의 존재에 대한 문제점에 관해서 '해결책'을 찾는 데 무수한 시간을 투자했다. 이때 시간의 양을 생각해보면 오직 하나의 유전자를 최적화하려는 노력처럼 일상적인 생물학적 '난제들'을 해결하는 데도 종종 우주의 일생을 완전하게 훨씬 넘어가는 것으로서 연산 과정만으로는 전혀 추정할 수 없는 정도의 수준으로 추측해볼 수 있을지 모르겠다. (이에 대해서는 독립적인 생명 유기체들을 약간의 유전자 차이에서 기인되는 결과로 연관시키는 데서 그 유사적 특징을 찾으려는 시도 자체가 충분한 설명이 되지 못한다는 사실을 지적한 채터지와 노왁의 방식의 입증을 언급하고 있는 1장의 〈미주 9〉를 참조하기 바란다.) 따라서 앞서 제기된 문제점으로 과연 자연선택 중심의 진화가 '충분한 외적 환경 여건 및 시간적 조건'을 갖추고 스티드먼이 충분하게 해결할 수 있다고 보았던 것처럼 해당 문제를 해결할 수 있을지에 대해 제기된 답을 보면, 그 최종적인 답은 간단히 말해 '아니다'라고 할 수 있다. 자연선택은 진화 과정에서 수많은 경이로운 과업을 수행한 것이 사실이기는 하지만, 모든 사안 혹은 일부만이라도 해결해줄 수 있는 만능열쇠가 아니라는 점을 명심해야 한다. 마이어(Mayr, 1995)와 레인(Lane, 2015)이 상기시켰던 것처럼 어쩌다 한 번 정도 매우 복잡한 생명체를 진화시키는 일이 발생하는 가능성을 생각해볼 수 있을지도 모른다. 숀 라이스(Rice, 2004)가 언급한 내용을 돌이켜보면 스티드먼이 자연선택에 장밋빛 의미를 부여한 일이 잘못된 것이라는 사실을 확인할 수 있으며, 이 같은 진화 관련 설명에서의 오류는 현재까지도 아주 널리 받아들여지고 있다.

10   지금까지 우리는 행렬 곱셈 형식 접근방식에서 형성된 발전들을 모두 접어두었다. 이처럼 우선 고려 대상에서 제외되는 방식에는 최근 연산 과정 중심의 언어학 분야에서 더 널리 실현되었던 텐서(응력 단위) 수학 산술적 계산방식도 포함되어 있다.

11   수형도를 보면서 혼동을 초래한다고 볼 수 있는 확실한 문제점에 대한 지적은 마커스(Marcus, 2009)의 연구에 잘 나타나 있다. 마커스(Marcus, 2001: 17)는 『대수학적

마음(The Algebraic Mind)』에서 "정신이란 신경망 구조를 갖춘 것으로서 언어학에서 볼 수 있는 통사적 수형도 같은 '임의적 수형도'처럼 표현되고 있다고 볼 수도 있다"라고 말했다. 그렇지만 이런 주장은 실제로 매우 틀린 견해다. 이런 오류는 언어학적 수형도의 존재가 단지 수형도 구조 자체를 반드시 신경망 조직으로 표현해야만 한다는 당위성을 암시하고 있기 때문은 아니다. 사실 당위성 자체를 말할 필요성도 없다고 할 수 있다. 왜냐하면 수형도 구조는 언어학 이론에서는 어떤 경우라도 반드시 요구되는 사항이 아니기 때문이다. 마커스 역시 내용 주소화 기억장치를 통해 생물학적으로 인간의 신경망 체계에서 기대할 수 있는 올바른 종류의 특성을 표현할 수 있으며, 또한 내용 주소화 기억장치 자체도 상하계층 구조의 수형도를 표시하기에 적합하지 못하다는 점을 함께 논증하고 있다. 따라서 이 같은 접근방식은 앞서 보았듯이 양면적인 문제점을 안고 있다고 보는 것이 마땅할 것이다.

12 최근 캠벨(Cambell)은 원숭이에 대한 연구를 바탕으로 유인원(원숭이)도 인간과 마찬가지로 '어근'과 '접사'가 하나로 구성되는 '단어 형성' 과정을 보여준다는 점을 제기했다. 이런 주장은 커다란 논쟁거리가 되고 있다. 어떤 경우든 불가결한 연산 과정은 어쩌면 일반적으로 수용되는 유한 상태 전이 네트워크보다는 훨씬 단순하다고 볼 수 있을지도 모른다. 그리고 상하계층 구조 표식 역시 인간언어와는 다르게 조합되는 과정을 보여주고 있다. 이런 사안은 영어의 unlockable 같은 친숙한 예를 통해 확인할 수 있다. 우선 해당 단어를 관찰해보면 최소한 두 가지의 상하계층 구조로서 (unlock)-able 그리고 un-(lockable)처럼 다른 형태로 분석될 수 있다는 점을 확인할 수 있으며, 이를 토대로 두 가지 의미를 가지게 된다. 이런 분석을 통해 알 수 있는 것은 이런 분석 과정이 결합적 관계[(a×b)×c=a×(b×c) 같은 계산식이 내부의 순서와 상관없이 동일한 결과를 도출하는 것_옮긴이]에서 이루어지는 것이 아니라 유한 상태 전이 네트워크가 정의에 따라서 오직 결합적 관계의 언어만을 생성할 수 있다는 것을 잘 보여주고 있다는 점이다.

13 안타까운 점은 Nim에 대한 연구처럼 우리가 잘 알고 있는 모든 '동물 언어'에 대한 실험(예컨대 Kanzi라는 난쟁이 침팬지 연구)을 행한 연구자들이 자신들의 연구 자료에 완전하게 접근하는 것을 허용하지 않는다는 사실이다. 따라서 찰스 양은 앞서 제시된 여러 연구에 자신의 방법론을 적용하는 데 실패한 것이다.

14 에티오피아인과 이집트인 225명에게서 발견된 연속체 구조에서 얻은 최근의 증거들을 보면, 인류의 이동 경로는 그 시기를 현재로부터 약 60만 년 전이라는 조건에

서는 에티오피아, 아랍 반도를 통하는 남방 방향보다는 이집트로부터 북방 방향으로 보는 것이 타당할 것이다.

15   게놈 연속체 구조 형성에서의 발견에 따르면 인간의 '정규분포' 집단에서 일부 언어 변형이 확실하게 나타나고 있다는 사실을 발견할 수 있다. 이 책 2장에서 언급했듯 이 **FOXP2** 전사 인자가 하류표적유전자 **CNTNAP2**를 조절하며, 이때 해당 유전자 가 포함한 암호가 바로 [신경세포 표면에 있는_옮긴이] 뉴렉신 단백질을 형성하는 것이다. 유전자 1천 개 확인 게놈 프로젝트에 의하면 (유타-중부 유럽 혹은 CEU) 인 류 내부에서 이 유전자가 단일뉴클레오티드다형태[인간의 혈액형_옮긴이]의 변형 (SNPs)을 포함하고 있음을 알 수 있다. 코스 등(Kos et al., 2012)은 이 같은 유전자 변형이 정상 유전자를 지닌 인간 성인 내부에서 언어적 변화를 일으키는 영향력을 갖게 되는지 여부를 연구했다. 즉, 이 연구는 **FOXP2** 유전자의 결핍성 여부를 확인 하는 것이었다. 학자들이 발견한 내용은 **CTNAP2** 내부에서 SNP 현상으로서(예컨 대 하나의 DNA '철자') 언어적으로 [특히 음성, 음운 현상을 중심으로_옮긴이] 특성 일치 관계에 연관된 과정들 내에 차이점이 나타난다는 것이었다. 다른 한편으로 후 그먼 등(Hoogman et al., 2014)은 비병리학적 **FOXP2** 변형들 속에서 표현형으로 나타나는 언어의 차이성을 전혀 찾아볼 수 없다는 사실을 발견하기도 했다.

참고문헌

Abe, Kentaro, and Dai Watanabe. 2012. Songbirds possess the spontaneous ability to discriminate syntactic rules. *Nature Neuroscience* 14: 1067~1074.

Ahouse, Jeremy, and Robert C. Berwick. 1998. *Darwin on the mind.* Boston Review of Books, April/May.

Aitchison, Jean. 1996. *The Seeds of Speech: Language Origin and Evolution.* Cambridge: Cambridge University Press.

Aitchison, Jean. 1998. Discontinuing the continuity-discontinuity debate. In *Approaches to the Evolution of Language: Social and Cognitive Bases,* ed. James R. Hurford, Michael Studdert-Kennedy and Chris Knight, 17~29. Cambridge: Cambridge University Press.

Ariew, André, and Richard Lewontin. 2004. The confusions of fitness. *British Journal for the Philosophy of Science* 55: 347~363.

Baker, Mark C. 2002. *The Atoms of Language.* Oxford: Oxford University Press.

Barton, G. Edward, Robert C. Berwick, and Eric S. Ristad. 1987. *Computational Complexity and Natural Language.* Cambridge, MA: MIT Press.

Bar-Yosef, Ofer, and Jean-Guillaume Bordes. 2010. "Who were the makers of the Châtelperronian culture?" *Journal of Human Evolution* 59 (5): 586~593.

Beckers, Gabriel, Johan Bolhuis, and Robert C. Berwick. 2012. "Birdsong neurolinguistics: Context-free grammar claim is premature". *Neuroreport* 23: 139~146.

Bersaglieri, Todd, Pardis C. Sabeti, Nick Patterson, Trisha Vander- ploeg, Steve F. Schaffner, Jared A. Drake, Matthew Rhodes, David E. Reich, and Joel N. Hirschhorn. 2004. "Genetic signatures of strong recent positive selection at the lactase gene". *American Journal of Human Genetics* 74 (6): 1111~1120.

Berwick, Robert C. 1982. *The Acquisition of Syntactic Knowledge.* Ph.D. thesis, Department of Electrical Engineering and Computer Science. Cambridge, MA: The Massachusetts Institute of Technology.

Berwick, Robert C. 1985. *Locality Principles and the Acquisition of Syntactic Knowledge.* Cambridge, MA: MIT Press.

Berwick, Robert C. 2011. All you need is Merge. In *Biolinguistic Investigations,* ed. Anna Maria Di Sciullo and Cedric Boeckx, 461~491. Oxford: Oxford University Press.

Berwick, Robert C. 2015. Mind the gap. In *50 Years Later: Reflec- tions on Chomsky's Aspects,* ed. Angel J. Gallego and Dennis Ott, 1~12. Cambridge, MA: MIT Working Papers in Linguistics.

Berwick, Robert C., and Samuel David Epstein. 1993. On the con- vergence of "minimalist" syntax and categorial grammar. In *Proceed- ings of the Third Conference on Algebraic Methodology and Software Technology (AMAST 93)*, ed. Martin Nivat, Charles Rattray, Teo Rus, and George Scollo, 143~148. University of Twente, Enschede the Netherlands: Springer-Verlag.

Berwick, Robert C., Kazuo Okanoya, Gabriel Beckers, and Johan Bolhuis. 2011. "Songs to syntax: The linguistics of birdsong". *Trends in Cognitive Sciences* 15 (3): 113~121.

Berwick, Robert C., and Samuel Pilato. 1987. "Learning syntax by automata induction". *Machine Learning* 2: 9~38.

Berwick, Robert C., and Amy S. Weinberg. 1984. *The Grammatical Basis of Linguistic Performance*. Cambridge, MA: MIT Press.

Bickerton, Derek. 2014. *More Than Nature Needs*. Cambridge, MA: Harvard University Press.

Bloomfield, Leonard. 1926. "A set of postulates for the science of language". *Language* 2 (3): 153~164.

Boeckx, Cedric, and Antonio Benítez-Burraco. November 2014. "Globularity and language-readiness: Generating new predictions by expanding the set of genes of interest". *Frontiers in Psychology* 5: 1324. doi:.10.3389/fpsyg.2014.01324.

Bornkessel-Schlesewsky, Ina, Matthias Schlesewsky, Steven L. Small, and Josef P. Rauschecker. 2015. "Neurobiological roots of language in primate audition: common computational properties". *Trends in Cog-nitive Sciences* 19 (3): 142~150.

Boyd, Lomax J., Stephanie L. Skove, Jeremy P. Rouanet, Louis-Jan Pilaz, Tristan Bepler, Raluca Gordân, Gregory A. Wray, and Debra L. Silver. 2015. "Human-Chimpanzee differences in a FZD8 enhancer alter cell-cycle dynamics in the developing neocortex". *Current Biology* 25: 772~779.

Brandon, Robert, and Norbert Hornstein. 1986. "From icons to symbols: Some speculations on the origin of language". *Biology & Philosophy* 1: 169~189.

Briscoe, Josie, Rebecca Chilvers, Torsten Baldeweg, and David Skuse. 2012. "A specific cognitive deficit within semantic cognition across a multi-generational family". *Proceedings of the Royal Society Series B, Biological Sciences* 279(1743): 3652~3661.

Brosnahan, Leonard Francis. 1961. *The Sounds of Language: An Inquiry into the Role of Genetic Factors in the Development of Sound Systems*. Cambridge: Heffer.

Brosnahan, Lawrence Francis. 1961. *The Sounds of Language: an Inquiry into the Role of Genetic Factorsis the Development of Sound Systems*. Cambridge, W.: Heffer and Sons, Ltd.

Burling, Robbins. 1993. "Primate calls, human language, and nonver- bal communication". *Current Anthropology* 34 (1): 25~53.

Carroll, Sean. 2005. *Endless Forms Most Beautiful*. New York: Norton.

Chatterjee, Krishendu, Andreas Pavlogiannis, Ben Adlam, and Martin A. Nowak. 2014. "The time scale of evolutionary innovation". *PLoS Computational Biology* 10 (9): e1003818.

Chomsky, Carol. 1986. "Analytic study of the Tadoma method: Lan- guage abilities of three deaf-blind subjects". *Journal of Speech and Hearing Research* 29 (3): 332~347.

Chomsky, Noam. 1955. *The Logical Structure of Linguistic Theory*. Ms. Harvard University, Cambridge, MA.

Chomsky, Noam. 1956. "Three models for the description of language". *I.R.E. Transactions on Information Theory* IT-2: 113~124.

Chomsky, Noam. 1957. *Syntactic Structures*. The Hague: Mouton.

Chomsky, Noam. 1965. *Aspects of the Theory of Syntax*. Cambridge, MA: MIT Press.

Chomsky, Noam. 1976. On the nature of language. In *Origins and Evolution of Language and Speech*, ed. Stevan Harnad, Horst D. Steklis and Jane Lancaster, 46~57. New York: New York Academy of Sciences.

Chomsky, Noam. 1980. *Rules and Representations*. New York: Columbia University Press.

Chomsky, Noam. 1981. *Lectures on Government and Binding*. Dor- drecht: Foris.

Chomsky, Noam. 2010. "Some simple evo-devo theses: How might they be true for language?" In *The Evolution of Human Language*, ed. Richard K. Larson, Viviene Déprez and Hiroko Yamakido, 45~62. Cambridge: Cambridge University Press.

Chomsky, Noam. 2012. *Problems of projection*. Lingua 130: 33~49.

Chomsky, Noam. 2015. "Problems of projection extensions". In *Struc- tures, Strategies and Beyond: Studies in Honour of Adriana Belletti*, ed. Elisa Di Domenico, Cornelia Hamann and Simona Matteini, 1~16. Amsterdam: John Benjamins.

Colosimo, Pamela F., Sarita Balabhadra, Guadalupe Villarreal, Jr., Mark Dickson, Jane Grimwood, Jeremy Schmutz, Richard M. Myers, Dolph Schluter, and David M. Kingsley. 2005. "Widespread parallel evolution in sticklebacks by repeated fixation of Ectodysplasin alleles". *Science* 307: 1928~1933.

Cohen, Shay B., Giorgio Satta, and Michael Collins. 2013. "Approxi- mate PCFG parsing using tensor decomposition". In *Proceedings of the 2013 Conference of the North American Chapter of the Asso- ciation for Computational Linguistics: Human Language Technolo- gies*, 487~496. Atlanta, Georgia: Association for Computational Linguistics.

Coen, Michael. 2006. *Multi-Modal Dynamics: Self-Supervised Learn- ing in Perceptual and Motor Systems*. Ph.D. thesis, Department of Electrical Engineering and Computer Science. Cambridge, MA: Massachusetts Institute of Technology.

Colosimo, Pamela F., Catherine L. Peichel, Kirsten Nereng, Benjamin K. Blackman, Michael D. Shapiro, Dolp Schluter, and David M. Kingsley. 2004. "The genetic architecture of parallel armor plate reduc- tion in threespine sticklebacks". *PLoS Biology* 2: 635~641.

Comins, Jordan A., and Tiomthy Q. Gentner. 2015. "Pattern- Induced covert category learning in songbirds". *Current Biology* 25: 1873~1877.

Crain, Stephen. 2012. *The Emergence of Meaning*. Cambridge: Cambridge University Press.

Cudworth, Ralph. 1731. *A Treatise Concerning Eternal and Immu- table Morality*. London: James and John Knapton.

Culicover, Peter and Ray Jackendoff. 2005. *Simpler Syntax*. Oxford: Oxford University Press.

Curtiss, Susan. 2012. "Revisiting modularity: Using language as a window to the mind". In *Rich Languages from Poor Inputs*, ed. Massimo Piatelli-Palmarini and Robert C. Berwick, 68~90. Oxford: Oxford University Press.

Darlington, Charles D. 1947. "The genetic component of language". *Heredity* 1: 269~286.

Darwin, Charles. [1856]1990. *Darwin Correspondence Project*. Vol.6. Cambridge: Cambridge University Press.

Darwin, Charles. 1859. *On the Origin of Species*. London: John Murray.

Darwin, Charles. 1868. *Variation of Plants and Animals under Domestication*. London: John Murray.

Darwin, Charles. 1871. *The Descent of Man, and Selection in Relation to Sex*. London: John Murray.

Darwin, Charles. 1887. *The Autobiography of Charles Darwin*. London: John Murray.

Dediu, Daniel, and D. Robert Ladd. 2007. "Linguistic tone is related to the population frequency of the adaptive haplogroups of two brain size genes, ASPM and Microcephalin". *Proceedings of the National Academy of Sciences of the United States of America* 104 (26): 10944~10949.

Dejerine, Joseph Jules. 1895. *Anatomie des Centres Nerveux*. Paris: Rueff et Cie.

Ding, Nai, Yue Zhang, Hong Tian, Lucia Melloni, and David Poeppel. 2014. "Cortical dynamics underlying online building of hierarchical structures". *Proceedings of the Society for Neuroscience 2014*. Poster 204.14. Washington, DC: Society for Neuroscience.

Ding, Nai, Yue Zhang, Hong Tian, Lucia Melloni, and David Poeppel. 2015. in press. Cortical dynamics underlying online building of hierarchical structures. Nature Neuroscience.

Dobzhansky, Theodosius. 1937. *Genetics and the Origin of Species*. New York: Columbia University Press.

Earley, Jay. 1970. "An efficient context-free parsing algorithm". *Communications of the ACM* 13 (2): 94~102.

Enard, Wolfgang, Molly Przeworski, Simon E. Fisher, Cecillia Lai, Victor Wiebe, Takashi Kitano, Anthony P. Monaco, and Svante Pääbo. 2005. "Molecular evolution of FOXP2, a gene involved in speech and language". *Nature* 418: 869~872.

Engesser, Sabrina, Jodie M. S. Crane, James L. Savage, Andrew F. Russell, and Simon W. Townsend. 2015. Experimental evidence for phonemic contrasts in a nonhuman vocal system. PLoS Biology. doi:.10.1371/journal.pbio.1002171.

Feynman, Richard. 1959/1992. "There's plenty of room at the bottom". *Journal of Micro-electromechanical Systems* 1 (1): 60~66.

Fisher, Ronald A. 1930. *The Genetical Theory of Natural Selection*. London: Clarendon.

Fisher, Simon E., Faraneh Vargha-Khadem, Katherine E. Watkins, Anthony P. Monaco, and Marcus E. Pembrey. 1998. "Localisation of a gene implicated in a severe speech and language disorder". *Nature Genetics* 18 (2): 168~170.

Fitch, William Tecumseh. 2010. *The Evolution of Language*. Cam- bridge: Cambridge University Press.

Fitch, William Tecumseh, Michael A. Arbib, and Merlin Donald. 2010. "A molecular genetic framework for testing hypotheses about language evolution". In *Proceedings of the 8th International Confer- ence on the Evolution of Language*, ed. Andrew D. M. Smith, Marieke Schouwstra, Bart de Boer, and Kenny Smith, 137~144. Singapore: World Scientific.

Fong, Sandiway. 1991. *Computational Implementation of Principle-Based Parsers*. Ph.D. thesis, Department of Electrical Engineering and Computer Science. Cambridge, MA: Massachusetts Institute of Technology.

Frey, Stephen, Scott Mackey, and Michael Petrides. 2014. "Cortico- cortical connections of areas 44 and 45B in the macaque monkey". *Brain and Language* 131: 36~55.

Friederici, Angela. 2009. "Language and the brain". In *Of Minds and Language, A Dialogue with Noam Chomsky in the Basque Country*, ed. Massimo Piattelli-Palmarini, Juan Uriagereka and Pello Salaburu, 352~377. Oxford: Oxford University Press.

Gallistel, Charles G. 1990. "Representations in animal cognition: An introduction". *Cognition* 37(1~2): 1~22.

Gallistel, Charles G., and Adam Philip King. 2009. *Memory and the Computational Brain*. New York: Wiley.

Gehring, Walter. 2005. New perspectives on eye development and the evolution of eyes and photoreceptors. Journal of Heredity 96 (3): 171~184.

Gehring, Walter. 2011. "Chance and necessity in eye evolution". *Genome Biology and Evolution* 3: 1053~1066.

Gillespie, John. 2004. *Population Genetics: A Concise Guide*. Balti- more: Johns Hopkins University Press.

Goldschmidt, Richard. 1940. *The Material Basis of Evolution*. New Haven, CT: Yale University Press.

Goodall, Jane. 1986. *The Chimpanzees of Gombe: Patterns of Behav- ior*. Boston: Belknap Press of the Harvard University Press.

Gould, Stephen J., and Steven Rose. 2007. *The Richness of Life: The Essential Stephen Jay Gould*. New York: W.W. Norton and Company.

Graf, Thomas. 2013. *Local and Transderivational Constraints on Syntax and Semantics*. Ph.D. thesis, Department of Linguistics. Los Angeles: University of California at Los Angeles.

Graham, Susan L., Michael A. Harrison, and Walter Ruzzo. 1980. "An improved context-free recognizer". *ACM Transactions on Program- ming Languages and Systems* 2 (3): 415~462.

Grant, Peter, and Rosemary Grant. 2014. *Forty Years of Evolution: Darwin's Finches on Daphne Major Island*. Princeton, NJ: Princeton University Press.

Groszer, Matthias, David A. Keays, Robert M. J. Deacon, Joseph P. de Bono, Shetwa Prasad-Mulcare, Simone Gaub, Muriel G. Baum, Catherine A. French, Jérôme Nicod, Julie A. Coventry, Wolfgang Enard, Martin Fray, Steve D. M. Brown, Patrick M. Nolan, Svante Pääbo, Keith M. Channon, Rui M. Costa, Jens Eilers, Günter Ehret, Nicholas P. Rawlins, and Simon E. Fisher. 2008. "Impaired synaptic plasticity and motor learning in mice with a point mutation impli- cated in human speech deficits". *Current Biology* 18: 354~362.

Gunz, Philipp, Simon Neubauer, Bruno Maureille, and Jean-Jacques Hublin. 2010. "Brain development after birth differs between Neanderthals and modern humans". *Current Biology* 20 (21): R921~R922.

Haldane, John Burdon Sanderson. 1927. "A mathematical theory of natural and artificial selection, Part V: Selection and mutation". *Proceedings of the Cambridge Philosophical Society* 23 (7): 838~844.

Hansson, Gunnar Ólafur. 2001. "Remains of a submerged continent: Preaspiration in the languages of Northwest Europe". In *Historical Linguistics 1999: Selected Papers from the 14th International Confer- ence on Historical Linguistics*, ed. Laurel J. Brinton, 157~173. Amsterdam: John Benjamins.

Hardy, Karen, Jennie Brand-Miller, Katherine D. Brown, Mark G. Thomas, and Les Copeland. 2015. "The Importance of dietary carbo- hydrate in human evolution". *The Quarterly Review of Biology* 90 (3): 251~268.

Harmand, Sonia, Jason E. Lewis, Craig S. Feibel, Christopher J. Lepre, Sandrine Prat, Arnaud Lenoble, Xavier Boës, Horst D. Steklis, and Jane Lancaster. 2015. "3.3-million-year-old stone tools from Lomekwi 3, West Turkana, Kenya". *Nature* 521: 310~315.

Harnad, Stevan, Horst D. Steklis, and Jane Lancaster, eds. 1976. *Origins and Evolution of Language and Speech.* New York: New York Academy of Sciences.

Harris, Zellig. 1951. *Methods in Structural Linguistics.* Chicago: University of Chicago Press.

Hauser, Marc. 1997. *The Evolution of Communication.* Cambridge, MA: MIT Press.

Heinz, Jeffrey. 2010. "Learning long-distance phonotactics". *Linguistic Inquiry* 41: 623~661.

Heinz, Jeffrey, and William Idsardi. 2013. "What complexity differences reveal about domains in language". *Topics in Cognitive Science* 5 (1): 111~131.

Henshilwood, Christopher, Francesco d'Errico, Royden Yates, Zenobia Jacobs, Chantal Tribolo, Geoff A. T. Duller, Norbert Mercier, 2002. "Emergence of modern human behavior: Middle Stone Age engravings from South Africa". *Science* 295: 1278~1280.

Hermer-Vazquez, Linda, Alla S. Katsnelson, and Elizabeth S. Spelke. 1999. "Sources of flexibility in human cognition: Dual-task studies of space and language". *Cognitive Psychology* 39 (1): 3~36.

Hennessy, John L., and David A. Patterson. 2011. *Computer Archi- tecture: A Quantitative Approach.* Waltham, MA: Morgan Kaufman Publishers.

Hingham, Thomas, Fiona Brock, Christopher Bronk Ramsey, William Davies, Rachel Wood, Laura Basell. 2011. "Chronology of the site of Grotte du Renne, Arcy-sur-Cure, France: Implications for Neandertal symbolic behavior". *Before Farm* 2: 1~9.

Hinzen, Wolfram. 2006. *Mind Design and Minimal Syntax.* Oxford: Oxford University Press.

Hittinger, Chris Todd, and Sean B. Carroll. 2007. "Gene duplication and the adaptive evolution of a classic genetic switch". *Nature* 449 (7163): 677~681.

Hoogman, Martine, Julio Guadalupe, Marcel P. Zwiers, Patricia Klarenbeek, Clyde Francks, and Simon E. Fisher. 2014. "Assessing the effects of common variation in the FOXP2 gene on human brain structure". *Frontiers in Human Neuroscience* 8: 1~9.

Hornstein, Norbert. 2009. *A Theory of Syntax.* Cambridge: Cambridge University Press.

Huerta-Sánchez, Xin Jin, Asan, Zhuoma Bianba, Benjamin M. Peter, Nicolas Vinckenbosch, Yu Liang, Xin Yi, Mingze He, Mehmet Somel, Peixiang Ni, Bo Wang, Xiaohua Ou, Huasang, Jiangbai Luosang, Zha Xi Ping Cuo, Kui Li, Guoyi Gao, Ye Yin, Wei Wang, Xiuqing Zhang, Xun Xu, Huanming Yang, Yingrui Li, Jian Wang, Jun Wang, and Rasmus Nielsen. 2014. "Altitude adaptation in Tibetans caused by introgression of Denisovan-like DNA". *Nature* 512: 194~197.

Humplik, Jan, Alison L. Hill, and Martin A. Nowak. 2014. "Evolution- ary dynamics of infectious diseases in finite populations". *Journal of Theoretical Biology* 360: 149~162.

Hurford, James. 1990. "Beyond the roadblock in linguistic evolution studies". *Behavioral and Brain Sciences* 13 (4): 736~737.

Hurford, James, Michael Studdert-Kennedy, and Chris Knight. 1998. *Approaches to the Evolution of Language: Cognitive and Linguistic Bases.* Cambridge: Cambridge University Press.

Huxley, Julian. 1963. *Evolution: The Modern Synthesis.* 3rd ed. London: Allen and Unwin.

Huxley, Thomas. 1859. *Letter to Charles Darwin, November 23. Darwin Correspondence Project, letter 2544.* Cambridge: Cambridge University Library; www.darwinproject.ac.uk/letter/entry -2544.

Jacob, François. 1977. Darwinism reconsidered. *Le Monde*, September, 6~8.

Jacob, François. 1980. *The Statue Within.* New York: Basic Books.

Jacob, François. 1982. *The Possible and the Actual.* New York: Pantheon.

Jerrison, Harry. 1973. *Evolution of the Brain and Intelligence.* New York: Academic Press.

Jobling, Mark A., Edward Hollox, Matthew Hurles, Toomas Kivsild, and Chris Tyler-Smith. 2014. *Human Evolutionary Genetics.* New York: Garland Science, Taylor and Francis Group.

Joos, Martin. 1957. *Readings in Linguistics.* Washington, DC: American Council of Learned Societies.

Jürgens, Uwe. 2002. "Neural pathways underlying vocal control". *Neuroscience and Biobehavioral Reviews* 26 (2): 235~258.

Kallmeyer, Laura. 2010. *Parsing Beyond Context-Free Grammars.* New York: Springer.

Kimura, Moota. 1983. *The Neutral Theory of Molecular Evolution.* Cambridge: Cambridge University Press.

King, Marie-Claire, and Alan Wilson. 1975. "Evolution at two levels in humans and chimpanzees". *Science* 188 (4184): 107~116.

Kleene, Stephen. 1956. *Representation of Events in Nerve Nets and Finite Automata*. Annals of Mathematical Studies 34. Princeton: Princeton University.

Kobele, Gregory. 2006. *Generating Copies: An Investigation into Structural Identity in Language and Grammar*. Ph.D. thesis, Depart- ment of Linguistics. Los Angeles: University of California at Los Angeles.

Kos, Miriam, Danielle van den Brink, Tineke M. Snijders, Mark Rijpkema, Barbara Franke, Guillen Fernandez, and Peter Hagoort. 2012. CNTNAP2 and language processing in healthy individuals as measured with ERPs. PLoS One 7 (10): e46995, Oct. 24. doi: PMCID: PMC3480372.10.1371/journal.pone.0046995.

Koulouris, Andreas, Nectarios Koziris, Theodore Andronikos, George Papakonstantinou, and Panayotis Tsanakas. 1998. "A parallel parsing VLSI architecture for arbitrary context-free grammars". *Proceedings of the 1998 Conference on Parallel and Distributed Systems*, IEEE, 783~790.

Krause, Johannes, Carles Lalueza-Fox, Ludovic Orlando, Wolfgang Enard, Richard Green, Herman A. Burbano, Jean-Jacques Hublin, 2007. "The derived FOXP2 variant of modern humans was shared with Neandertals". *Current Biology* 17: 1~5.

Kuypers, Hanricus Gerardus Jacobus Maria. 1958. "Corticobulbar connections to the pons and lower brainstem in man: An anatomical study". *Brain* 81 (3): 364~388.

Lane, Nicholas. 2015. *The Vital Question: Why Is Life the Way It Is?* London: Profile Books Ltd.

Lashley, Karl. 1951. "The problem of serial order in behavior". In *Cerebral Mechanisms in Behavior*, ed. Lloyd A. Jeffress, 112~136. New York: Wiley.

Lasnik, Howard. 2000. *Syntactic Structures Revisited*. Cambrige, MA: MIT Press.

Lasnik, Howard, and Joseph Kupin. 1977. "A restrictive theory of transformational grammar". *Theoretical Linguistics* 4: 173~196.

Lenneberg, Eric H. 1967. *Biological Foundations of Language*. New York: Wiley.

Lewontin, Richard. 1998. "The evolution of cognition: Questions we will never answer". In *Methods, Models, and Conceptual Issues: An Invitation to Cognitive Science*, ed. Don Scarborough and Mark Liberman, 108~132. 4th ed. Cambridge, MA: MIT Press.

Lewontin, Richard. 2001. *The Triple Helix*. New York: New York Review of Books Press.

Lindblad-Toh, Kersten, Manuel Garber, Or Zuk, Michael F. Lin, Brian J. Parker, Stefan Washietl, Pouya Kheradpour, Jason Ernst, Gregory Jordan, Evan Mauceli, Lucas D. Ward, Craig B. Lowe, Alisha Holloway, Michele Clamp, Sante Gnerre, Jessica Alföldi, Kathryn Beal, Jean Chang, Hiram Clawson, James Cuff, Federica Di Palma, Stephen Fitzgerald, Paul Flicek, Mitchell Guttman, Melissa J. Hubisz, David B. Jaffe, Irwin Jungreis, W. James Kent, Dennis Kostka, Marcia Lara, Andre L. Martins, Tim Massingham, Ida Moltke, Brian J. Raney, Matthew D. Rasmussen, Jim Robinson, Alexander Stark, Albert J. Vilella, Jiayu Wen, Xiaohui Xie, Michael

C. Zody, Broad Institute Sequencing Platform and Whole Genome Assembly Team, Kim C. Worley, Christie L. Kovar, Donna M. Muzny, Richard A. Gibbs, Baylor College of Medicine Human Genome Sequencing Center Sequencing Team, Wesley C. Warren, Elaine R. Mardis, George M. Weinstock, Richard K. Wilson, Genome Institute at Washington University, Ewan Birney, Elliott H. Margulies, Javier Herrero, Eric D. Green, David Haussler, Adam Siepel, Nick Goldman, Katherine S. Pollard, Jakob S. Pedersen, Eric S. Lander, and Manolis Kellis. 2011. "A high-resolution map of human evolutionary constraint using 29 mammals". *Nature* 478: 476~482.

Luria, Salvador. 1974. "A Debate on Bio-Linguistics". Endicott House, Dedham, MA, May 20~21. Paris: Centre Royaumont pour une science de l'homme.

Lyell, Charles. 1830~1833. *Principles of Geology*. London: John Murray.

Lynch, Michael. 2007. *The Origins of Genome Architecture*. Sunder- land, MA: Sinauer Associates.

Mampe, Birgit, Angela D. Friederici, Anne Christophe, and Kristine Wermke. 2009. "Newborns' cry melody is shaped by their native language". *Current Biology* 19 (23): 1994~1997.

Marchant, James. 1916. *Alfred Russel Wallace Letters and Reminis- cences*. London: Cassell.

Marcus, Gary. 2001. *The Algebraic Mind*. Cambridge, MA: MIT Press.

Marcus, Gary. 2009. "How does the mind work?" *Topics in Cognitive Science* 1 (1): 145~172.

Margulis, Lynn. 1970. *Origin of Eukaryotic Cells*. New Haven: Yale University Press.

Maricic, Tomislav, Viola Günther, Oleg Georgiev, Sabine Gehre, Marija Ćurlin, Christiane Schreiweis, Ronald Naumann, Hernán A. Burbano, Matthias Meyer, Carles Lalueza-Fox, Marco de la Rasilla, Antonio Rosas, Srećko Gajović, Janet Kelso, Wolfgang Enard, Walter Schaffner, and Svante Pääbo. 2013. "A recent evolutionary change affects a regulatory element in the human FOXP2 gene". *Molecular Biology and Evolution* 30 (4): 844~852.

Maynard Smith, John. 1982. *Evolution and the Theory of Games*. Cambridge: Cambridge University Press.

Maynard Smith, John, and Eörs Szathmáry. 1995. *The Major Transi- tions in Evolution*.

Maynard Smith, John, Richard Burian, Stuart Kauffman, Pere Alberch, John Campbell, Brian Goodwin, Russell Lande, David Raup, and Lewis Wolpert. 1985. "Developmental constraints and evolution: A perspective from the Mountain Lake Conference on development and evolution". *Quarterly Review of Biology* 60 (3): 265~287.

Mayr, Ernst. 1963. *Animal Species and Evolution*. Cambridge, MA: Belknap Press of Harvard University Press.

Mayr, Ernst. 1995. "Can SETI Succeed? Not Likely". Bioastronomy News 7 (3). http://www.astro.umass.edu/~mhanner/Lecture_Notes/ Sagan-Mayr.pdf.

McMahon, April, and Robert McMahon. 2012. *Evolutionary Lin- guistics*. Cambridge: Cambridge University Press.

McNamara, John M. 2013. "Towards a richer evolutionary game theory". [doi: 10.1098/rsif.2013.0544.] *Journal of the Royal Society, Interface* 10 (88): 20130544.

Mellars, Paul. 2010. "Neanderthal symbolism and ornament manufacture: The bursting of a bubble?" *Proceedings of the National Academy of Sciences of the United States of America* 107 (47): 20147~20148.

Minksy, Marvin L. 1967. *Computation: Finite and Infinite Machines*. Englewood Cliffs, NJ: Prentice-Hall.

Monod, Jacques. 1970. *Le hasard et la nécessité*. Paris: Seuil.

Monod, Jacques. 1972. *Chance and Necessity: An Essay on the Natural Philosophy of Modern Biology*. New York: Vintage Books.

Müller, Gerd. 2007. "Evo-devo: Extending the evolutionary synthesis". *Nature Reviews. Genetics* 8: 943~949.

Muller, Hermann J. 1940. "Bearing of the Drosophila work on systematics". In *The New Systematics*, ed. Julian S. Huxley, 185~268. Oxford: Clarendon Press.

Musso, Mariacristina, Andrea Moro, Volkmar Glauche, Michel Rijntjes, Jürgen Reichenbach, Christian Büchel, and Cornelius Weiller. 2003. "Broca's area and the language instinct". *Natstedstedure Neuroscience* 6: 774~781.

Newmeyer, Frederick J. 1998. "On the supposed "counter-functionality" of Universal Grammar: Some evolutionary implications". In *Approaches to the Evolution of Language*, ed. James R. Hurford, Michael Studdert Kennedy, and Christopher Knight 305~319. Cambridge: Cambridge University Press.

Nilsson, D. E., and Susanne Pelger. 1994. "A pessimistic estimate of the length of time required for an eye to evolve". *Proceedings of the Royal Society Series B* 256 (1345): 53~58.

Niyogi, Partha, and Robert C. Berwick. 2009. "The proper treatment of language acquisition and change". *Proceedings of the National Academy of Sciences of the United States of America* 109: 10124~10129.

Nowak, Martin A. 2006. *Evolutionary Dynamics*. Cambridge, MA: Harvard University Press.

Ohno, Susumu. 1970. *Evolution by Gene Duplication*. Berlin: Springer-Verlag.

Okanoya, Kazuo. 2004. "The Bengalese finch: A window on the behavioral neurobiology of birdsong syntax". *Annals of the New York Academy of Sciences* 1016: 724~735.

Orr, H. Allen. 1998. "The population genetics of adaptation: the distribution of factors fixed during adaptive evolution". *Evolution; Inter- national Journal of Organic Evolution* 52 (4): 935~949.

Orr, H. Allen. 2005a. "The genetic theory of adaptation". *Nature Reviews. Genetics* 6: 119~127.

Orr, H. Allen. 2005b. "A revolution in the field of evolution?" *New Yorker(New York, N.Y.)* (October): 24.

Orr, H. Allen, and Jerry A. Coyne. 1992. "The genetics of adaptation revisited". *American Naturalist* 140: 725~742.

Ouattara, Karim, Alban Lemasson, and Klaus Zuberbühler. 2009. "Campbell's monkeys concatenate vocalizations into context-specific call sequences". *Proceedings of the National*

Academy of Sciences of the United States of America 106 (51): 22026~22031.

Pääbo, Svante. 2014a. "The human condition: a molecular approach". Cell 157 (1): 216~226.

Pääbo, Svante. 2014b. "Neanderthal Man". In Search of Lost Genomes. New York: Basic Books.

Pagani, Luca, Stephan Schiffels, Deepti Gurdasani, Petr Danecek, Aylwyn Scally, Yuan Chen, Yali Xue, 2015. "Tracing the route of modern humans out of Africa using 225 human genome sequences from Ethiopians and Egyptians". American Journal of Human Genetics 96: 1~6.

Perania, Daniela, Maria C. Saccumana, Paola Scifo, Alfred Anwander, Danilo Spada, Cristina Baldolib, Antonella Poloniato, Gabriele Lohmann, and Angela D. Friederici. 2011. "Neural language networks at birth". Proceedings of the National Academy of Sciences of the United States of America 108 (38): 16056~16061.

Petitto, Laura Anne. 1987. "On the autonomy of language and gesture: Evidence from the acquisition of personal pronouns in American Sign Language". Cognition 27 (1): 1~52.

Petitto, Laura Anne. 2005. "How the brain begets language". In The Chomsky Reader, ed. James McGilvray, 85~101. Cambridge: Cam- bridge University Press.

Pfenning, Andreas R., Erina Hara, Osceola Whitney, Miriam V. Rivas, Rui Wang, Petra L. Roulhac, Jason T. Howard M. Arthur Moseley, J. Will Thompson, Erik J. Soderblom, Atsushi Iriki, Masaki Kato, M. Thomas P. Gilbert, Guojie Zhang, Trygve Bakken, Angie Bongaarts, Amy Bernard, Ed Lein, Claudio V. Mello, Alexander J. Hartemink, Erich D. Jarvis. 2014. "Convergent transcriptional specializations in the brains of humans and song-learning birds". Science 346 (6215): 1256846: 1~10.

Pinhasi, Ronald, Thomas F. G. Higham, Liubov V. Golovanova, and Vladimir B. Doronichevc. 2011. "Revised age of late Neanderthal occupation and the end of the Middle Paleolithic in the northern Caucasus". Proceedings of the National Academy of Sciences of the United States of America 108 (21): 8611~8616.

Pinker, Steven, and Paul Bloom. 1990. "Natural language and natural selection". Behavioral and Brain Sciences 13 (4): 707~784.

Pinker, Steven, and Heather K. J. van der Lely. 2014. "The biological basis of language: insight from developmental grammatical impairments". Trends in Cognitive Sciences 18 (11): 586~595.

Poelwijk, Frank, Daniel J. Kiviet, Daniel M. Weinreich, and Sander J. Tans. 2007. "Empirical fitness landscapes reveal accessible evolutionary paths". Nature 445 (25): 383~386.

Pollard, Carl. 1984. Generalized Phrase Structure Grammars, Head Grammars and Natural Language. Ph.D. dissertation, Stanford, CA: Stanford University.

Prabhakar, Shyam, James P. Noonan, Svante Pbo, and Edward M. Rubin. 2006. "Accelerated evolution of conserved noncoding sequences in humans". Science 314: 786.

Priestley, Joseph. 1775. Hartley's Theory of the Human Mind. London: J. Johnson.

Ptak, Susan E., Wolfgang Enard, Victor Wiebe, Ines Hellmann, Johannes Krause, Michael Lachmann, and Svante Pääbo. 2009. "Linkage disequilibrium extends across putative selected sites in FOXP2". Molecular Biology and Evolution 26: 2181~2184.

Pulvermüller, Friedemann. 2002. *The Neuroscience of Language*. Cambridge: Cambridge University Press.

Ramus, Franck, and Simon E. Fisher. 2009. "Genetics of language". In *The Cognitive Neurosciences*. 4th ed., ed. Michael S. Gazzaniga, 855~871. Cambridge, MA: MIT Press.

Reinhart, Tanya, and Eric Reuland. 1993. "Reflexivity". *Linguistic Inquiry* 24: 657~720.

Rice, Sean R. 2004. *Evolutionary Theory: Mathematical and Conceptual Foundations*. Sunderland, MA: Sinauer Associates.

Rice, Sean R., Anthony Papadapoulos, and John Harting. 2011. "Stochastic processes driving directional selection". In *Evolutionary Biology: Concepts, Biodiversity, Macroevolution and Genome Evo- lution*, ed. Pierre Pontarotti, 21~33. Berlin: Springer-Verlag.

Rosenfeld, Azriel. 1982. "Quadtree grammars for picture languages". *IEEE Transactions on Systems, Man, and Cybernetics* SMC-12 (3): 401~405.

Samet, Hanan, and Azriel Rosenfeld. 1980. "Quadtree representations of binary images". *Proceedings of the 5th International Conference on Pattern Recognition*, 815~818.

Sapir, Edward, and Harry Hoijer. 1967. *The Phonology and Mor- phology of the Navaho Language*. Los Angeles: University of Cali- fornia Publications in Linguistics.

Sauerland, Uli, and Hans Martin Gärtner. 2007. *Interfaces + Recur- sion = Language?* New York: Mouton.

Saussure, Ferdinand. 1916. *Cours de linguistic générale*. Paris: Payot.

Schreiweis, Christiane, Ulrich Bornschein, Eric Burguière, Cemil Keri- moglu, Sven Schreiter, Michael Dannemann, Shubhi Goyal, 2014. "Humanized *Foxp2* accelerates learning by enhancing transitions from declarative to procedural performance". *Proceedings of the National Academy of Sciences of the United States of America* 111 (39): 14253~14258.

Schuler, William, Samir Abdel Rahman, Tim Miller, and Lane Schwartz. 2010. "Broad-coverage parsing using human-like memory constraints". *Computational Linguistics* 36 (1): 1~30.

Sherman, Michael. 2007. "Universal genome in the origin of Metazoa: Thoughts about evolution". *Cell Cycle(Georgetown, TX)* 6 (15): 1873~1877.

Smith, Neil, and Ianthi-Maria Tsimpli. 1995. *The Mind of a Savant: Language, Learning, and Modularity*. New York: Wiley.

Somel, Mehmet, Xiling Liu, and Philip Khaitovich. 2013. "Human brain evolution: Transcripts, metabolites and their regulators". *Nature Reviews Neuroscience* 114: 112~127.

Spoor, Frederick, Philip Gunz, Simon Neubauer, Stefanie Stelzer, Nadia Scott, Amandus Kwekason, and M. Christopher Dean. 2015. "Reconstructed Homo habilis type OH 7 suggests deep-rooted species diversity in early Homo". *Nature* 519 (7541): 83~86.

Stabler, Edward. 1991. "Avoid the pedestrian's paradox". In *Principle- based Parsing*, ed. Robert C. Berwick, Stephen P. Abney and Carol Tenny, 199~237. Dordrecht: Kluwer.

Stabler, Edward. 2011. "Top-down recognizers for MCFGs and MGs". In *Proceedings of the 2nd*

Workshop on Cognitive Modeling and Computational Linguistics, ed. Frank Keller and David Reiter, 39~48. Stroudsburg, PA: Association for Computational Linguistics.

Stabler, Edward. 2012. "Top-down recognizers for MCFGs and MGs". *Topics in Cognitive Science* 5: 611~633.

Stebbins, Ledyard. 1995. "Recollections of a coauthor and close friend". In *Genetics of Natural Populations, the continuing influence of Theo- dosius Dobzhansky,* ed. Louis Levine, 7~13. New York: Columbia University Press.

Steedman, Mark. 2014. "Evolutionary basis for human language". *Physics of Life Reviews* 11 (3): 382~388.

Steffanson, Hreinn, Agnar Helgason, Gudmar Thorleifsson, Valgerdur Steinthorsdottir, Gisli Masson, John Barnard, Adam Baker, Aslaug Jonasdottir, Andres Ingason, Vala G. Gudnadottir, Natasa Desnica, Andrew Hicks, Arnaldur Gylfason, Daniel F. Gudbjartsson, Gudrun M. Jonsdottir, Jesus Sainz, Kari Agnarsson, Birgitta Birgisdottir, Shya- mali Ghosh, Adalheidur, Olafsdottir, Jean-Baptiste Cazier, Kristleifur Kristjansson, Michael L Frigge, Thorgeir E. Thorgeirsson, Jeffrey R. Gulcher, Augustine Kong, and Kari Stefansson. 2005. "A common inversion under selection in Europeans". *Nature Genetics* 37 (2): 129~137.

Stent, Gunther. 1984. "From probability to molecular biology". *Cell* 36: 567~570.

Stevens, Kenneth N. 1972. "The quantal nature of speech: Evidence from articulatory-acoustic data". In *Human Communication: A Unified View,* ed. Edward E. David, Jr., and Peter B. Denes, 51~66. New York: McGraw-Hill.

Stevens, Kenneth N. 1989. "On the quantal nature of speech". *Journal of Phonetics* 17 (1/2): 3~45.

Striedter, Georg. 2004. *Principles of Brain Evolution.* Sunderland, MA: Sinauer Associates.

Swallow, Dallas M. 2003. "Genetics of lactase persistence and lactose intolerance". *Annual Review of Genetics* 37: 197~219.

Számado, Szabolcs, and Eörs Szathmáry. 2006. "Selective scenarios for the emergence of natural language". *Trends in Ecology & Evolution* 679: 555~561.

Szathmáry, Eörs. 1996. "From RNA to language". *Current Biology* 6 (7): 764.

Szklarczyk, Damian, Andrea Franceschini, Stefan Wyder, Kristoffer Forslund, Davide Heller, Jaime Huerta-Cepas, Milan Simonovic, Alexander Roth, Alberto Santos, Kalliopi P Tsafou, Michael Kuhn, Peer Bork, Lars J Jensen, and Christian von Mering. 2011. "The STRING database in 2011: Functional interaction networks of proteins, globally integrated and scored". *Nucleic Acids Research* 39: D561~D568.

Takahashi, Daniel Y., Alicia Fenley, Yayoi Teramoto, Darshana Z. Narayan, Jeremy Borjon, P. Holmes, and Asif A. Ghazanfar. 2015. "The developmental dynamics of marmoset monkey vocal production". *Science* 349 (6249): 734~748.

Tallerman, Maggie. 2014. "No syntax saltation in language evolution". *Language Sciences* 46: 207~219.

Tattersall, Ian. 1998. *The Origin of the Human Capacity, the Sixty- Eighth James McArthur Lecture on the Human Brain*. New York: American Museum of Natural History.

Tattersall, Ian. 2002. *The Monkey in the Mirror*. New York: Harcourt.

Tattersall, Ian. 2006. "Becoming human: Evolution and the rise of intelligence". *Scientific American* (July): 66~74.

Tattersall, Ian. 2008. "An evolutionary framework for the acquisition of symbolic cognition by Homo sapiens". *Comparative Cognition & Behavior Reviews* 3: 99~114.

Tattersall, Ian. 2010. "Human evolution and cognition". *Theory in Biosciences* 129 (2~3): 193~201.

Thompson, D'arcy Wentworth. [1917] 1942. *On Growth and Form*. Cambridge: Cambridge University Press.

Thompson, John N. 2013. *Relentless Evolution*. Chicago: University of Chicago Press.

Tishkoff, Sarah, Floyd A. Reed, Benjamin F. Voight, Courtney C. Babbitt, Jesse S. Silverman, Kweli Powell, Holly M. Mortensen, 2007. "Convergent adaptation of human lactase persistence in Africa and Europe". *Nature Genetics* 39 (1): 31~40.

Tomasello, Michael. 2009. "UG is dead". *Behavioral and Brain Sciences* 32 (5): 470~471.

Trubetzkoy, Nikolay. 1939. *Grundzüge der Phonologie*. Göttingen: Vandenhoeck & Ruprecht.

Trubetzkoy, Nikolay. 1969. *Principles of Phonology. Trans. C. A. Baltaxe*. Berkeley: University of California Press.

Turing, Alan, and Claude W. Wardlaw. [1953] 1992. "A diffusion reaction theory of morphogenesis". In *The Collected Works of Alan Turing: Morphogenesis*. Amsterdam: North-Holland.

Turner, John. 1984. "Why we need evolution by jerks". *New Scientist* 101: 34~35.

Turner, John. 1985. "Fisher's evolutionary faith and the challenge of mimicry". In *Oxford Surveys in Evolutionary Biology* 2, ed. Richard Dawkins and Matthew Ridley, 159~196. Oxford: Oxford University Press.

Van Dyke, Julie, and Clinton L. Johns. 2012. "Memory interference as a determinant of language comprehension". *Language and Linguistics Compass* 6 (4): 193~211.

Vargha-Khadem, Faraneh, David G. Gadian, Andrew Copp, and Mortimer Mishkin. 2005. "FOXP2 and the neuroanatomy of speech and language". *Nature Reviews. Neuroscience* 6: 131~138.

Vernot, Benjamin, and Joshua M. Akey. 2014. "Resurrecting surviving Neanderthal lineages from modern human genomes". *Science* 343 (6174): 1017~1021.

Vijay-Shanker, K., and J. David Weir, and Aravind K. Joshi. 1987. "Characterizing structural descriptions produced by various grammatical formalisms". In *Proceedings of the 25th Annual Meeting of the Association for Computational Linguistics*(ACL), 104~111, Stanford, CA: Association for Computational Linguistics.

Vigneau, Nicolas-Roy, Virginie Beaucousin, Pierre-Yves Hervé, Hugues Duffau, Fabrice Crivello, Oliver Houdé, Bernard Mazoyer, and Nathalie Tzourio-Mazoyer. 2006. "Meta-analyzing left hemisphere language areas: phonology, semantics, and sentence processing". *NeuroImage* 30

(4): 1414~1432.

Wallace, Alfred Russel. 1856. "On the habits of the Orangutan of Borneo". *Annals & Magazine of Natural History* (June): 471~475.

Wallace, Alfred Russel. 1869. "Sir Charles Lyell on geological climates and the origin of species". *Quarterly Review* (April): 359~392.

Wallace, Alfred Russel. 1871. *Contributions to the Theory of Natural Selection*. 2nd ed. London: Macmillan.

Wardlaw, Claude W. 1953. "A commentary on Turing's reactiondiffusion mechanism of morphogenesis". *New Physiologist* 52 (1): 40~47.

Warneken, Felix, and Alexandra G. Rosati. 2015. "Cognitive capacities for cooking in chimpanzees". *Proceedings of the Royal Society Series B* 282: 20150229.

Weinreich, Daniel M., Nigel F. Delaney, Mark A. DePristo, and Daniel Hartl. 2006. "Darwinian evolution can follow only very few mutational paths to fitter proteins". *Science* 7 (312): 111~114.

Wexler, Kenneth, and Peter W. Culicover. 1980. *Formal Principles of Language Acquisition*. Cambridge, MA: MIT Press.

Whitney, William Dwight. 1893. *Oriental and Linguistic Studies*. vol. New York: Scribner.

Whitney, William Dwight. 1908. *The Life and Growth of Language: An Outline of Linguistic Science*. New York: Appleton.

Wood, Rachel, Thomas F. G. Higham, Trinidad De Torres, Nadine Tisnérat-Laborde, Hector Valladas, Jose E. Ortiz, Carles Lalueza-Fox, 2013. "A new date for the Neanderthals from El Sidrón cave(Asturias, northern Spain)". *Archaeometry* 55 (1): 148~158.

Woods, William A. 1970. "Transition network grammars for natural language analysis." *Communications of the ACM* 13 (10): 591~606.

Wray, Gregory. 2007. "The evolutionary significance of *cis*-regulatory mutations". *Nature Reviews Genetics* 8: 206~216.

Wright, Sewall. 1948. "Evolution, organic". 14th ed. vol. 8., 914~929. Encyclopaedia Britannica.

Yang, Charles. 2002. *Knowledge and Learning in Natural Language*. New York: Oxford University Press.

Yang, Charles. 2013. "Ontogeny and phylogeny of language". *Proceedings of the National Academy of Sciences of the United States of America* 110 (16): 6324~6327.

Younger, Daniel H. 1967. "Recognition and parsing of context-free languages in time $n3$". *Information and Control* 10 (2): 189~208.

Zhou, Hang, Sile Hu, Rostislav Matveev, Qianhui Yu, Jing Li, Philipp Khaitovich, Li Jin. 2015. "A chronological atlas of natural selection in the human genome during the past half-million years". bioRxiv preprint June 19, 2015, doi: http://dx.doi.org/10.1101/018929.

찾아보기

지은이

● 로버트 C. 버윅(Robert C. Berwick)

메사추세츠 공과대학(Massachusetts Institute of Technology) 전자·컴퓨터공학과 교수. 주된 관심 분야는 언어 습득, 언어 처리 등에 대한 인지적 연산작용화, 인간 언어의 생물학적 진화 등이다. 전산언어학, 생물언어학에 관련된 *The Acquisition of Syntactic Knowledge*(1985), *Rich Languages from Poor Inputs*(공저, 2013) 등 수많은 저서와 논문을 발표했다. 'John Simon Guggenheim Memorial Award', 'MIT Edgerton Faculty Achievement Award', 'NSF Presidential Young Investigator Award' 등을 수상했다.

● 노엄 촘스키(Noam Chomsky)

메사추세츠 공과대학 언어학과 명예교수. 1955년 메사추세츠 공과대학에서 저술한 '변형문법'에 대한 논문과 이론서들은 현대 언어학의 토대가 되었다. 언어학 분야에 수많은 영향력 있는 논문과 저서들을 남겼으며 20~21세기의 가장 영향력 있는 학자 가운데 한 사람으로 평가받고 있다. 전공인 언어학 분야를 넘어서 정치적 사건에도 소신을 지키며 발언하는 지식인이다.

옮긴이

● 김형엽

고려대학교 글로벌학부 영미학 교수. 고려대학교에서 영어영문학 학사학위, 동 대학교 대학원에서 영어학 석사학위, 미국 일리노이대학교(University of Illinois at Urbana-Champaign)에서 언어학 박사학위를 취득했다. 주 연구 분야는 음운론, 형태론, 영어교육, 번역학, 언어철학 등이다. 현재 다양한 언어학 분야와 학회에서 활동 중이며, 현대영어교육학회와 한국음운론학회의 회장을 역임했다. 주요 저서로는 『왜 우리 아이의 영어성적은 오르지 않을까?: 좌·우뇌 통합 영어독서법』(공저, 2016), 『인간과 언어: 언어학을 통해 본 서양철학』(2001) 등이 있고, 역서로는 『언어의 역사』(2016), 『언어의 탄생』(2013) 등이 있으며, 주요 논문으로는 「게임 번역에서의 외래어 사용에 대하여: 게임 '리그 오브 레전드'를 중심으로」(공저, 2018), "Grammatical Judgment of Korean Short-form Negation as Prefix"(공저, 2018) 등이 있다.

한울아카데미 2108

왜 우리만이 언어를 사용하는가 언어와 진화

지은이 ı 로버트 C. 버윅·노엄 촘스키   옮긴이 ı 김형엽
펴낸이 ı 김종수   펴낸곳 ı 한울엠플러스(주)   편집책임 ı 배유진   편집 ı 김초록
초판 1쇄 인쇄 ı 2018년 8월 17일   초판 1쇄 발행 ı 2018년 8월 31일

주소 ı 10881 경기도 파주시 광인사길 153 한울시소빌딩 3층   전화 ı 031-955-0655
팩스 ı 031-955-0656   홈페이지 ı www.hanulmplus.kr   등록번호 ı 제406-2015-000143호

Printed in Korea.   ISBN 978-89-460-7108-7 93700(양장)   978-89-460-6533-8 93700(반양장)

언어의 역사

- 토르 얀손 지음
- 김형엽 옮김
- 2015년 8월 20일 발행 ┃ 신국판 ┃ 408면

언어의 역사는 그것을 사용하는 인간 사회의 역사를 반영한다

세계를 제패했던 알렉산더 대왕의 시대에는 그리스어가, 약 3000년간 지속된 이집트 문명에서는 이집트어가, 아랍 문명이 확장되던 시기에는 아랍어가 위세를 떨쳤다. 반면에 역사 속에 이름조차 남기지 못하고 사라져간 수많은 소수 언어들이 있다. 수많은 언어들은 운명의 소용돌이 속에서 국제적인 언어로 부상하기도 하고, 다수 언어에 화자를 빼앗기고 사라지는 언어가 되기도 한다.

『언어의 역사』는 개별 언어가 어떻게 변화해왔는지를 살피는 역사언어학 책이 아니라 제국의 형성과 종교의 전파 등 굵직한 역사적 사실들과 언어들의 변천을 함께 풀어낸 책이다. 언어는 본질적으로 계속 변화하고 하나의 언어는 그 언어를 사용하는 인간 사회의 영향을 받는다. 한편 한 사회가 사용하는 언어가 다른 언어로 전환되는 과정은 좀 더 큰 역사적 사건을 통해 일어나는 변화이다. 이 책에서 주요하게 다루고 있는 지점이 바로 이러한 언어들의 전환이다.

일본어와 일본사상
일본어를 통해 본 일본인의 사고

- 아사리 마코토 지음
- 박양순 옮김
- 2010년 12월 20일 발행 | 46판 | 336면

문법을 통해 보는 일본어의 특수성과 사고의 보편성

이 책은 후지와라쇼텐(藤原書店)의 계간지 ≪환(環)≫에 '일본어로 사고한다는 것(日本語で思考するということ)'이라는 제목으로 8회에 걸쳐 연재된 것을 묶은 것이다. 여기서 아사리 마코토는 그 중심에 문법을 두고 언어와 사고의 관계를 주도면밀하게 전개해나갔다. 즉, 문법을 키워드로 일본어의 특수성과 사고의 보편성을 문제로 삼았다.

일본어 문법과 사상의 근저를 일본어 조사와 계사에서 찾고자 하는 그의 착상은 주목할 만하다. 이는 프랑스에서 일본어를 가르치는 현장에서 부닥친 두 가지 문제에서 비롯되었다. 하나는 전체 조사 중에서 격조사가 차지하는 범주의 변별 특성을 어떻게 파악하는가이며, 다른 하나는 미카미 아키라(三上章)가 '주어'를 배제하고 '주제'라는 용어를 언급해야 한다고 주장한 'ハ'의 문제였다. 이에 대하 모어화자인 그는 조사의 분류방법과 용어를 문제로 삼아 나아가 외국인의 관점에서 파악해 명쾌한 해답을 제시한다. 더욱이 격조사와 ハ를 대조해 이들의 작용을 대범하면서도 극명하게 보여준다. 그리고 역사적인 철저한 종적(縱的) 고찰을 통해 일본어의 특수성을 드러냈으며, 마지막 단계에서는 일본어로 사고하는 문제에 다가갔다. 여기에는 ハ와 관련된 일본어 계사와 독일어의 sein을 문제 삼았는데, 일본어의 특수성과 사고의 보편성 문제를 풀어나가면서 구체적인 예로 '자연' 개념을 들어 설득력을 부여했다.

프랑스어권 아프리카의 언어와 문화

- 홍미선 편저
- 2009년 10월 30일 발행 ㅣ 신국판 ㅣ 224면

중서부 아프리카 및 인도양 프랑스어권 지역의 언어문제와 문화 전반을 소개하다

세계화의 시대에도 프랑스어권 아프리카는 여전히 우리에게 지구상 최고의 오지로 남아 있다. 외교, 통상, 경제협력은 물론 인문·사회·학술연구에도 부족함이 많아 앞으로 많은 관심과 노력이 필요한 지역이다. 이 책을 통해 전국 대학의 불어불문학 관련 전공 학생들이 이 미지의 세계에 눈을 떠 스스로 새로운 학문의 지평을 열어갈 수 있기를 바란다. 프랑스어 구사능력을 갖춘 우리 젊은이들이 이곳의 언어현실과 문화를 배워 21세기 최후의 틈새시장인 아프리카의 '블루오션'을 향해 힘차게 항해해 나아가기를 기대한다.

전국 대학의 프랑스어 관련 학과들에서 프랑코포니에 관한 관심이 고조되는 가운데 기획된 이 책은 중서부 아프리카 및 인도양 프랑스어권 지역의 언어문제와 문화 전반을 소개하는 데 그 목적을 두고 있다. 21세기 세계화시대에 마지막 남은 최후의 시장 아프리카를 흔히 '블루오션'이라 말하곤 한다. 해외자원봉사가 붐을 이루면서 아프리카로 나아가는 우리 젊은이들의 숫자가 늘고 있는 지금, 이 책이 프랑스어를 공부하는 학생들에게 전 세계 프랑스어권 지역의 상당부분을 차지하는 아프리카에 대한 관심을 불러일으키는 한편, 연구자들에게는 일종의 지침서 역할을 했으면 하는 바람이다.

철학적 해석학 입문
내적 언어를 향한 끝없는 대화

- 장 그롱댕 지음
- 최성환 옮김
- 2009년 1월 9일 발행 | 신국판 | 384면

해석학의 보편성을 '내적 언어'의 관점에서 탐구하여 전체 해석학의 역사를 재구성하다

저자는 '연속성'의 관점에서 강요된 '하나의' '목적론적인 해석학의 역사'를 거부한다. 그는 각 시기 해석학적 사유의 고유성을 인정하면서도 해석학이 단순히 활자화된 외적 언어의 파악에 그치는 것이 아니라 '내적 언어'를 향한 끊임없는 대화 그 자체를 나타낸다는 점을 주장하고 있다. 내적 언어는 확고하게 '형언할 수 없는 것'이라는 점에서 해석학의 과제와 운명을 동시에 함축하고 있다.

그동안 우리나라에서 출간된 해석학 입문서는 다양하다. 그러나 전체 해석학의 역사를 일관성 있는 주제로, 고대에서 현재까지 시대적인 비약 없이 서술한 입문서는 없다. 또한 지금까지 철학적 관점에서의 입문서에서는 철학적 해석학의 출발점을 형성하는 성서해석학과 문헌학적 해석학에 대한 소개가 형식적인 데 그치고 있다. 이 책은 성서해석학, 문헌학 그리고 철학적 해석학의 발전 경로와 연관성을 상세히 논의하고 있다. 따라서 이 책은 최근 여러 학문 분야에서 다양하게 수용 및 적용되고 있는 해석학적 사유의 기원을 체계적으로 고찰할 수 있는 좋은 계기를 제공해준다. 또한 이 책은 해석학 입문서로서는 물론이고 좀 더 깊이 있는 탐구를 원하는 독자를 위한 전문서로도 손색이 없는 책이 될 것이다.

이기적 유전자와 사회생물학

- 이상원 지음
- 2007년 1월 10일 발행 ㅣ 국판 ㅣ 112면

사회생물학의 핵심 논제로서 도킨스의 주요 주장과
그 주장에 대한 비판의 일부를 검토하다

이 책 『이기적 유전자와 사회생물학』에서는 사회생물학의 핵심 논제로서 도킨스의 주요 주장과 그 주장에 대한 비판의 일부를 검토하고자 한다. 지은이는 책을 쓰면서 전문가보다는 일반 독자를 좀 더 염두에 두었다. 책의 구성상 도킨스의 주장에 대한 비판에 역점을 두기보다는 그의 주장 내용 자체와 그 함의를 일단 드러내는 데 주의를 기울였다.

비판은 책의 뒤쪽에서 나온다. 『이기적 유전자』의 출간 이래로 도킨스의 주장에 관해서 과학 내적인 측면에서, 그리고 과학적 주장이 지닐 수 있는 사회적·정치적 함축과 연관하여 많은 논란과 비판이 제기되어왔다. 그의 주장에 대해서 그동안 제기되었던 논란과 비판의 어떤 부분은 현재에도 여전히 쟁점이 되고 있다. 이 책에서 도킨스의 주장의 긍정적 측면과 부정적 측면을 함께 발견하게 될 것이다.

중동언어의 이해 3
북아프리카와 터키지역의 방언에 대한 사회·언어적 연구

- 21세기 중동이슬람문명권 연구사업단 지음
- 2006년 4월 17일 발행 | 신국판 | 208면

아랍어와 원주민 언어의 결합, 양층언어현상 분석
양층언어현상의 역사적 배경 및 구어체, 문어체 아랍어 간의 상관관계

언어 분류상 셈어족에 속하는 아랍어는 7세기부터 이슬람권의 부흥과 확장에 힘입어 본 고장인 아라비아반도를 벗어나서, 동으로는 사산조 페르시아 지역까지, 또 서로는 북아프리카 전역을 거쳐 이베리아반도까지 그 영역을 확대하게 된다. 따라서 아랍어는 상당히 넓은 지역에서 사용되면서 그 지역의 원주민의 언어와 혼합을 하게 된다. 이 원주민의 언어는 기층언어로 작용하면서 아라비아반도의 순수한 아랍어를 변형시키게 된다. 이러한 현상이 아랍어의 가장 큰 특징이라고 할 수 있는 양층언어현상(Diglossia)을 이루는 원인이 된다.

구어체 아랍어도 문어체 아랍어와 같이 오랜 역사를 통하여 많은 변화를 가져 왔다. 그러나 구어체 아랍어는 문어체 아랍어와는 달리 각각의 아랍 국가들 사이에서도 서로 다르고 독특한 개별 방언을 갖게 되었다. 이러한 학문적 중요성을 고려해 1차년도 연구에서 시리아, 요르단, 이라크, 팔레스타인 등 레반트 지역의 방언에 대한 사회언어학적 연구를 시도한 데 이어 2차년도에서는 아라비아 반도 지역 방언을 연구 대상으로 하였다.

중동언어의 이해 1
레반트지역의 방언에 대한 사회·언어적 연구

* 21세기 중동이슬람문명권 연구사업단 지음
* 2004년 11월 25일 발행 ｜ 신국판 ｜ 184면

**음운 연구를 중심으로 각 국가별, 지역별 언어의 특징을 분석하여
그 공통점과 차이점을 밝히다**

9.11사건 이후 중동이슬람 문명권에 대한 관심과 인식변화의 중요성이 강조되고 있는 요즘, 우리나라 중동 전문가 40여 명이 참여하여 서구 중심의 오리엔탈리즘이라는 프리즘을 통한 연구방식을 지양하고 좀더 객관적이고 균형 잡힌 중동-이슬람권에 대한 시각을 통해 21세기 세계화가 보편화되고 있는 상황에서 중동이슬람 문명권이 정치, 경제, 문학, 어학, 종교, 역사 등 총체적인 분야에서 세계화 과정에 어떻게 대응하고 있는지, 그리고 이 문명권이 세계화 과정에서 어떻게 변화되고 있는지를 살펴봄으로써 이 지역의 미래발전 전망을 예측해보려는 목적에서 기획 출판되었다.

중동언어의 이해는 시리아, 요르단, 이라크, 팔레스타인 지역의 방언에 대한 사회언어학적 연구물이다. 특히 음음 연구를 중심으로 각 국가별, 지역별 언어의 특징을 분석하여 그 공통점과 차이점을 밝혔으며, 설문을 토대로 표준 아랍어와 토착어, 구어체 방언 등 실제생활에서의 선호도를 조사했다.

인간과 언어
언어학을 통해 본 서양철학

- 김형엽 지음
- 2001년 9월 15일 발행 I 신국판 I 316면

**역사상 언어학 이론의 초기라고 할 수 있는 시대부터 현재까지 학문적 발전을
통시적으로 보여주며, 시대적으로 구분되었던 이론들이 상호 연관되어 있음을 밝히다**

이 책의 목적은 현재의 이론들이 형성될 수 있도록 밑거름 역할을 담당했던 역사상의 여러 언어학 이론들을 체계적인 방식으로 밝혀 보는 데 있다고 할 수 있다. 이런 연구는 비단 언어연구자들에게 역사적인 배경을 제공할 뿐만 아니라 이론 발전에 대한 통시적 방법을 제시함으로써 연구자들의 언어이론에 대한 이해를 한층 배가하는 데 중요한 발판이 될 수 있을 것이다.

이 책은 두 가지 방향을 주축으로 구성되었다. 첫째는 역사상 언어학 이론의 초기라고 할 수 있는 시대부터 현재까지 학문적 발전을 통시적으로 보이는 것이다. 둘째는 시대적으로 분리되어 구분되었던 이론들이 상호 연관성이 있었음을 밝혀 보는 것이다. 이러한 내용을 바탕으로 언어학에 관심이 있는 학생들은 언어학과 관련성이 있는 이론들을 정확하게 이해할 수 있을 것이며, 언어학에 대한 배경이 없는 일반인들도 언어이론들이 각 시대의 철학사상들과 밀접하게 연관되어 있음을 인지할 수 있을 것이다.